禮

세계인의 에티켓문화

한국외국어대학교
외국학종합연구센터

HU:iNE

머리말

에티켓이란 상대방에 대한 배려를 의미한다. 다름을 인정하는 것과 공동체의 일원임을 인식하는 것 모두가 에티켓의 범주에 포함된다. 동양에서는 공동체적인 인식이 우선적으로 강조되었고, 서구에서는 개인주의가 발달하였다. 예절과 에티켓은 공통성에도 불구하고 지역적, 인습적 그리고 종교적인 편차에 따라 다양하게 표출되고 있다.

『세계인의 에티켓문화』는 한국외국어대학교 외국학종합연구센터가 기획 편찬한 세계문화총서 제5권으로 그동안 편찬된 『세계의 성문화』(세계문화총서 제1권), 『세계의 혼인문화』(제2권), 『세계의 장례문화』(제3권), 『세계의 민간신앙』(제4권)에 이어 기획되었다. 종교와 문화 그리고 기후의 차별성에 따라 다른 차이를 보이고 있는 세계인의 에티켓을 문화권역별로 개관한 책이다.

이 책은 권두에서 세 개의 권역으로 나누어 에티켓을 소개한 다음 지역별로 나누어 에티켓문화를 소개하고 있다. 한국과 일본을 필두로 하여 중국 · 인도네시아 · 태국 · 베트남 · 인도 · 케냐 · 러시아 · 체코 · 프랑스 · 이탈리아 · 멕시코 · 미국으로 나누어 전세계를 개괄 할 수 있도록 구성하였다.

이 책의 특징은 세계를 권역별로 나눈 후 그 지역을 대표하는 에티켓문화를 추출함으로서 세계인의 에티켓문화에 나타난 보편성과 특수성을 함께 드러낼 수 있도록 힘썼다는 데 있다. 세계를 3개의 권역으로 나눈 후 각 권역을 대표하는 나라를 배열하여 총 14개 나라의 에티켓문화를 파악하였다. 예를 들면 한국 · 일본 · 중국 · 베트남의 예절문화는 유교문화권 공통의 예절의식을 보이고 있고, 태국 · 인도네시아 · 인도 등은 종교성이 투영된 에티켓문화를 형성하고 있으며, 프랑스 · 이탈리아 · 미국 등은 개인주의와 합리주의가 에티켓문화를 형성하는 중심요소로 부각되고 있다.

끝으로 이 책은 세계인의 에티켓문화를 통해 다양한 나라 사람들과 의사소통을 하면서 발생할 수 있는 실수와 오해를 줄여 보자는데 그 의미를 두었다. 에티켓문화가 형성된 역사적 배경과 문화적 배경을 분석하고자 노력하였고, 그 나름의 결과를 도출하였다고 생각한다. 이 작은 책자가 세계화시대에 많은 외국인을 접해야하는 사람들에게 그들의 문화를 이해하는 지침서가 되기를 기대해 본다.

2008년 녹음유초(綠陰幽草)에
한국외국어대학교 외국학종합연구센터 원장

목 차

✤일본편

일본인의 예절과 그 배경 ▮문 명 재

✤중국편

중국인의 '꽌시[關係]' 문화 ▮강 진 석

❖ 인도네시아편

인도네시아인의 비즈니스 에티켓 ▌김 장 겸

✤ 케냐편

케냐인의 에티켓 ▌양 철 준

✤ 러시아편

악수보다 포옹하는 러시아인의 에티켓 ▌황 성 우

✤체코편

체코인의 에티켓: 체코에 가면 체코 사람처럼 행동하라! ▌김 규 진

✤프랑스편

프랑스인의 에티켓 ▌이 종 오

✤이탈리아편

인간주의적인 이탈리아인의 에티켓 ▮김 시 홍

✤멕시코편

멕시코인의 의사소통방식과 에티켓 ▮문 남 권

✤ 미국편

미국인의 에티켓 ▮이 현 송

●총괄편●

인습에 종교성이 가미된 세계인의 에티켓문화

인습에 종교성이 가미된 세계인의 에티켓문화

문 형 진

1. 예절과 에티켓, 그 공통의 함의는?

예절 혹은 에티켓은 남을 의식하는 것이다. 타자에 대한 배려와 공동체를 존중하는 의식 등을 포괄한다. 이러한 행위를 일러 동양에서는 예절이라 했고 서양에서는 에티켓 혹은 매너라고 불렀다. 공동체 의식을 강조한 동양에서는 유교의 가족주의와 혈연주의가 그 기저에 깔려있고, 개인주의와 합리주의가 발달한 서구에서는 기독교 정신 등의 종교성이 가미되어 있다.

중화문화권에 속한 한국과 중국 그리고 일본과 베트남의 예절문화는 유교의 가치체계에 근원을 두고 있으며 상하구분과 차등적 질서가 상존하고 있다. 공손하게 상대방을 배려해야하고, 웃어른을 존중해야하며, 공동체 의식 속에 행동해야하는 공통의 사회적인 가치체계가 작동하고 있다. 경사(慶事)는 가족 전체의 기쁨이었고 애사(哀事)는 구성원 전체의 슬픔으로 받아들여졌다.

이에 반해 서구의 개인주의와 합리주의는 나를 중심으로 하여 그 가치체계가 작동하는가 하면 공적인 합의를 존중하는 경향을 띤다. 미국인들의 경우 개인에게 의미가 없는 것은 유용하지 않은 것으로 판단되었고, 프랑스인들의 경우 타인의 자유에 대한 존중과 타인과의 다름을 인정하는 관용정신으로 대변되었다.

기후와 종교 또한 에티켓 문화를 형성하는 하나의 척도가 되었다. 더운 지방에 사는 사람들일수록 시간관념에 여유가 있었고, 종교적인 색채가 강할수록 의식세계에 많은 영향을 미쳤다. 불교문화권인 태국의 경우 불교의 교리가 선악을 판단하는 도덕과 윤리의 기준이 되었고, 이슬람권인 인도네시아의 경우 별과 달을 신앙의 상징체계로 활용하는가하면 왼손을 불결하게 인식하였다. 그리고 힌두문화권인 인도의 경우도 정과 부정으로 옳고 그름을 판별하는가 하면 육류의 소비에 제한을 가하는 행위로 연결되었다.

이 글은 독자들에게 편리함을 주기 위해 작성하였다. 세계인의 에티켓을 모두 읽는 데는 많은 시간이 소요된다. 이에 전체 줄거리에 해당하는 이 글을 읽고 관심이 있는 나라를 찾아가 정독한다면 많은 도움이 될 수 있다고 판단했다. 이에 이 책에 수록된 글들 중에서 핵심적인 내용을 간추려 머리말을 작성하였다. 많은 독자들에게 도움이 되었으면 한다.

2. 예의와 체면을 중시하는 아시아인의 예절문화

유교문화권인 한국과 중국 그리고 일본과 베트남을 한 장으로 엮어보았다. 공동체 의식과 가족주의가 중시되고 있으며 부모에 대한 효와 웃어른에 대한 공경 등이 예절을 구성하는 중요한 요소가 되고 있다.

한국에서는 예절을 중요한 덕목으로 인식하였다. 개인주의보다 공동체 의식을 중시했으며, 효를 삶의 근간으로 판단하였다. 부모에 대한 효의 확대가 임금에 대한 충으로 이어졌다. 가정과 국가를 동일시한 통치체계는 오랫동안 한국인의 의식 세계에 영향을 주었다. 나의 출세는 가문의 번영으로 연결되었고, 구성원의 처벌은 가문의 몰락으로 이어지기도 하였다. 나라는 존재가 독립된 개체가 아니라 집단속에 공동의 연대의식을 가진 존재로 인식되었기 때문이다.

예절이란 공동체 의식을 유지하고 질서를 지키는 준칙이었다. 상하질서와 남녀유별은 사회를 유지하는 중요한 기준이었다. 혼인의 성립은 어떠한 경우에도 구성원이 인정해줘야 했고, 상례는 구성원이 모두 참여하는 공동의 의례 행위였다. 더불어 사는데 익숙했고, 연대의식을 강조했기에 한국의 예절은 가족과 집단을 의식하는 가운데 행해졌다.

일본 또한 상하관계를 중시하는 수직적인 문화에 그 기반을 두고 있다. 이에 한국과의 공통점도 있지만 그 차이점 또한 상존하고 있다. 정좌의 모습과 식사 형태에서 그 차이점이 확연하게 구별된다. 정좌하는 모습을 보면 한국 사람들의 경우 남자는 책상다리를 하고, 여자는 한쪽 다리를 세우는 반면, 일본 사람들은 남녀 모두 무릎을 꿇고 앉는다. 이러한 문화적 차이는 가옥구조의 차별성에서 그 연원을 찾을 수 있다. 한국의 온돌문화는 방바닥이 딱딱한 관계로 무릎을 꿇는 형태가 매우 불편한 구조인 반면 일본은 다타미를 사용하였기 때문에 무릎을 꿇고 앉는 것이 힘들지 않았기 때문이다. 한복과 기모노는 이러한 생활습속을 반영한 산물이라 할 수 있다.

식사예절의 경우 한국 사람들은 밥그릇을 들고 먹는 행위를 바르지 못한 예법으로 간주한다. 반면, 일본은 상의 구조와 그릇 형태 그리고 불교와의 관련성 등으로 인해 꼿꼿한 자세에서 그릇을 입 가까이에 들고 먹는 식사 예절이 생기게 되었다. 한편 일본인들은 선물 포장을 할 때 사용하는 끈의 숫자와 색깔 그리고 종이의 장수에 이르기까지 세심하게 배려하였다. 길사(吉事)와 애사

(哀事)를 구별하고 거기에 맞게 포장하는 것을 올바른 예법으로 간주하였다.

한편, 중국의 예절문화도 유교에 근간을 두고 있다. 공자의 인 사상이 출발점이자 귀착점이라 할 수 있다. '친친(親親)'과 '존존(尊尊)'으로 대변되는 사상적 공유는 친함이 가까운 곳에서부터 확산되어가도록 하였고, 존귀한 자와 천한 자를 구별하는 질서를 창출하였다. 혈연을 중시하는 문화는 나의 가족, 같은 고향, 한 스승의 제자를 공고히 하는 결속력으로 작용하였다. 이에 안면이 있다거나 같은 연고성이 있다는 것은 곧 친밀하고 동류라는 인식을 가져와 꽌시문화를 창출하는 근간이 되었다.

'꽌시'는 인간관계, 인맥구축 등의 내용이 함축된 말로 법치보다는 인치를 중요시하는 중국에서 수천 년 간 통용된 인간관계의 룰이라 할 수 있다. 중국인이 지니는 '꽌시'는 먼저 '인연'과 '인륜'이라는 전통의 혈연적 요소에 '인정(人情)'과 '면자(面子)'라는 사회적·주관적인 기준이 가미되면서 구성되었다. 꽌시는 곧 인간관계를 중시하는 중국인의 삶의 방식을 대변하는 핵심어이며, 중국인의 예절문화 또한 여기에서 비롯되고 있음을 알 수 있다.

베트남인들의 예절에는 여러 요소들이 혼용되어 있다. 크게는 아시아적인 것과 서구적인 것 두 가지로 나눠볼 수 있다. 전자는 중국적인 것을, 후자는 프랑스나 미국적인 것이다. 그리고 아시아적인 요소에 베트남의 전통적인 모습을 포함 시킬 수 있다. 그러나 이러한 다양한 문화적 특성에도 불구하고 베트남 예절문화의 근원은 중국적인 부분이 많이 내재되어 있다. 1,400km의 국경을 인접하고 있는 중국은 직간접적으로 베트남에 많은 영향을 미쳤다. 베트남의 가정은 가부장적이며 남성 중심적이다. 중국 유교의 영향을 받아 엄격하고 수직적이며 형식을 강조하는게 특징이다. 때문에 베트남의 예절은 복종적인 경향이 강하다.

전통시대 결혼은 한국과 마찬가지로 당사자가 배제된 채 부모에 의해 결정되었다. 주혼권이 부모에게 있다 보니 자식들은 어떤 이유로도 부모를 거부할 수 없었다. 이러한 현상은 형제간의 예절에도 그대로 반영된다. 나이 혹은 항렬로 상하가 결정되기 때문에 여러 세대가 한 집에 함께 산다 할지라도 위계질서가 분명하였다. 베트남 예절에서 간과할 수 없는 점은 이렇듯 나이를 중시한다는 점이다. 이는 사회적 지위도 중시하지만 전통적으로 경로사상을 강조해온 사회적 특징에 그 요인이 있다 할 수 있다. 그렇다고 베트남 예절에 모두 좋은 것만 있는 것은 아니다. 시간 개념이 불명확하고, 본인이 잘못한 것에 대해 용서를 구하기보다는 상대방에게 이해를 우선 요구하는 태도, 공중의식과 질서의식이 희박한 태도 등은 어두운 단면이라 할 수 있다.

3. 종교와 기후가 투영된 동남아인의 에티켓문화

종교성이 강한 동남아 국가들을 한데 묶어 보았다. 상좌불교가 주류인 태국과 이슬람권인 인도네시아 그리고 힌두권역인 인도가 그 대상이다. 비록 동남아권역은 아니지만 케냐와 러시아의 경우 각각 이슬람의 영향과 민간신앙적인 요소가 에티켓문화에 많은 영향을 미쳤다고 판단되어 이곳에서 함께 다루고자 한다.

태국은 불교 국가이다. 상좌불교는 국민의 90% 이상이 신봉하고 있는 모태신앙이다. 이에 상좌불교는 종교적 차원을 넘어 하나의 생활철학으로 태국인의 정신세계를 지배하고 있다. 따라서 태국인들에게 있어 불교의 교리는 선악을 판단하는 도덕과 윤리의 기준이 되며 그들이 믿는 불교문화는 곧 생활문화로서 태국인은 태어나서 사망할 때까지 불교와 분리되지 않은 생활을 하고 있다.

태국인의 불교에 대한 의식은 윤회와 업보에 대한 사상이 지배하고 있다. 본인의 악행은 당사자가 아니면 후손에게 영향을 미친다고 믿어 매일 매일 '탐분'(공덕 쌓는 일)에 정성을 다한다. 이러한 이유로 태국인은 모든 일의 원인과 결과를 자기 자신에게서 찾고 귀결시키는 경향이 비교적 강하다. 남의 일에 관여하는 것을 꺼리고, 또 남이 자신의 일에 관여하는 것을 철저히 배제한다.

불교에 기반을 둔 태국인의 정신세계는 생활습속에서도 그대로 나타나고 있다. 태국 사람들은 서로 인사를 할 때 불교식으로 양손바닥을 합장한 자세로 목례를 한다. 태국인들은 불교도로서 윤회설을 믿기 때문에 비록 저소득 노동자들이라도 부유층을 부러워하거나 자신을 비관하지 않는다. 다만 현세일 뿐 내세에의 보다 나은 기대와 희망으로 인생을 낙천적이고 즐겁게 보내려는 경향이 강하다. 사원을 방문할 때는 단정한 옷차림을 필요로 하고, 불상이 모셔진 법당 안에 들어갈 때는 신발을 벗어야 한다. 특히 승려와의 신체적인 접촉은 금기시 되고 있다.

인도의 지리조건과 기후조건은 인도만의 독특한 힌두문화를 꽃피게 하였다. 인도는 여타 아시아 국가들과는 달리 아시아권에 있으면서도 중국문화권에서 벗어나 자신만의 힌두문화를 만들었고 이 문화를 동남아시아에 전파하였다. 관용과 포용성으로 대표되는 힌두문화는 이후 침략세력에 의해 도입된 이슬람문화와 기독교문화도 받아들여 다양성의 문화를 창출했다.

인도인의 의식 세계는 정과 부정을 명확하게 구별한다. 정(淨)이란 식사를 할 때 오른손으로 먹는 것과 사리를 입을 때 맨살에 입는 것 등을 의미한다. 그렇지만 맨몸은 실생활에서 흰색의 옷으로 상징적으로 대체되기도 한다. 이에 일부 자이나교의 승려나 브라만의 경우 의례를 행할 때나 수행을 할 때 흰색 옷을 입는 이유가 여기에 있다. 하지만 어떠한 경우에도 발은 맨발이 가장 정한 상태라고 믿었다. 이러한 현상은 인도인들이 맨살을 순수한 정의 요소로 여기는 의복문화가 있기 때문이다. 이로 인해 인도인들은 사원에 들어갈 때 반드시 맨발로 들어간다.

인도에선 고기를 먹는 육식주의자라고 해도 대부분 소고기와 돼지고기를 거의 먹지 않는다. 소는 신성한 동물로 여기기 때문이고 돼지는 더러운 동물로 간주되기 때문이다. 이에 육식을 하는 인도인들은 소고기와 돼지고기 대신에 주로 닭고기나 양고기를 많이 먹는다. 인도에서는 채식주의자든 육식주의자든 모두 오른손으로 밥을 먹는 것이 에티켓이다. 왼손은 불결한 손으로 간주하기 때문에 인도에서는 상대방과 악수를 하거나 물건을 건네줄 때, 돈을 줄 때 등 모두 오른손을 사용한다. 한편 인도인들에게 있어 술은 부정한 음식으로 간주되고 있다. 술이 정신과 육체를 병들게 한다고 믿고 있기 때문이다. 이에 힌두교도, 이슬람교도, 씨크교도 모두 술을 부정한 것으로 간주한다. 이에 반해 짜이(Chay, 차)는 정한 음식으로 간주되어 인도인들이 가장 선호하는 음식이다.

인도네시아인은 수니파 이슬람교도가 대부분이다. 세계에서 가장 많은 이슬람교인이 살고 있으며 이러한 현상은 1인 1종교 원칙을 고수하는 정부의 정책과도 연관성이 있다. 주민등록증(KTP)의 종교란에 자신의 종교를 기입해야 하기 때문에 아버지가 무슬림이면 자신도 무슬림이라고 기입하는 명목상의 무슬림들이 많기 때문이다. 그렇다 하더라도 인도네시아에는 많은 무슬림들이 살고 있기 때문에 이슬람적인 에티켓문화가 발달하였다. 왼손을 불결한 손으로 간주하여 식사할 때나 물건을 주고받을 때 사용하지 않는다든지, 별을 신앙주의의 상징물로 사용하는 것 등을 들 수 있다. 별을 신앙주의의 상징물로 사용한 것은 중동지역 사람들의 습속과 일맥상통한다. 무더운 기후로 인해 주로 밤에 활동하면서 별을 보고 방향을 찾았기 때문에 이슬람인들에게 별은 신앙의 방향을 알려주는 척도로 인식되었다.

인도네시아의 풍부한 천연자원은 인도네시아인들을 여유롭고 급할 것이 없는 낙천적인 국민성을 가지도록 하였고, 이러한 여유로움은 시간 약속을 지키지 않아도 되는 고무줄 시간(jam karet)으로 만들었다. 이에 사적인 만남이나 공적인 회의가 늦어지는 것은 당연한 것처럼 인식되고 있다. 이러한 낙천성은 타인과의 논쟁보다는 순종을 택하도록 하였고 남을 간섭하지 않는 형태로 나타나 상사나 상대방의 체면을 손상(malu) 시킬 수 있는 행위를 금기시 하고 있다. 인도네시아인들의 순종성을 드러내는 가장 대표적인 언어가 "아버지가 기뻐하신다면(Asal bapak senang)"이다. 이는 '아버지를 행복하게 해드려야 한다'라는 의미로 부모님뿐만 아니라 어느 곳이든 자기보다 연장자이거나 높은 지위에 있는 사람들을 잘 섬겨야 한다는 것을 의미한다. '아니요'라는 강한 부정보다 '아직은 아니예요(belum)'라는 완곡한 표현을 선호하는 인도네시아인들의 낙천성이 언어에서도 표출되고 있다.

케냐는 여러 차례 외세의 침략을 겪었다. 9세기경 무슬림들이 동아프리카 해안지대에 정착하기 시작하였고, 15세기 말엽에는 포르투갈인들이 그리고 19세기에 이르러서는 영국인들이 케냐를 지배하였다. 이들 중 9세기에 동아프리카에 정착한 무슬림들이 반투계의 여인들과 살아가기 시작하면서 여러 가지 무슬림적인 문화를 형성하였다. 아랍계와 반투계 여성 사이에서 출생한 스와힐리인들은 이슬람적인 삶의 방식을 간직하고 있다. 해안지방의 무슬림 여인들은 집 밖으로 나설 때 얼굴과 몸을 가리는 부이부이를 착용하고 있고, 돼지고기를 먹지 않으며, 동성애를 도덕적으로 용납할 수 없는 행위로 간주하고 있다.(케냐의 형법은 동성애를 범죄행위로 규정하고 이를 위반하는 경우는 5년에서 14년 형에 처할 수 있도록 규정하고 있다.) 또한 결혼을 할 때 신랑이 신부의 부모에게 '마하리(mahari)'라고 하는 신부대를 지불하고, '히다야(hidaya)'라고 하는 선물을 바치는 행위 등도 이러한 범주에 포함된다고 볼 수 있다. 스와힐리 사회에서는 신부의 동정을 무척 중요하게 여기기 때문이다.

반투계의 종족인 키쿠유족 사회에서는 남녀의 통과의례, 즉 할례의식을 행한다. 남녀 모두 통과의례를 치러야 결혼을 할 수 있었다. 할례는 혼인을 할 수 있는 즉, 성행위를 할 수 있는 선행조건이었다.

러시아에 기독교가 도입된 지 1000년이 넘었지만, 러시아인들 중에는 아직도 과거 민간신앙의 풍습을 따르는 경우가 있다. 러시아인들은 여행 중에 갑자기 일정이 변경될 경우, 몇 분 동안 자리에 앉아서 기다린다. 바로 출발하면 액운이 낄 수 있다고 생각했기 때문이다. 액운을 방지하기 위해 '나무'로 만든 탁자를 세 번 두드리거나 어깨너머로 침을 뱉는 주술적인 행위를 하기도 한다.

또한 러시아인들에게는 공간개념이 상존하고 있다. 문지방은 그 대표적인 요소로 안과 밖을 구분하는 경계라고 생각하였다. 이에 러시아인들은 문지방에 걸터앉거나, 문지방을 밟는 행위를 금기시 한다. 그 이유는 문지방이 외부의 사악한 힘이나 불길한 액운이 집안으로 들어오는 것을 막아주는 일종의 보호막이고, 나(우리)와 그들을 구분하는 경계라고 생각했기 때문이다. 그래서 그 경계인 문지방에 서서 마주보며 악수하거나 인사를 나누는 행위 역시 금기시 되었다.

러시아인들은 '좌우' 방향에 대한 관념을 중시한다. 좌우 방향을 대립적으로 파악하여, 불행과 행복, 죽음과 삶, 옳고 그름을 판별하는 기준으로 삼는다. 오른쪽은 옳고, 정당하며, 죄가 없는 의미로 사용된 반면, 왼쪽은 그릇된, 정당하지 못한, 사악한 의미를 가지고 있다. 그래서 러시아인들은 길을 걷다가 갈림길이 나오면 오른쪽 길을 선택하는 경향이 있고, 액운을 떨쳐 버리기 위해 왼쪽으로 침을 뱉거나 왼쪽 어깨를 세 번 흔들기도 한다. 모서리에 앉는 것 또한 금기시하였다. 만약 모서리에 앉으면 미혼인 자는 7년 동안 결혼하지 못하고, 결혼한 사람이라면 가정불화로 이혼하게 된다고 생각하였다. 또한 타인의 반지를 건네받을 때 직접 손으로 받지 못하도록 금기시 한다. 이는 반지를 통해 그 사람의 영혼이 그대로 전달된다고 믿었기 때문이다.

4. 다양성과 차별성이 강조되는 유럽인의 에티켓문화

다문화 현상과 개인주의가 강조되고 있는 나라들을 한데 묶어 보았다. 프랑스와 이탈리아, 멕시코와 미국, 체코가 여기에 해당한다고 볼 수 있다. 프랑스에서는 다양성의 조화가 그리고 이탈리아에서는 종탑주의가 근간을 이루고 있다. 멕시코에서는 혼혈문화가 중심요소가 되고 있고, 미국에서는 개인주의가 에티켓문화를 형성하고 있다. 체코는 여가문화를 대상으로 한 에티켓문화가 주류를 이루고 있다.

프랑스는 서로 다른 인종과 민족들이 함께 어우러져 사회를 구성하고 있는 다민족, 다문화 국가이다. 다양한 이념과 다양한 생활문화가 공존하고 있다 보니 '다양성 속의 조화'와 '다양성 속의 통일성'은 자연스럽게 프랑스인의 에티켓문화를 구성하는 핵심요소가 되었다.

프랑스인들 사이에서도 수많은 이념과 사상들이 혼합되어 있어 자신과 생각이 다른 상대방을 설득하려는 노력이 필요했다. 이러한 성향으로 인해 때로는 독선적으로 비춰지기도 하지만, 프랑스인들은 감성보다 이성에 호소할 줄 아는 자세, '진리'를 위해서는 양심의 목소리에 충실해야 한다는 정신을 가지고 있었다. 불관용(不寬容), 부정의(不正義)에 저항한 앙가주망 정신은 이러한 정신세계의 산물이라 할 수 있다. 다양성의 나라, 개인주의 사회, 삼색기의 의미(자유, 평등, 박애)를 지닌 프랑스인들의 특징은 '관용'정신으로 대변된다. 즉, 관용은 타인의 자유에 대한 존중이고, 타인과의 '다름'을 인정하는 것이기에 프랑스인들은 이 관용정신이야 말로 각 개인을 평등한 하나로 통합하는데 절대적으로 필요한 원칙이라 생각하였다.

다름을 인정하고, 타인을 존중할 줄 알며, 합리적이고 논리적인 인간을 지향하기에 프랑스인들은 깊은 사고와 지적능력이 뛰어난 사람을 좋아한다. 사생활에 간섭을 받지 않으려는 태도와 잘잘못을 분명하게 규명하려는 태도 등은 프랑스인들의 오랜 전통이 만들어낸 산물이라 할 수 있다.

이탈리아인들은 인간적이고 가족 중심적이며 자신의 고장에 대한 강한 애향심을 갖고 있다. 다름을 소중히 여기고 존중하며 통합된 획일성을 선호하지 않는다. 다른 내용이 무엇이건 간에 그것은 대체될 수 없는 값진 자산이라고 믿는다. 차이성을 존중하는 사회적 전통과 다름이라는 훌륭한 상상력을 자극하는 사회·문화공간에서 성장했기 때문에 창의적 산업에서 두각을 나타내고 있다.

이탈리아 문화의 특성은 종탑주의로 대변된다. 종탑주의(Campanilismo)란 성당의 종소리를 들을 수 있는 경계 안의 공동체가 하나의 자치시를 형성한다는 의미이다. 이로 인해 남다른 애향심을 가지고 있고 근린집단으로서 집단적 운명공동체를 선호한다. 바로 이점이 국민통합을 어렵게 만드는 부정적인 요인으로 평가되기도 하지만, 광장문화를 만드는 근간이 되기도 하였다.

느긋함을 추구하고, 시간적 관용이 통용되는 사람들이기에 흥정을 통해 서로간의 정을 나누는 방식을 좋아한다. 이러한 성향은 공식적인 문서보다는 식사시간을 통해 주고받는 사적인 대화를 선호하게 만들었다. 말보다 몸동작으로 더 많은 것을 표현하고, 은유적인 수사법과 장황한 설명을 선호하는 사람들이기에 문학적 수사와 비유 그리고 상상력을 동원하는 표현을 즐긴다. 감정에 솔직하고 가족중심의 문화에 익숙하며 축제와 여가를 즐기는 사람들이 바로 이탈리아인들이다.

멕시코 사회의 특징은 혼혈인이 80% 이상을 차지하고 있는 "혼혈문화"이다. 1519년 스페인 침략과 1848년 미국-멕시코 전쟁, 1862년경 프랑스군과의 5년간에 걸친 전투 등 이민족의 끊임없는 침략과 미국과의 인접성 등은 멕시코의 혼혈문화 형성에 큰 요인으로 작용하였다. 현지화 된 가톨릭은 멕시코의 국민종교가 되었고, 멕시코인들의 정신세계를 관장하며 혼혈문화의 대표적 사례로 자리 잡고 있다. 이러한 혼혈문화를 이해하는 것이 멕시코 사회를 이해하고 멕시코 사람들과 상호작용하는데 필요한 요소라 할 수 있다.

멕시코 사람들의 인사법은 굉장히 감성적이며 현실적이다. 감정을 솔직하게 드러내는 것이 진실하다고 생각하며 꿈꾸는 미래보다 내가 현재 살아가고 있는 오늘을 더 중요하게 생각한다. 이에 말할 때 큰 손짓과 몸짓을 사용한다. 대화를 할 때에도 개인의 감정에 대해 개방적이고 솔직하다. 감성주의로 표현할 수 있는 멕시코 사람들의 신체언어 커뮤니케이션 방식은 스페인문화의 영향으로 판단된다.

맥시코 사회는 매우 계급적이고 연고주의적인 경향이 강하다. 가족의 개념과 역할이 사회속에서 확장되어 개인의 안녕을 도모한다고 믿기 때문이다. 물론 가족이 확대되는 과정에서 파벌주의와 연고주의가 파생되기도 하지만, 가정 내에서의 부권 인정과 회사 내에서의 상사에 대한 복종 등은 권위주의를 강조하는 조직문화를 형성시켰다.

미국 문화의 가장 큰 특징은 다양성이다. 앵글로 색슨의 영국계와 독일계 유럽인 그리고 유색인들의 문화가 혼재되어 있다. 이민자들을 통해 형성된 다양한 문화는 갈등의 요인으로 작용하기도 한다. 미국 사회에서 백인과 유색인 간의 인종적 갈등과 반목은 세계에서 가장 심하다. 백인과 유색인은 서로 다른 지역에서 살며, 다른 학교에 자녀를 보내며, 서로 결혼하지 않으며, 서로 어울리지 않는다. 이렇듯 미국문화의 특징은 이민의 역사를 통해 축적된 인종, 민족 및 문화의 다양성 혹은 이질성이 크다는 점을 들 수 있다.

기존의 권위에 대한 저항 경향은 인간평등 원칙과 연결되며 이러한 경향은 그들의 법질서와 대인관계에 그대로 반영되어 있다. 이에 신분제도를 극도로 혐오한다. 한편 미국인들은 매우 개인주의적인 사람들이다. 자신을 모든 일에서 최우선으로 생각하며 가치판단의 기준으로 삼는다. 개인에게 의미가 없는 것이라면 유용하지 않은 것으로 생각한다. 이에 개인의 사생활은 누구도 침범해서는 안 되는 것이며, 개인의 재산권은 소유자 개인이 배타적으로 점유하고 사용하도록 보장된다. 또한 미국인들은 형식을 배제하고 실질적인 효용을 중시한다. 어떤 행위나 계획의 옳고 그름은, 그것이 어떤 효용이나 이익을 가져오는가에 의해 결정되므로 기존의 전통과 형식 따위를 중요하게 생각하지 않는다. 형식을 싫어하고 평등주의를 존중하며 사생활을 보장하는 미국인들의 관념이 자연스럽게 그들의 에티켓 문화를 형성하고 있다.

체코에서 지켜야 할 에티켓은 우리가 지켜야 할 에티켓과 별반 차이가 없다. 체코인들과 비슷한 에티켓은 이웃나라인 슬로바키아, 오스트리아, 독일, 헝가리, 폴란드 등에서 찾아볼 수 있다. 한마디로 체코사회는 남에게 가능한 불쾌감이나 폐를 끼치지 않으려고 무척 애를 쓰는 사회이다. 이에 체코인들은 남에 대한 기본적인 예의범절을 잘 지키는 사람들이다.

일반적으로 처음 만나면 악수나 눈인사로 인사를 한다. 상대방의 인사에 응대하지 않는 것은 큰 실례가 된다. 이름을 부르거나 친밀한 인사는 친구가 된다는 뜻이므로 여자나 윗사람이 제의할 때까지 기다리는 것이 예의이다. 그리고 상대방에게 소개를 할 때는 나이가 어리거나 혹은 사회적 지위가 낮은 사람이 연장자나 지위가 높은 사람에게 먼저 자신을 소개하는 것이 일반적이다.

체코에서는 집으로 초대를 받은 경우 초대시간보다 너무 일찍 가지 말아야 한다. 약간 늦은 것은 괜찮지만 준비가 되지 않은 상태에서 너무 빨리 가면 주인이 당황하기 때문이다. 방문자는 답례로 포도주 한 병이나 홀수의 꽃다발 그리고 초콜릿 등을 준비하면 좋다. 식사 중에는 음식에 대한 칭찬을 빼놓지 말아야 한다. 식사는 주인이 먼저 시작하면 따라서 하면 된다. 식사가 끝난 뒤에 권하는 술이나 커피 등의 음료를 마셔주는 것이 좋다. 그러나 식사하기 전에 음식준비를 돕는다던지 식사 후에 설거지를 하는 행위 등은 불필요한 오해를 불러 올 수 있기 때문에 피하는 것이 좋다.

체코사람들은 여가활동을 어떻게 보낼 것인가를 일하는 만큼이나 중요하게 생각한다. 이에 공연문화와 관련된 에티켓도 매우 발달해 있다. 공연 티켓은 예약이 필수이고, 공연 시작 시각보다 한 30분 정도 미리 가는 것이 예의이며, 정장 출입을 원칙으로 여긴다. 정숙한 분위기에서 관람하는 것을 선호하기 때문에 소리가 많이 나는 비닐 쇼핑백이나 알람 장치가 되어 있는 시계 그리고 휴대전화 등은 반입이 금지된다.

5. 이문화(異文化)에 대한 이해의 폭이 확대되기를 기원하며

세계의 문화는 다양성을 지니고 있다. 종교와 사상, 문화의 차이에 따라 그것을 고착화시켰다. 그러나 세계화가 급속하게 진행되면서 인적, 물적 교류가 활발하게 진행되고 있다. 우리나라 사람들의 해외진출도 해마다 증가하고 있다. 이 책은 외국인을 접하는 사람들에게 이문화(異文化)에 대한 올바른 지식을 전달하기 위해 작성하였다. 각국의 문화를 존중하고 습속을 이해하려는 노력이 필요하다. 나의 편리함이 외국인에게 불편함을 줄 수 있기 때문이다.

절차를 중시한 한국인의 전통 예절

절차를 중시한 한국인의 전통 예절

문 형 진

1. 예절을 중시한 한국인

우리나라를 일러 동방예의지국이라 한다. 이는 예절과 의식절차를 중시했기 때문이다. 남을 의식하고, 타인을 존중하며, 개인보다 공동체를 우선으로 생각했던 삶에 대한 총칭이다.

우리 조상들은 이렇듯 삶을 영위함에 있어 공동체를 중시하였다. 마을의 안녕과 공동체의 번영을 함께 지켜나갔다. 마을신앙과 두레, 향약 등은 이러한 삶의 흔적일 것이다. 함께 농사를 지었고, 재앙에 대처하였으며, 공동으로 문제를 해결해 나갔다.

공동체가 원만하게 유지되기 위해서는 서로를 존중하고 배려하는 마음이 있어야 한다는 것을 잘 알고 있었다. 타인에게 실수하지 않는 것, 남을 불편하게 하지 않는 행동, 공동체를 중시하는 태도를 일러 동양에서는 예절이나 도덕이라고 칭하였고 서양에서는 에티켓 혹은 매너라고 표현하였다.

우리적인 것을 세계적인 것이라고 한다. 그렇다면 가장 한국적인 것은 무엇일까? 아마도 전통예절이 아닐까 싶다. 외국인들이 한국문화를 체험함에 있어 우선적으로 우리의 예법을 체험하고 있기 때문이다. 전통예절의 범주는 매우 다양하다. 관혼상제로 대변되는 통과의례가 있고, 의식주의 예법이 있는가 하면, 조상을 숭상하고 천신에 감사하는 의식도 있다. 어떤 예절이건 간에 그것이 법도에 맞기 위해서는 그 절차적인 정당성이 지켜져야 한다.

이에 본고에서는 한국인의 전통 예절 중 혼인과 상례의 절차를 우선적으로 살펴보고자 한다. 한국인의 에티켓 즉 예절은 구성원이 함께 존중하고 지켜나갔던 절차의 정당성에 그 연원이 있다고 판단했기 때문이다. 혼인과 상례의 절차를 살펴보기 이전에 상하를 구분하고 좌우를 판단하는 방위의 예절에 대해 우선으로 살펴보도록 하겠다.

2. 상하석과 방위의 차등 예절

전통사회 예절에서 방위는 매우 중요했다. 상・하의 질서와 구별을 중시하는 판단 기준이 되었기 때문이다. 동서남북 중 가장 상석은 북쪽이다. 가장 차갑고 후미진 곳으로 인식되기도 하지만 임금이 거처하는 곳이기 때문이다. 임금은 항상 북쪽에서 앉아 남면한 채 정사를 펼쳤다.

이에 반해 신하들은 북쪽에 계신 임금을 바라보며 생활했다. 전통 예절 또한 이를 기준으로 하였기 때문에 제일 윗자리 상석이 북쪽이 되었고, 그 앞이 남쪽 그리고 상석의 왼쪽이 동쪽, 상석의 오른쪽이 서쪽이 되었다. 방위의 기준이 신하가 아니고 임금에서 비롯되고 있음을 알 수 있다. 임금이 그렇듯 의식의 절차에서 웃어른은 항상 남면을 취하는 것이 올바른 예법이라 할 수 있다.

혼례식을 집정하는 주례자가 북쪽에서 혼례를 집정하고, 제사에서 모셔지는 신위 또한 북쪽에 위치해야 하며, 사당과 묘지에서도 가장 위석이 북쪽에 위치해야 한다. 이러한 경향은 현대에서도 그대로 적용되어 사무실에서도 가장 상급자의 자리가 북쪽에 위치하고 있는가 하면, 학교의 훈시용 단상도 북쪽에 위치하고 있음을 알 수 있다.

한편, 전통의 예법에서 남녀의 위치는 그 나름의 법도가 있어 남자는 좌측에 위치하고 여자는 우측에 위치하는 경향이 있었다. 즉 남좌여우(男左女右)는 우리나라 예법을 이해하는 하나의 출발점이자 그 본이라 할 수 있다. 여기에 방위의 개념을 대입시키면 남자는 동쪽에 그리고 여자는 서쪽에 자리 잡게 된다. 즉 남동여서(南東女西)는 남좌여우와 같은 개념이었음을 알 수 있다.

해가 뜨는 동쪽이 양에 해당하므로 남자를 상징하는 개념으로 발전하였고, 해가 지는 서쪽은 상대적으로 음에 해당하여 여자가 위치하는 개념이 되었던 것이다. 이에 혼인 예식에서 신랑은 동쪽에 서고 신부는 서쪽에 위치하였고, 이러한 경향은 신식 예법에도 그대로 적용되고 있음을 알 수 있다. 한편, 신부가 시부모님께 현구고례를 행할 때도 시아버지가 동쪽, 시어머니가 서쪽에 위치하였고, 이러한 경향은 공수를 행할 때도 적용되어 남자는 왼손이 위를, 여자는 오른손이 위를 향하게 하는 것이 올바른 예법이었다.

좌측과 동쪽을 상으로 보고 서쪽과 우측을 하로 보는 개념은 궁궐 내 문무백관의 품계석에도 그대로 적용되어 있다. 문반의 품계석이 동쪽에 위치해 있고 무반의 품계석이 서쪽에 위치하고 있어 임금을 기준으로 하여 좌측인 동이 상이 되고 우측인 서가 하가 되고 있는 것이다. 이러한 경향은 삼정승의 서열에도 그대로 적용되어 영의정의 다음이 좌의정이고 그다음이 우의정이었다.

이렇듯 좌와 동을 상으로 생각하는 개념은 산 사람들에게 적용되는 일반적인 관념이었다. 그러나 의식의 대상이 죽은 자일 경우에는 정반대가 되어 서쪽이 상석이 되었다. 부부합장의 경우 남자가 서쪽이고 여자는 동쪽에 위치하였고, 신줏단지 또한 그러하였으며, 사당에서의 신위 배열순서도 이 기준이 적용되어 가장 윗대 조상님의 신위가 가장 서쪽에 배열되었다.

3. 혼례의 절차와 그 예법

1) 혼(昏)자의 의미

혼(昏)이란 아내를 맞이하는 예가 어두워지기를 기다려 이루어지는 데서 비롯되었다. 반드시 어두워진 이후에 예법을 행하는 것은 양이 물러가고 음이 돌아옴을 뜻하기 때문이다. 부부의 만남이 양을 상징하는 남자와 음을 상징하는 여자의 새로운 출발을 의미하기에 음양이 교차하는 시간에 예법을 행하는 것이 합당하다고 여겼기 때문이다. 양이 물러가고 음이 도래한 시간에 혼례 절차가 시작된다. 남자집 사자가 여자집으로 향하게 되고 이후 여러 절차를 거치면서 새벽녘까지 의식절차가 진행된다. 시경에서는 "욱일시단(旭日始旦)"이라 하였다. 욱일이란 '처음 나온 태양'을 뜻하고, 시단은 '첫 아침'을 칭하는 만큼 새벽녘 첫 해가 떠오를 때 친영하는 것이 올바른 예법이 되는 것이다.

2) 혼인할 수 있는 연령 조건

혼인연령에 대해 『주례』에서는 남자는 30세에 장가들고 여자는 20세에 시집간다고 하였다. 노나라 애공(哀公)이 공자에게 "남자가 반드시 30에 아내를 맞이하고 여자가 20살이 되어야 남편을 맞이할 수 있다는 것은 너무 늦은 것이 아닙니까?"라고 물었다.

이에 대해 공자가 답하기를 "예에서는 넘겨서는 안 될 한도를 언급한 것입니다. 남자는 20세에 관례를 치르니 아버지가 될 수 있고, 여자는 15세가 되어야 시집갈 것을 허락하니 이때부터 배필을 맞이할 수 있는 것입니다."라고 하였다. 이러한 견해에 대해 왕숙(王肅)은 "『공자가어』에서 이르기를 '남자는 16세에 장가를 들 수 있고, 여자는 14세에 시집갈 수 있다.'고 하였으니 30세와 20세는 그 극단을 말한 것뿐이다."라고 하였다.

온공(溫公) 또한 "지금의 법령은 남자가 15세, 여자가 13세 이상이면 모두 장가들고 시집가는 것을 허락한다."라고 하였으니 후대로 내려가면서 혼인 연령이 빨라졌음을 알 수 있다. 조선시대 『대전』에서도 "남자 나이 15세, 여자 나이 14세가 되어야 비로소 혼인을 허락한다."라고 규정하고 있는 점으로 보아 이러한 경향을 따르고 있는 것으로 보인다. 특히 조선시대에는 예외를 인정하여 양가 부모 중에 한 사람이라도 중병에 걸렸거나, 혹 아버지의 나이가 50을 넘겨 자식을 보는 것이 급할 경우 12세 이상만 되어도 관에 고한 후 혼인하는 것을 허락하였다.

3) 혼인절차의 변천

우리가 혼인절차를 언급할 때 흔히 육례(六禮)를 갖춰야 그 의식을 올바로 행한 것으로 인식하였다. 여기서 언급하고 있는 육례란 바로 주나라에서 행해졌던 '주육례(周六禮)'를 언급하는 것으로 중국에서 오랫동안 사용되었던 혼인절차이다. 그런데 송나라 때에 이르러 주희(朱熹)가 이 제도가 번잡하다는 이유로 절차를 간소화시켜 주자사례를 보급시켰다. 우리나라에 보급된 주자사례는 우리의 혼인 방식과 차이가 있어 쉽게 보급되지 못하였다. 성리학을 숭상하고 주자가례를 근간으로 여겼던 유학자들에 의해 점차 보급되기도 하였지만 일반 백성의 경우 처가살이 혼을 친영례로 바꾸는 과정에서 두 제도를 혼합한 우리식의 전통 육례를 행하는 경향이 있었다.

(1) 주육례(周六禮)

남성이 중심이 되는 사회를 표방했던 중국사회에서 오랫동안 행해진 혼인절차인 만큼 모든 의식의 주체가 남성중심으로 행해지고 있음을 알 수 있다.

① 납채(納采) - 채택을 받아들이는 예로 남자 측에서 여자 측 어른에게 '당신 댁 규수를 며느리로 삼기로 했다.'라는 사실을 알리는 절차이다.
② 문명(問名) - 이름을 묻는 절차로 신부의 정황을 신부 어머니의 평판과 됨됨이를 통해 파악하는 절차이다. 여기서 명(名)이란 여자 생모의 성씨를 가리킨다.
③ 납길(納吉) - 사당에서 점을 쳐 길조를 얻으면 그 사실을 여자 측에 알려 혼인을 결정하는 절차이다.
④ 납징(納徵) - 혼인의 증표를 보내는 절차로 남자 측에서 여자 측에 그 증거를 보내는 절차이다.
⑤ 청기(請期) - 혼인을 거행할 날짜를 정하는 절차이다.
⑥ 친영(親迎) - 신랑이 신부집에 친히 가서 신부를 데려와 자신의 집에서 혼인의식을 치르는 절차이다.

(2) 주자사례(朱子四禮)

주육례가 번잡하다고 판단한 주자가 그 단계를 네 가지로 축소하여 주자사례를 창안하였다. 중국에서는 송대 이후 활용되었고 우리나라에서도 조선시대 사대부들에 의해 행해졌던 혼인 절차이다.

① 의혼(議婚) - 혼인을 의논하는 절차로 주육례의 문명에 해당한다 할 수 있다. 혼인이 가능한 연령인지 그리고 집안에 장례가 발생하지 않았는지 등을 상의하는 절차라 할 수 있다. 양가를 중매쟁이가 왕래하면서 그 가능성을 타진하고 맞춰가는 단계라 할 수 있다. 옛사람들은 사위와 며느리를 판단할 때 성품과 행실 그리고 집안의 법도를 살필 것이며, 구차하게 그 부귀를 흠모하지 말 것을 주문하였다. 사위가 어질면 지금은 빈한하다 할지라도 장차 부귀해질 수 있지만 어리석으면 지금의 부유함을 유지할 수 없기 때문이다. 며느리의 경우도 집안의 부유함을 믿고 시부모님을 멸시하면 근심거리가 될 수 있으니 그 성품을 판단의 기준으로 삼아야 한다고 강조하였다.

② 납채(納采) - 주육례의 납채를 그대로 계승한 절차로 이때 "모(某)는 재배하고 아룁니다. 삼가 귀한 따님을 저희 아들 모(某)의 처로 주실 것을 허락한다는 말씀을 들었습니다. 이에 선인의 예가 있기에 삼가 사람을 보내어 납채하기를 청하오니, 삼가 예를 갖추지 못한 점 살펴주시기 바랍니다."라는 서식을 사용하였다.

③ 납폐(納幣) - 혼인 전 여자 집에 의식에 사용되는 물건과 그 예복을 드리는 절차로 주육례의 납징에 해당한다 할 수 있다.

④ 친영(親迎) - 신랑이 친히 신부를 맞이해오는 절차로 주육례의 친영과 같은 절차이다. 『주자가례』에 언급되어 있는 친영의 절차를 살펴보면 다음과 같다.

하루 전 여자집에서는 사위가 머물 곳에 친영에 사용할 물건(장막, 휘장)을 늘어놓는다. 이튿날 신랑집에서는 초례상을 마련하고, 여자집에서도 대문 밖 서쪽에 장막을 설치한다. 그리고 초저녁이 되면 신랑은 관리가 착용하는 관복으로 갈아입는다.

신랑 집 주관자가 사당에 가서 조상님들께 '오늘 아무개의 아들 아무개가 아무 군에 사는 모씨를 친영하려한다.'라고 아뢴다. 이후 그 아들로 하여금 부인을 맞아오도록 명하면 신랑이 나가서 말을 타고 신부집으로 향한다. 이때 두 개의 촛불로 앞을 인도하고, 여자집에 이르면 신랑은 대문 밖에서 말을 내려 장막에 들어가 기다린다.

신랑이 도착하면 여자집 주인은 사당에 가서 '아무개의 몇째 딸이 오늘 모관 아무 군에 사는 아무개에게 시집을 가니 감격스러움을 이기지 못하겠습니다.'라고 조상님들께 고한다. 신부의 부모는 그 딸에게 활옷과 붉은 장삼을 입힌 후 '항상 공경하고 삼가서 시부모의 명을 어기지 말라.'고 명한다. 신부집 주관자는 문 밖에서 신랑을 맞이하고, 신랑은 기러기를 들고 따라가 전안례를 행한다. 전안례가 끝나면 유모가 신부를 부축하여 수레에 오르도록 인도한다. 신랑이 말을 타고 앞서고 신부의 수레가 그 뒤를 따른다. 신랑은 자신의 집에 이르면 신부를 인도하여 들어간 후 교배례를 행하고, 이후 합방례를 행한다.

(3) 전통육례(傳統六禮)

조선시대 일반 백성이 폭넓게 활용하였던 혼인 절차이다. 주육례와 주자사례의 경우 남자가 주가 되어 혼인절차가 행해지는데 반해 우리나라 전통 육례에서는 여자 측을 배려하면서 혼인이 진행되고 있음을 알 수 있다.

① 혼담(婚談) - 우리나라에서는 중매혼을 가장 이상적인 혼인 형태로 인식하였던 만큼 혼전에 중매인을 통하여 혼인을 상의하는 것을 중시하였다. 남자 측에서 먼저 중매인을 통해 청혼하면 여자 측에서 응대하는 형식으로 진행됐다. 전통 혼례에서 중매인의 역할이 중요하였기 때문에 그 명칭에 다양성이 존재하였고, 성별에 편차가 있었다. 남성의 경우 '중신애비' '중신잡이' '중신잽이' 등으로 불렸고, 여자인 경우 '중신애미' '중신할미' 혹은 '매파'라고 칭하였다. 중매인의 경우 남녀가 모두 해당되었다. 서울에서는 주로 여

자가 중매인 역할을 한 반면, 제주도에서는 여자가 중매하면 혼인이 잘 성사되지 않는다고 하여 여자중매인을 기피하기도 하였다.

② 사주(四柱) - 남자의 생년월일을 적어 신부집에 보내는 절차로 전통혼례에서 매우 중요한 절차였다. 남녀의 사주는 혼인 날짜를 잡고 혼인생활의 미래를 점치는 척도가 되었을 뿐만 아니라 혼담을 거절할 수 있는 명분으로 활용되기도 하였다. 사주를 적은 단자는 소중한 것으로 인식되었기 때문에 구겨지지 않도록 싸리나무나 대나무 등에 끼워져 여자 측에 전달하였다. 강원도 지방에서는 싸릿대를 주로 활용하였고, 보령지방에서는 대나무를 쪼개서 활용하였다. 그러나 모든 지방에서 보호대를 사용한 것은 아니었다. 진주지방의 경우는 아무것도 사용하지 않았다.

사주단자를 전달하는 주체 또한 지역별 편차가 존재하여, 여천지방에서는 깨끗하고 복 많은 여자를 뽑아 보냈고, 보령지방에서는 신랑이 직접 가지고 갔는가 하면, 제주지방에서는 신랑의 부친이 가지고 가기도 하였다.

사주단자가 신부집에 도착하면 신랑이 태어난 사주를 보고 신랑의 앞날을 점치기도 하였다. 쥐띠의 경우 가을걷이가 끝난 음력 9~10월 가을철 밤에 태어난 것을 길하게 여겼고, 소띠와 양띠는 겨울철 낮을, 호랑이띠의 경우 나무가 우거져 몸을 숨기기 좋은 여름철 밤을 길하게 여겼다. 토끼띠의 경우 새싹이 돋아나는 봄철 아침을, 용띠와 뱀띠의 경우 동면하기 시작한 가을철 9월 밤을, 그리고 말띠와 원숭이띠는 겨울철 밤을, 닭띠의 경우는 보리를 먹는다고 하여 초여름 낮을 길하게 생각하였고, 돼지띠는 철에 관계없이 낮에 태어난 것을 복이 있다고 판단하였다.

우리나라 전통 혼례의 경우 신랑 측에서 신부 측에 사주를 보낸 점으로 보아 혼인 날짜에 대한 결정권이 신부 측에 있었음을 알 수 있다. 이러한 현상은 길한 날짜를 받아 신부 측에 통보하는 중국의 혼례 풍속과 정반대였음을 의미한다 하겠다.

③ 택일(擇日) - 연길(涓吉)이라고도 하고 납기(納期)라고도 한다. '좋은 길일을 골랐다.'라는 뜻을 의미한다. 신랑 신부의 새로운 출발을 의미하기 때문에 양가부모가 혼인한 달이나, 두 집안에 불길한 일이 있었던 달, 그리고 조상의 제사가 있는 달 등은 피하였다. 농사를 주 생업으로 여겼기에 농번기 또한 피하였고, 너무 춥거나 더운 달도 피하였다. 제주지방에서는 혼례에 사용될 예물을 신랑집에서 신부집으로 보내는데 이를 '이바지'라고 부른다. 혼인 2~3일 전에 돼지 1마리, 닭 · 달걀 등을 보낸다. 이 '이바지' 품목의 많고 적음에 따라 신랑집의 경제적 형편을 판단하는 척도로 삼았다. 여천지방에서는 신랑집에서 신부집에 택일을 보낼 때 경제가 허락하는 한 많은 예물을 '날받이간다'라고 하면서 보냈다.

④ 납폐(納幣) - 남자 측에서 여자 측에 폐물을 보내는 절차이다. 첫 아들을 낳고 팔자가 좋은 사람이 함진애비 역할을 한다. 함은 일반적으로 혼인 전날 저녁에 신부집에 보낸다. 함에는 혼서지와 채단과 같은 예물을 넣는데 짝을 맞추지 않는 풍속이 있다. 치마 한 감에 저고리 두 벌을 넣거나 치마 두벌에 저고리 세 감을 넣기도 한다. 동래지방에서는 저고리 치마 각 세벌과 이불감, 시계와 혼인 당일에 쓸 돈을 넣고, 영덕지방에서는 혼서지와 고추, 실, 옷감 등을 넣는다.

함진애비가 함을 지고 신부집에 도착하면 신부집에서는 함을 받을 준비를 한다. 마당에 멍석을 깔고 병풍을 치는가 하면 마루에서 받기도 한다. 함을 받는 사람으로는 지방에 따라 편차가 있지만 아들 딸 고루 낳고 다복한 사람일 가능성이 크다. 물론 제천지방에서는 신부의 아버지가 직접 받기도 한다. 함을 받으면 신부집에서는 눈을 감고 함속에 손을 넣어 먼저 잡히는 채단의 색깔을 가지고 신부의 앞날을 점치기도 한다. 홍색 종이에 싼 채단이 나오면 아들을 낳을 것으로 여겼고, 청색 채단이 잡히면 첫 딸을 낳는다고 생각했다.

⑤ 대례(大禮) - 신랑이 여자집에 가서 부부의 연을 맺는 의식을 거행하는 것을 이른다. 이러한 예법은 우리나라 고유의 풍속을 계승한 것이라 할 수 있다. 중국의 전통 혼례는 여자를 데려다 남자집에서 혼인예식을 거행하는 친영례였다. 혼례가 남자집에서 거행됐고, 신부는 신랑집의 종속변수에 불과했다. 그러나 우리나라의 전통혼례는 장가를 드는 풍속이 오랫동안 행해졌다. 이에 남자가 여자집에 들어가 살았고, 가정 내의 영향권과 가풍의 계승이란 측면에서 여자 측에 유리한 측면이 있었다. 남성이 중심이 되는 성리학적 사회를 구현하고자 했던 조선의 주체세력으로서는 혼례풍속의 변화가 시급한 당면과제였다. 그러나 나라가 바뀌고 주체 세력이 변화됐다고 해서 풍속까지 일순간에 바뀌는 것은 아니었다.

이에 중국식 혼례와 우리나라의 전통혼례가 절충된 방식이 백성들 사이에 광범위하게 시행되었다. 남자가 여자집에 가서 혼례를 치르고 다시 자신의 집으로 돌아와서 생활하는 풍속은 바로 우리나라의 전통혼례를 어느 정도 계승한 절차라 할 수 있다. 대례는 전안례, 교배례, 합근례의 순서로 행해지는데, 혼례 의식절차에서 매우 중요한 부분을 차지한다.

⑥ 우귀(于歸) - 혼인예식을 끝내고 합궁을 치른 부부가 신랑의 집으로 가서 며느리로서 치르는 의식이다. 중국식 혼인례는 신랑이 신부를 맞이해 와서 자신의 집에서 혼인례를 행하기 때문에 우귀라는 것이 존재하지 않았다. 그러나 우리나라 혼례는 신부집에서 혼인례를 치르고 신랑집에서 이후 생활을 하였기 때문에 우귀례를 행하게 되었던 것이다.

4. 상례의 절차와 그 예법

상례는 통과의례에서 가장 성대하게 치러지는 의식 절차이다. 소요되는 시간과 사용되는 물품 그리고 동원되는 인력에 있어 다른 의례절차보다 성대하게 거행되었다. 시간과 물품이 많이 소요되는 만큼 그 의례 절차도 매우 복잡하였다. 산 자와 죽은 자 간에 이별하는 의식절차이기도 했던 상례는 한 가정사를 뛰어넘어 공동체의 집단의식으로 승화 발전되었다.

조선시대에 이르러 주자학적인 공동체의 가치와 그 예법이 중시되면서 상례의식도 영향을 받기 시작하였다. 공동체 내에서 사람이 죽으면 그 예법에 밝은 호상자를 선임하여 유교적 예법과 그 절차에 따라 상례를 치러야 했다. 절차를 중시하고 예법을 존중하는 것은 공동체를 지탱하는 관념이자 그 수단이었다. 유교식 상례에 따라 그 의식절차를 진행하는 것이 절대적인 가치였다. 성복한 후에 문상객을 받아야 했고, 문상객들에게는 국수를 제공하지 않았으며, 슬픔은 큰 소리로 표현되어야 했다. 망자와 상주의 관계에 따라 상기와 성복기간이 결정되었다. 단순한 부모와 자식 간의 관계뿐만 아니라 여러 촌수 간에 얽힌 다양한 인적관계가 형성되고 있었기 때문에 그 각각의 관계에 따라 그에 맞는 예법 절차를 거행해야 했던 것이다. 성복기간도 3년부터 3개월까지 다양하게 존재하고 있었기 때문에 올바른 예법을 행하는 것이 결코 쉬운 일이 아니었다. 이에 상복기간을 두고 여러 차례 예송논쟁이 발생하기도 하였다. 본 장에서는 전통 상례의 절차와 그 예법을 살펴보도록 하겠다.

1) 상례의 절차

① 초종 - 사람이 죽음을 맞이하는 데서부터 시작하여 주변 지인에게 부고를 알리는 절차까지를 이른다. 사람이 죽음을 맞이할 때 남자는 부인의 손에서 죽지 않아야 하고, 여자는 남자의 손에서 죽지 않는 것이 예법이었다. 이승에서의 미련을 남기지 않기 위해서였다. 숨이 끊어지면 곡을 하였고, 이후 망자의 혼령이 돌아오기를 기원하는 초혼례를 행하였다. 복을 행하여도 깨어나지 못하면 비로소 죽었다고 판단하여 상을 주관할 상주와 호상자를 세웠다. 상주는 모든 절차를 혼자서 감당할 수 없었기 때문에 글을 담당할 사서와 재화를 담당할 사화를 선임하였다. 호상자는 사서를 통해 친척과 동료 친구들에게 부고를 하도록 하고, 사화를 통해 음식과 관 등을 마련하도록 요청한다.

② 습 - 죽은 이에게 수의를 입히고 반함 한 후 명정을 세우는 데까지의 절차이다. 먼저 죽은 이를 목욕시킨 후 시신을 염습한다. 반함은 물에 불린 쌀을 버드나무 숟가락으로 세 번 떠서 죽은 이의 입에 넣는 절차이다. 죽은 이가 저승까지 가는데 먹을 식량인 셈이다. 영좌(靈座)를 설치한 후 혼백(魂帛)을 만들어 놓고 이후 명정을 만들어 세운다. 혼백이란 흰 명주로 사람의 형상을 만들어 왼쪽에 죽은 사람의 생년월일시를, 오른쪽에 졸년월일시를 써 놓은 물건으로 신주를 만들기 이전 신주를 대신하기 위해 만든 것이다.

③ 소렴 - 죽은 이를 이불로 싸서 묶고 살아생전 상을 차려서 올리듯 전을 올리는 절차를 이른다. 습은 죽은 이에게 옷을 입히는데 반해, 염의는 싸는 것을 일컫는다. 전제를 올리는 동안 곡소리를 크게 하여 그 슬픔을 극진하게 표현한다. 혹 효자가 어버이의 상을 당하여 몸이 상할까 염려되었기 때문에 다름 사람으로 바꾸어 곡하는 것을 허용하였다. 전통상례에서 곡소리가 크게 나는 것을 효자를 판단하는 기준으로 삼았기 때문에 상례 기간 동안 곡소리가 그치면

안 되었다. 이에 마을에 사는 사람들 중 자신의 처지가 처량한 과부 등을 고용하여 대신 울어 주도록 하였다. 곡비(哭婢)라고 불린 이 대곡(代哭)들은 바로 유교식 상례의 한 모습이라 할 수 있다.

④ 대렴 - 죽은 이를 큰 이불로 싸서 묶은 다음 입관하는 절차들을 일컫는다. 『예기』에서는 사흘째에 염하는 이유에 대해 다시 살아나기를 기다리기 때문이라고 하였다. 사흘째가 되었는데도 다시 살아나지 않으면 역시 살아나지 못하는 것으로 판단하여 염을 진행하였다.

⑤ 성복 - 죽은 이의 근친들이 각기 자신에 맞는 상복을 입고 문상객을 받는 절차를 이른다. 상복에는 참최로부터 시마까지 다섯 등급으로 나누어져 있어 이를 오복제도라고도 칭한다. 참최(斬衰)·자최(齊衰)·대공(大功)·소공(小功)·시마(緦麻)로 구성되어 있는 오복제도는 상복을 입는 기간과 재질의 형태 그리고 밥을 먹지 않는 기간 등이 서로 달랐다. 성복 기간이 3년, 1년, 9개월, 5개월, 3개월로 정해진 근거는 계절의 순행과 인간의 성장 법칙을 근거로 한다. 시마 3개월은 3개월마다 한 계절이 변하기 때문으로 한 계절을 형상화한 것이고, 소공 5개월은 오행의 원리를, 그리고 대공 9개월은 1년 네 계절 중 사물이 성장하는 세 계절을 형상화한 것이다. 자최는 사계절의 순행 원리를 그리고 참최는 사계절이 다시 한 번 더 바뀐 것(만 2년)을 근거로 한 것이다. 여기에는 사람에게 있어 태어나서 3개월 만에 머리를 자르고 3년 만에 부모에게서 젓을 땐다는 의미도 내포되어 있다. 여기에서의 '최' '공' '시'라는 말은 모두 삼베의 굵기를 나타내는 용어로 최복이 제일 굵고 시마는 가장 가느다란 베를 말한다. 굵을수록 거칠고 가느다랄수록 고운 형태를 띠고 있다.

참최는 오복 중 가장 무거운 등급이다. 이 등급의 옷은 생마포를 사용하였고 가장자리를 꿰매지 않았다. 참최의 의미는 아랫단을 잘라서 꿰매지 않은 상복이란 뜻이다. 참최복 등에 붙어 있는 베 조각을 부판(負版)이라 하는데 이는 등에 짐을 진 것처럼 그 슬픔을 지니고 있다는 뜻에서 붙이는 것이다.

자최 이상의 상복에는 상장(喪杖)이라는 지팡이를 짚었다. 상주가 짚는 지팡이로 아버지를 잃은 경우 대나무지팡이를 사용하였고, 어머니를 잃은 경우 오동나무 지팡이를 사용하였다. 아버지 상에 대나무를 사용하는 것은 아버지는 자식에게 하늘이기 때문이다. 대나무가 둥근 것은 하늘을 형상화한 것이고, 안팎으로 마디가 있는 것은 자식이 아버지의 상을 당해 안팎으로 슬픔이 있음을 형상화한 것이다. 그리고 대나무가 사철 동안 늘 푸르름을 변치 않듯이 자식이 아버지를 위함이 추위와 더위를 지나서도 변치 않음과 일맥상통하기 때문이다. 어머니의 상을 당해 오동나무 지팡이를 사용하는 것은 마음속의 비통함이 아버지와 같다고 하여 같을 동자(同)와 음이 같은 오동나무(桐)를 상장으로 짚는다는 것이다. 상장의 아래를 네모로 깎는 것은 어머니가 땅임을 형상화한 것이다.

⑥ 치장 - 장사를 지낼 만한 땅을 골라 매장하는 절차까지를 일컫는다.

⑦ 우제 - 죽은 이를 매장한 당일에 초우를 지내고 그다음에 제우를 그리고 삼일 째 되는 날에 삼우를 지낸다.

2) 상례와 관련된 금기

혼인이 경사라면 상례는 애사이다. 엄숙함과 두려움 그리고 슬픔을 표현하는 것이기에 조심하고 삼가며 그 의식을 거행하였다. 죽음을 맞이하는 당사자뿐만 아니라 의례를 거행하는 상주에게도 죽음이란 두려움으로 닦아왔다. 망자를 잘 모시고 장지를 잘 꾸미는 것도 두려움을 떨치기 위한 또 다른 행위였을 것이다. 새로운 세상으로 떠나야 하는 당사자에게나 갑작스럽게 구성원을 잃어야 하는 마을 사람들에게도 죽음이란 반갑지 않은 일이었다. 이에 죽음이란 것이 산 자들에게 영향을 미치지 않기를 바랐고, 때로는 역설적으로 복으로 승화시키고픈 인간의 바람이 여러 가지 금기를 만들어 냈다.

마을에 초상이 나면 머리를 감지 못하도록 하였고, 국수나 흰죽 또한 먹지 못하도록 하였다. 이는 머리카락과 국수와 같이 길이가 긴 것을 먹거나 빨면 그 마을에 다시 초상이 나서 줄초상이 난다고 믿었기 때문이다. 한편 팥죽을 쑤어 먹는 것도 금지시켰는데 이는 팥이 벽사의 의미가 있어 귀신을 쫓는다고 판단했기 때문이다. 아울러 초상이 나면 빨래를 하거나 널지 못하도록 하였고 흰옷을 입는 것도 금지했다. 이는 공동으로 상용하는 우물이 오염되는 것을 막고자 하는 의미도 있었지만 자칫 죽음의 그림자로 비춰질 가능성이 있었기 때문이다.

상례의 금기 중 많은 부분을 차지하는 것이 임산부나 출산과 관련된 금기이다. 이승에서의 생을 다하고 떠나는 망자의 의식이 이제 새롭게 삶을 시작하는 어린아이의 출산에 영향을 미치지 않기를 바랐기 때문일 것이다. 이에 임산부가 상가에 가는 것이 금지되었고, 부인이 임신 중일 때 남편이 상가 집에 가거나 상여를 매면 부정을 타 어린아이가 잘못되거나 산고의 고통을 겪는다고 생각하였다. 혹 상가에 다녀오는데 집에서 이미 출산을 했을 때는 치성을 드린 뒤 7일 후에 들어오도록 하였고, 들어온 이후에도 아궁이를 들여다보고 후후 2~3회 불도록 하였다. 이러한 금기는 삼신할머니가 보살펴주는 기간까지 지속되어 상주의 출입이나 상갓집을 방문한 사람들의 진입을 엄격하게 통제하였다.

상갓집에 대한 꺼림은 광범위하게 적용되어 경사를 앞두고 있는 사람이 상갓집을 방문하지 못하도록 하였고, 상제 또한 경사에 참여하는 것을 금기시하였다. 이에 집안에 혼례나 출산 등 경사가 있을 때나 환자가 있을 때 그리고 제사를 앞두고 있을 경우도 상갓집을 방문하는 것을 금기시하였다. 만약 피치 못하게 상갓집을 방문하고 왔을 때에는 소금을 뿌리거나 불을 피운 볏단을 넘거나 부엌에 들러 부정을 물리치고자 하였다. 남의 집 경사에 혹여 재액이 미치는 것을 두려워했기 때문이다. 이에 상제는 타인의 경사에 참여하지 않는 것이 올바른 예법이었다. 그러나 초상이란 것이 누구나 거쳐야 하는 의식행위였기 때문에 무조건 터부시할 수만은 없었다. 이에 강한 부정을 오히려 긍정으로 승화시켜 '상주가 상점에 들르면 상점이 횡재한다.'거나 '상주가 첫 마수를 해주면 재수있다.', '아침에 상제를 보면 재수가 좋다.'라고 생각하였고, '아침에 상여를 보면 님을 만난다.'고 했던 것이다.

한편 상여에는 망자의 시신이 놓여 있기 때문에 운송로에 신중을 기하였다. 마을을 가로지르거나 마을 위로 운반하면 마을이 부정을 탄다고 하여 금기시하였고, 우물근처로 지나가지 못하도록 하였다. 이는 혹여 망자가 지니고 있는 질병이 우물을 통해 마을 사람들에게 전파되는 것을 막기 위해서였을 것이다. 장독을 열어보는 것도 금기시하였다. '시신을 보고 나서 장독을 열어보면 장맛이 변한다.'거나 '시신을 보고 나서 장독을 열어보지 말아야 한다.'라는 것 등은 철룡신의 노여움을 사지 않기 위한 조처였다. 전통시대 가족의 건강이 장맛에 근거했기 때문에 장맛이 변함으로 인해 가족에게 화가 미치지 않기를 바랐기 때문이다. 장은 소중하게 간직해야할 대상이었기에 시집간 딸에게 조차도 퍼주지 않았다. 행여 집안의 복이 달아나지 않을까 염려해서였다.

조상을 좋은 곳에 모시는 것이 자손의 책무라 생각하였다. 좋은 곳에 모시면 발복한다는 풍수사상이 있어 명당에 모시고자 하였다. 양택 풍수보다 음택 풍수가 발달한 우리나라에서는 묘자리와 관련된 여러 가지 금기가 존재하였다. 묘를 잘못 쓰면 자손이 망한다거나 재앙이 미친다고 생각한 반면, 묘를 잘 쓰면 집안이 잘되고 자손이 번성한다고 믿었다. 한편 조상의 묘소는 늘 관리해야 할 대상으로 인식하였다. 이에 관리가 잘못돼서 '조상의 산소에 바람이 들면 집안에 우환이 생긴다.'거나 '묘지에 바늘구멍을 내면 빚진다.'고 생각하였고, '묘지에 불이 나면 자손이 망한다.'고 인식하여 관리에 만전을 기하였다.

수의는 망자가 이승을 떠나면서 입고 가는 의복이었기 때문에 제작에 만전을 기하였다. 특히 수의를 바느질함에 있어 매듭을 짓거나 실을 도중에 잇지 못하게 하였고, 바늘땀을 되돌아 뜨지 않도록 하였다. 뒷바느질을 하면 고가 맺혀서 환생하지 못한다고 생각하였다. 버선 지을 때 겉과 속을 모두 명주로 하면 망자가 미끄러워서 역시 환생하지 못한다고 생각하였고, 치마를 겹치마로 만들면 다시 시집간다고 하여 불길하게 여겼다. 또한 모시로 수의를 만들면 자손들에게 흰머리가 많이 생긴다고 하여 이를 금기시했다.

5. 공동체 의식의 회복을 기원하며

지금까지 절차를 중시한 한국인의 전통예절을 혼인과 상례를 중심으로 살펴보았다. 예법이 진행되는 순서에 따라 배열하였고, 개별적인 사안마다 부연설명을 하였다. 음양의 조화와 선후 좌우의 방위적 개념이 중요하다고 판단되어 따로 설명하였다. 방위의 기준이 되는 위치와 순서의 정당성을 개별적 사안마다 예를 들어 설명하였다.

혼례 부분에서는 중국전통혼례를 주육례와 주자가례로 나누어 살펴보았다. 주육례에서는 납채-문명-납길-납징-청기-친영으로 이어지는 절차와 개별적인 차례에 대해 설명을 곁들였고, 주자가례 부분에서는 주육례가 의혼-납채-납폐-친영이라는 네 단계로 축소되었음을 설명하였다. 아울러 개별적인 절차마다 그 올바른 예법을 적시하였고, 필요한 경우 그 의미까지 소개하였다.

우리나라 혼례의 경우 주자가례를 도입하여 상류층에서는 주자사례를 행하기도 하였다. 그러나 일반 백성들의 경우 서류부가혼을 일부 계승하여 전통육례를 행하였음을 설명함과 동시에 개별적인 절차에 대해 올바른 예법과 그 의미를 밝히고자 하였다.

전통상례의 경우 매우 그 절차가 복잡함과 동시에 현재 활용되는 상례와 기일 등에 있어 많은 차이가 있는 관계로 개별적인 절차의 순서를 언급하는데 중점을 두었다. 주자가례에서 소개하고 있는 상례의 의미와 절차를 많이 활용하였고, 특히 의미부분에 중점을 두고자 노력하였다.

그 결과 한국인의 전통예절은 그 절차가 정당성을 인정받을 때 비로소 예절로 인정되었으며 그 순서에 있어 정당성을 잃을 때는 비루하고 천박한 것으로 폄하되었다. 그러나 그것이 아무리 옳다 하더라도 지역적인 특색에 따라 계승되는 과정에서 편차가 있었기에 지역적인 차이점을 설명하고자 노력하였다.

우리 것은 소중한 것이며 계승해야할 가치가 있는 것이다. 전통에 대한 올바른 이해가 우리의 문화를 지킬 수 있는 출발점일 것이다. 편리함과 개인주의만이 능사가 아니다. 공동체를 존중하고 더불어 사는 미풍양속을 계승하는 것이야 말로 개인의 일탈을 극복할 수 있는 지혜가 되지 않을까!

참고문헌

김득중, 『실천예절개론』, 교문사, 1997.

주희지음 임민혁옮김, 『주자가례』, 예문서원, 2003.

김용덕, 『한국의 풍속사1』, 밀알, 1994.

한국고전의례연구회, 『사의1』, 보고사, 2006.

성균관출판부, 『우리의 생활예절』, 성균관, 1997.

남민이, 『상장례민속학』, 시그마프레스, 2002.

일본인의 예절과 그 배경

일본인의 예절과 그 배경

문 명 재

1. 일본의 역사적 변천 과정

일본은 사방이 바다로 둘러싸인 섬나라이다. 국토는 수많은 섬으로 이루어져 있는데, 이를 일본열도라고 한다. 하지만, 국토 생성 당시는 일본열도와 아시아 대륙이 이어져 있었고 대륙과 분리되게 된 것은 약 2만 년 전의 일로 추정된다. 또한, 일본 신화에 의하면, 이자나기노미코토라는 남신과 이자나미노미코토라는 여신의 성교 행위에 의해 수많은 섬이 생겨났다고 한다. 아무튼, 섬나라의 특성상 대륙과는 다른 전통과 문화가 만들어졌고, 변화의 과정을 거쳐 오늘날까지 이어지고 있다.

역사적인 흐름을 개관해보면, 수천 년 이상 이어진 죠몬식 토기 시대와 야요이식 토기 시대를 거쳐 4세기 전반에는 야마토 정권이 형성되게 되는데, 점차 한반도와 중국과의 교류를 맺게 된다. 대륙으로부터 선진 문화를 수입하고 철기를 도입하였는데, 6세기에는 백제로부터 한자와 유교, 불교가 전해짐으로써 일본 문화에 커다란 영향을 끼치게 되었다.

이후 794년에 지금의 교토인 헤이안으로 천도하면서 중고시대가 시작된다. 이 시기의 초기에는 당나라 문화의 영향을 받게 되나 9세기 말에 견당사가 폐지되면서 일본의 독특한 문화인 국풍문화가 일어나게 된다. 특히 가나 문자가 발명되면서 문학이 발달하고 후지와라씨를 중심으로 한 귀족문화가 꽃을 피우게 되었다.

12세기 초가 되면 무사들에 의한 정권이 세워지고 천황으로부터 막부로 권력이 이동하게 된다. 무사들의 시대인만큼 전란이 끊이지 않았지만, 나름대로 독특한 문화가 형성되었다. 특히 임진왜란을 통해서 조선으로부터 도자기와 인쇄술이 전해짐으로써 문화 발전에 큰 영향을 주었다.

오랜 전란의 시기를 거쳐 일본 전토를 통일한 도쿠가와이에야스는 에도에 막부를 세우고 새로운 시대를 열었는데, 바로 오늘날 일본 문화의 밑바탕이 된 근세시대이다. 이 시대는 지금의 도쿄인 에도에 막부를 두었기 때문에 에도시대라고도 하는데, 중앙집권적 봉건제도가 완성된 시기이기도 하다. 도쿠가와 막부는 봉건제도를 확립하고 신분계급제도에 의한 주종관계를 추구함으로써 쇼군, 다이묘, 무사의 지배계급이 농·공·상의 서민을 지배하는 사회가 되었다. 하지만 이미 중세 말부터 서민계급은 경제적 사회적인 실력을 키워왔고, 특히 조닌이라 불리는 상인들의 진출이 두드러졌다.

근세는 지배계급의 무력과 상인계급의 경제력이 서로 대립하고 견제하면서 발전해 가다가, 이윽고 근세 말에 이르러 서민세력의 승리에 의해 봉건제도가 타파되고 메이지 유신을 통하여 새로운 시대를 맞이하게 된다. 도쿠가와 막부는 문치주의를 내세워 유학을 채용하였고, 따라서 이 시기에는 광범위하고 현저한 문화의 발전을 이룩했다. 사상 면에서 보면 중세까지의 정신적 지주였던 불교가 쇠퇴하고 유교사상이 막부의 장려 하에 널리 영향을 미치게 되었다. 유교의 영향으로 발생한 국학은 고전과 황실 존중 사상을 고취시켰으며, 이 외에도 양학이 도래하여 근대적 문명의 발달에 공헌하였다. 그리고 근세 초기에 유입된 인쇄술에 의해 고문

효경 등의 수많은 서적이 간행됨으로써 문학과 학문의 발달에 커다란 영향을 미쳤다.

한편, 근세는 조닌 즉 상인들의 시대이기도 했다. 경제의 규모가 전국적으로 확대되고 토지경제에서 화폐경제로 변화됨에 따라 그들의 세력은 날로 증대되었다. 전란의 시기에는 무사의 세력이 컸지만, 이제 태평한 시기가 도래하니 경제력을 지닌 조닌들은 서서히 무사계급을 압도해 갔다. 무사와 조닌은 이 시기의 문화를 담당하는 양대 세력이라고도 할 수 있겠는데, 이들은 서로 대조적인 성격을 띠고 있었다. 즉 무사계급이 이상주의적이고 부소와 형식에 사로잡혀 있던 데 비해 조닌들은 현실주의적이고 진취와 자유향락을 즐기면서 그들의 생활과 사고방식을 문화에 접목시켰다.

하지만, 이들이 항상 대조적으로 서로 다른 세계에서 지낸 것은 아니다. 같은 시대를 살아간다는 것은 서로 영향을 주기도 하고 받기도 하는 것이어서, 시대가 흐름에 따라 무사에게는 상인의 기질이, 상인에게는 무사의 정신이 침투하여 서로 영향을 끼치면서 문화의 주체를 이루어 갔다.

18세기 후반에서 19세기에 걸쳐 서구열강의 개방 압력과 막부의 쇠약으로 인하여 에도막부가 멸망하고, 1868년에 메이지 유신과 더불어 일본은 근대화의 시대로 접어들게 되었다. 따라서 다시 무사의 시대에서 천황의 시대로 회귀하게 되었고, 봉건적 정치체제는 소멸되고 중앙집권국가가 이루어지게 되었다. 메이지 정부는 서구 선진국을 모델로 하여 근대국가 건설을 위한 개혁을 해나가면서, 러일전쟁 이후 점차 제국주의의 길을 걷게 되었다. 이후 두 차례의 세계 대전에 참전하고 결국은 패망의 쓰라림을 맛보았지만, 바로 국제 사회에 복귀하면서 1965년에 우리나라와 국교를 정상화하였고 1972년에는 중국과도 수교를 이루어, 오늘날에는 국제 사회에서 주도적인 역할을 해나가고 있다.

2. 한일 문화교류의 흐름과 의미

이웃한 나라끼리는 문화적으로 영향을 미치기 마련인데, 한일 양국은 오랜 옛날부터 문화적 교류가 활발했던 만큼 오늘날까지 문화적 영향의 자취가 남아있는 경우가 많다. 이를 역사적으로 보면 네 시기로 정리할 수 있는데, 첫 번째는 고대한국의 삼국시대·통일신라시대와 일본의 야마토·아스카·나라시대이다. 이 시기에는 불교와 한자 등 많은 선진문화가 한반도에서 일본에 전래되었고, 이것들은 일본 고대문화의 발전에 크게 기여하였다. 두 번째로는 조선시대와 도요토미시대의 임진왜란 및 도쿠가와 에도막부시대의 통신사에 의한 문화교류시대를 들 수 있겠는데, 이때에도 한반도의 인쇄술, 도자기, 학문 등의 문화가 일본에 전해져 일본문화 발전에 큰 영향을 미쳤다. 세 번째로는 한일 합방에 의한 일본의 식민지 통치시대이다. 이때는 식민지 정책에 의한 문화적 동화정책과 국내 거주 일본인들과의 접촉으로 인하여 문화적으로도 일본에 식민지화 되었던 시기인데, 일본문화가 한국에 끼친 영향은 그것의 좋고 나쁨을 떠나서 오늘날까지 남아있다. 네 번째는 1965년 한일국교정상화 이후 조성된 양국 협력관계를 거쳐 일본 대중문화에 대한 문호개방으로 활발한 문화교류가 이루어지고 있는 최근이 되겠는데, 문민정부의 일본문화에 대한 문호개방 정책이 기폭제가 되었다고 할 수 있을 것이다.

이후 월드컵 공동개최와 더불어 문화교류는 더욱 활발해지고 개방의 물줄기를 타게 되었다. 이제 양국의 탤런트가 출연한 프로그램이 안방에까지 들어왔고, 비자 면제로 인한 인적 교류도 문화교류의 문턱을 낮추는 큰 역할을 하고 있다.

하지만, 이러한 문화교류의 급류 속에서 우리가 느껴야 할 점은, 문화교류는 상대방의 문화에 대한 상호 이해와 존중의 바탕에서 서로 유익한 방향으로 전개되어야 한다는 원칙이다. 일본이 한반도 통치시대에 보여주었듯이 강압에 의한 문화제국주의는 양국의 불행한 관계를 초래하는 원인이 되었고, 종교와 사상 및 이데올로기의 일방적인 강요와 확신은 인류에게 수많은 불행한 시기를 겪게 했음을 우리는 세계 역사를 통해서 배울 수 있다.

또한, 임진왜란, 한일합방과 같은 과거의 역사에서 알 수 있듯이 이웃나라끼리 상대방에 대한 이해와 정보의 격차가 크면 클수록 양국관계는 불행을 초래했다. 따라서 한일 양국 간의 바람직한 문화 교류는 상대방의 문화에 대한 편견 없는 이해가 바탕이 되어야 한다.

3. 방문예절

인간은 독자적인 생존형태로서 어느 정도 공통된 사상, 생각, 감정 등을 가지고 사회생활을 하고 있다. 사회생활을 원활하게 하려면 공통된 말과 동작이 필요하다. 나라마다 언어가 있고 행동의 약속이 있는 것은 사회생활의 필요에서 온 것이다. 또한, 개인으로서도 자신의 말과 동작으로 지적 교양을 표현한다.

하지만 표현되는 것으로 충분한 것은 아니다. 거기에는 어린이는 어린이로서의 표현이 있고, 어른은 어른으로서의 표현이 있어, 정서가 발달됨에 따라 더욱 복잡한 표현형식이 사용되고, 그 사람이 지닌 교양의 깊이가 행동의 교양으로서 표현된다.

에티켓이나 매너라는 것은 이와 같은 인간관계의 모습을 나타내는 인간 본래의 마음에서 나온 언어나 동작을 나타낸 것이다. 따라서 어떤 무리한 형식에 구애받는 것보다, 개개인이 지닌 마음의 교양이 자연히 외부로 표출되도록 해야 한다. 하지만, 이러한 표출도 그 나라 고유의 문화로서의 행동양식이 반영되기 마련이다.

예를 들어, 정좌의 모습만 보더라도 한국과 일본이 다르다. 한국에서는 남자는 책상다리를 하고 앉고 여자는 한쪽 다리를 세우고 다소곳이 앉는 모습을 취하는데, 일본에서는 남녀 모두 무릎을 꿇고 앉는다. 이러한 문화적 차이를 모른다면 일본인이 찾아와서 예의 바르게 앉는다고 무릎을 꿇고 앉으면, 우리는 이 사람이 나에게 사죄할 일이 있어서 찾아온 것이 아닌가 하고 오해를 할 수도 있다.

이러한 차이가 생기게 된 것은 여러 가지 요인이 있겠지만, 우선 한일 양국의 가옥 구조의 차이를 생각할 수 있다. 즉 한국은 온돌을 사용해서 방바닥이 딱딱하여 무릎을 꿇고서는 장시간 앉아있기 힘들다. 따라서 잘못을 저지른 사람에게 벌을 주거나 잘못을 저지른 사람이 사죄를 청할 때 주로 무릎을 꿇게 된다. 하지만 일본은 방바닥이 짚으로 된 다타미를 사용하므로 무릎을 꿇고 앉는 것이 힘들지 않다. 또 하나는 의복의 차이에서도 찾을 수 있겠는데, 특히 여성의 경우에 한국은 치마를 입으므로 한쪽 무릎을 세우고 치맛자락으로 앞을 가리면서 앉을 수가 있지만, 기모노를 입는 일본 여성들은 무릎을 세울 수가 없다. 기모노는 거칠게 말하면 한 장의 이어진 천으로 몸을 감아 가리는 형태의 의복이다. 따라서 한쪽 무릎을 세우면 다리 안쪽이 드러나게 되어 도저히 앉을 수 없으므로, 기모노 자락으로 양다리를 감싸면서 무릎을 꿇고 앉는 모습을 취하게 되는 것이다.

1) 소개

다른 사람의 집을 방문할 때 예로부터 일본에서는 이른 아침이나 야간, 식사 때의 방문은 피하도록 가르쳐왔다. 그리고 오늘날처럼 바쁜 생활 속에서는 미리 약속을 하고 방문하는 것이 필요하다. 약속할 때도 오전 또는 오후와 같이 막연하게 하는 것이 아니라 시간까지 정확히 약속하는 것이 바람직하다. 이렇게 해서 방문하는 사람뿐만 아니라 맞이하는 사람도 약속한 시간을 꼭 지키도록 해야 하고, 약속을 변경할 때는 상대방에게 분명하게 사전에 이해를 구한 후 다시 약속을 잡아야 한다. 일본의 이러한 방문 시의 시간관념이 우리보다 엄격하기 때문에 주의해야 한다.

처음 방문하거나 모르는 사람을 만나는 경우에는 소개를 필요로 하기도 한다. 요즘에는 명함 등에 그 사람을 소개하는 글을 써주면서 방문하도록 하는 사람도 있다. 일반적으로는 괜찮은 방법이나, 글을 써준 사람을 잘 모르는 경우에는 당혹감을 줄 수도 있다. 소개한다는 것은 그 사람의 인격을 보증한다는 것이 되기도 하므로 신중할 필요가 있다. 원래 소개란 소개하고 소개받는 두 사람 사이에 친분이 있고 신용이 있는 경우에 제3자를 소개하는 것이다. 모임에서 통성명을 한 정도의 정보를 가지고 소개하는 것은 무책임한 일이다.

이름을 알려주는 정도의 소개를 하는 데 있어서도 예의가 필요하다. 즉, 상대방의 지위를 생각해서, 새롭게 친분을 맺으려는 양자 가운데 아랫사람을 윗사람에게 소개해야 하고, 남녀의 경우에는 여자에게 남자를 소개하는 것이 보편적이다. 이때 아랫사람에게는 미리 소개하려는 사실을 말해주는 배려도 도움이 된다.

이처럼 소개를 필요로 하는 경우, 우선 방문처와 친분이 있는 사람의 소개를 받고, 방문의 용건과 시간 장소 등을 방문처로부터 지정해 받는 것이 필요하다. 전화의 경우에는 소개자가 소개하는 내용을 미리 방문처에 연락해 두는 것이 책임 있는 행동이라고 할 수 있다.

2) 만남

처음으로 방문했을 때, 방문자는 맞이하는 사람에게 소개자와 자기의 이름, 용건을 확실하게 알려준다. 소개장이 있으면 그것을 보여주는 것도 좋다. 방문이란 앞으로의 친교를 약속하는 의미도 있기 때문에 명함을 주는 것도 자기를 알리는 단서가 된다. 여럿이 방문했을 때는 각자가 명함을 주도록 한다. 한 사람인줄 알았는데 만나보니 여러 사람이었다는 인상을 주지 않도록 미리 연락해두지 않으면 안 된다. 이미 여러 번 방문해서 맞이하는 사람과 면식이 있는 경우라면 몰라도, 이름도 밝히지 않고 만나보면 알 것이라고 말하는 것은 실례이다.

최근에는 명함이 많이 보편화되어, 명함만 보아도 방문자에 대한 많은 정보를 알 수 있게 되었다. 명함에는 연락처 외에도 어떤 일을 하는 사람인지, 어느 정도의 지위에 있는 사람인지는 알 수 있을 정도로 밝혀두는 것이 좋다. 인적 교류가 많아진 오늘날, 명함을 교환한다는 것은 앞으로의 교류를 약속하는 것이므로 어느 정도 현재의 상태를 이해할 수 있는 명함이어야 한다. 명함을 교환할 때는 아랫사람이 먼저 내미는 것이 예의이고, 일단 받은 명함은 잘 읽어보고 명함집에 넣는다. 동시에 자기 명함을 꺼내서 건네준다.

일본인은 명함을 너무 쉽게 주고받는다는 이야기도 들린다. 단지 이름을 소개하는 정도라면 명함을 줄 것까지는 없다. 그리고 받은 명함을 손으로 만지작거리면서 이야기를 주고받는 사람이 있는데 이것은 실례이고, 이런 사람은 그다지 믿음직스럽지 못한 인상을 주게 된다.

3) 선물

예전에는 방문 시의 선물로 술이나 안주가 중심이었다. 오늘날 선물이나 축의금을 줄 때 싸는 육각 색종이를 「노시」라고 하는데, 이것도 원래는 「아와비노시」라고 해서 전복을 얇게 펴 말린 것에서 유래한 것이다. 요즘은 형식보다도 내용물에 담긴 성의를 중요시하게 되었다.

선물의 포장은 상점에서 산 경우에는 포장지에 싼 채로 주어도 실례가 아니다. 하지만 축하나 위문의 경우에는 포장지로 싸고 「미즈히키」라는 끈으로 묶어서 「노시」를 곁들여 보낸다. 「미즈히키」는 5줄을 사용하는데, 홀수는 양(陽)의 수로서 길사(吉事)의 경우에 사용하고 짝수는 음(陰)의 수로 흉사(凶事)의 경우에 사용한다. 따라서 5줄 7줄 9줄이 길사의 경우인데, 5줄만으로는 허전한 느낌이 들므로 「미즈히키」 2줄을 합한 10줄짜리를 길사의 경우에 사용하기도 하나 이것은 음의 수가 되므로 맞지 않다. 색깔은 길사에는 금은, 홍백, 또는 적백을 사용하고 흉사에는 흑백 또는 백색, 회색과 백색을 사용한다. 종이도 여러 가지 종류가 있는데, 길사에는 두 장을, 흉사에는 겹치는 것을 피한다는 의미에서 한 장을 사용한다.

선물을 언제 건네주는 것이 좋은가는 상황에 따라 다르다. 야채 생선 고기와 같이 부엌에서 쓸 것은 현관에서 주면서 부엌에서 쓰도록 한다. 손에 든 선물은 방으로 들어가서 이야기와 함께 내놓으면 되고, 식사에 초대받았을 때 함께 먹을 것이라면 처음에 내놓는 것이 좋다.

4) 귀가

방문했을 때 중요한 것은 돌아갈 때를 잘 아는 것이다. 기회를 잡지 못하고 그냥 시간만 늘인다든지 잡담을 계속하다가 주인에게 재촉받고 돌아가게 되면 양쪽이 모두 불쾌해진다. 그러므로 적당한 기회에 돌아갈 줄 아는 것은 사교술의 하나이다. 그러므로 화기애애한 분위기를 남긴 채 귀가할 기회를 잡아 돌아가는 것이 중요하다. 돌아가면서 방석을 뒤집어놓는 사람도 가끔 보게 되는데, 이것은 예의가 아니다. 방석에는 위아래가 있고 앞뒤도 정해져 있다.

4. 식사예절

일본인의 예법을 유심히 살펴보면 우리와 유사한 것 같으면서도 다른 것들이 자주 눈에 띄는데, 그중에서도 우리의 일상생활과 가장 밀접한 관계가 있는 식생활 면에서의 예법을 통해서 우리와 어떻게 다른지 그리고 우리와 다른 예법이 생기게 된 원인은 무엇이겠는지에 대해 살펴보기로 하겠다.

식생활 면에서 보면, 우리는 국물을 먹을 때 소리를 내지 않고 조용히 마시는 것이 예의가 바른 행동이지만 일본에서는 꼭 그런 것만은 아니다. 일본에 여행하면서 유심히 보면 알겠지만 차나 커피, 국, 우동, 메밀국수 등을 먹으면서 후루룩 소리를 내면서 마시고 먹는 모습을 볼 수 있는데 이것을 보고 예의 없다고 오해해서는 안 된다. 일본인의 기준에서 보면 예의에 벗어나는 행동이 아니기 때문이다.

하지만, 원래부터 그랬던 것은 아니다. 음식을 먹을 때 소리를 내는 것은 상대방에게 불쾌감을 줄 수 있기 때문에 조용히 먹는 것은 당연하다. 에도 시대에도 지체 높은 사람들은 음식을 먹을 때 소리를 내지 않았다고 한다. 그러나 도쿄를 비롯한 관동지방에서는 메밀국수는 소리를 내면서 먹어야 제 맛이라고 하는 사람도 있다.

일본인들도 주식은 밥인데, 주로 조그만 공기에 담아 먹는다. 그래서 한 공기 가지고는 부족한 경우가 많은데 이럴 때는 공기의 밥을 조금 남김으로써 더 먹고 싶다는 의사표현을 한다. 깨끗이 비우게 되면 식사가 끝났다는 것을 의미한다. 손님으로 초대받았을 때는 한 공기로 끝내는 것보다 두세 공기 더 먹는 것이 좋다. 왜냐하면 한 번으로 끝내면 인연이 끊긴다는 생각을 하게 되기 때문인데, 우리나라에서도 밥을 더 줄 때 한 숟가락 주면 정이 없다고 하여 두세 숟가락 더 주는 것과 비슷하다고 할 수 있다.

또한, 우리는 식사 중에 그릇을 들고 먹는 것은 예의에 어긋나지만 일본에서는 그렇지 않다. 이것 역시 일본 생활 중에 흔히 볼 수 있는 모습인데, 일본인들은 식사할 때 상이나 식탁에서 그릇을 들어 입 가까이에 대고 주로 젓가락을 사용하여 먹는다. 처음 일본에 갔을 때 식사에 된장국이 나왔는데 숟가락이 보이지 않아서 당황했는데 다른 사람들을 보니 국그릇을 손에 들고 마시면서 젓가락으로 먹는 모습을 보고 문화적인 차이를 실감했다는 유학생의 이야기를 들은 적이 있는데, 일본에서는 당연하고 흔히 볼 수 있는 모습이다.

물론 이러한 우리와 다른 일본의 식사예절이 아무런 이유 없이 생긴 것은 아니다. 우선 생각할 수 있는 원인은 상의 구조가 다르다는 점이다. 일본의 전통적인 식사는 우리처럼 큰 상에 온 가족이 둘러앉아 먹는 것이 아니라 개인마다 상을 따로 받았고 그러므로 그 상은 다리가 짧은 쟁반만한 작은 상이었다. 지금도 일본의 전통 요릿집에 가면 이러한 작은 상에 담은 요리를 개인마다 놓아준다. 따라서 상에서 입까지의 음식을 가져오는 거리가 멀 수밖에 없고 그러다 보면 음식을 흘리기 십상인데, 게다가 거의 젓가락만을 사용하기 때문에 더욱 그렇다. 이러한 단점을 보완하기 위해서는 몸을 굽히거나 그릇을 들고 올 수밖에 없는데, 몸을 굽히는 것은 모양이 좋지 않으므로 꼿꼿한 자세에서 그릇을 입 가까이에 들고 먹는 식사 예절이 생기지 않았나 생각된다.

이러한 식사법에는 그릇의 재질도 한몫했을 것이다. 즉 일찍부터 그릇으로 철기와 도기를 사용한 우리와는 달리 일본은 목기를 사용했고, 그래서 우리는 뜨거운 음식을 담은 그릇을 들 수 없어서 상 위에 놓고 먹어야 했지만 일본의 목기는 손에 들고 먹어도 전혀 지장이 없었던 것이다.

이렇게 손에 들고 먹는 식사법과 불교와의 관련성도 생각해 볼 수 있다. 불교의 사원에서는 식기를 손에 들고 먹는 모습을 볼 수 있는데, 예절에 있어서 유교적인 영향력이 컸던 우리와는 달리 일본은 유교의 영향력이 적었고 그 대신 불교적인 풍습이 일반인의 생활에 여러 방면으로 영향을 미치고 있는 점을 감안하면 납득이 가는 면도 있다.

그리고 무엇보다도 정신적인 면에서 지적하고 싶은 모습이 하나 있다. 이것도 일본에서 흔히 보는 모습인데, 일본인들은 식사하기 전과 식사한 후에 꼭 인사를 한다. 나이 든 사람뿐만 아니라 젊은이들도 많이 하는데, 식사 전에는 「이타다키마스(잘 먹겠습니다)」, 식사 후에는 「고치소사마데시타(잘 먹었습니다)」라고 두 손을 모아 합장하면서 이와 같이 인사를 하는 것이다. 이러한 인사는 초대를 받아서 대접을 받았을 경우에만 하는 것이 아니라 식당에서 자기 돈으로 음식을 사 먹을 경우에도, 가정에서 식사할 경우에도 한다. 즉, 그렇다면 이러한 인사의 바탕을 이루는 생각이란 것은, 위로는 신에 대한 감사와 자연에 대한 감사, 그리고 자기가 그 음식을 먹을 수 있게 되기까지의 과정에서 수고한 모든 사람들에 대한 감사의 마음이다. 물론 옛날에는 우리에게도 이러한 감사의 마음과 인사가 있었지만 지금은 볼 수가 없다는 현실이, 이웃 일본에는 지금도 남아 있다는 사실을 확인함으로써 더욱 아쉽게 느껴진다.

5. 전통적으로 예의 바른 일본인

일본 사회는 그 구조가 상하관계를 중심으로 하는 수직사회로 되어 있고 이 점에서 우리와 유사한 점이 많기 때문에 예절 면에서도 비슷한 점이 많다. 하지만, 일본 예절의 근본을 살펴보기 위해서 고대로 거슬러 올라가 보면, 사회의 저변으로부터 차례차례 상위자를 거슬러 올라가 천황에 이르고, 다시 그 천황과 조상을 거슬러 올라가면 마지막으로 신으로 연결된다. 즉 일본의 수직사회의 단면은 신에서 천황으로, 천황에서 차례로 계단 형태를 이루면서 내려오는 모양을 나타낸다.

이처럼 일본 예법은 일본 사회의 구조적인 상하관계를 축으로 한 중층성에 의해 교정되는 면이 많고 이러한 전통은 오늘날까지 많은 영향력을 가지고 전승되어 왔다. 따라서 평등한 인간관계를 규제하는 예절은 그다지 발달하지 못했지만, 근대사회로 접어들면서 서구 사회의 자유와 인간존중이라는 사상적 영향으로 점차 평등한 인간관계를 규제하는 예절도 나타나게 되었다.

한 가지 예로, 일본에서는 어린이들에게 주로 가정에서의 예의범절 교육을 중요시하고 이를 「시츠케」라고 하는데, 이 「시츠케」의 가장 기본이 되는 것은 다른 사람에게 폐를 끼치지 말라는 것이다. 이렇게 어렸을 때부터 가르침을 받은, 남에게 폐를 끼치지 않으려는 마음가짐은 성인이 되어서까지 이어지고 사회생활을 하는 데 있어서 가장 기본적인 예의의 바탕을 이루게 된 것이다.

일본인은 예의가 바른 국민이라고 일컬어지는데, 이것은 오늘날의 일본인에 한정된 표현은 아니다. 중세 말기인 1594년에 일본 가고시마 지방에 표착한 프란시스코 자비엘이 쓴 글에 의하면, 일본 국민은 문화나 예의범절이나 풍속 습관에 있어서 자기 나라인 스페인보다 훨씬 뛰어나다고 하였다. 또한, 1811년에 구나시리섬에서 체포되어 옥살이를 했던 고로브닌은 그의 저서에서 「일본인들은 매우 예의바르다. 아랫사람이 윗사람을 대할 때뿐만 아니라 같은 계급 사람들끼리도 정중하다. 그들은 허리를 굽히고 인사를 한다. 특별히 경의를 표할 때는 완전히 무릎을 꿇고 지면에 닿을 때까지 몸을 굽힌다.」「일본인은 서로 만나면 첫인사가 끝난 뒤에도 몇 분간은 상대방에게 듣기 좋은 말을 한다든지 고개 숙여 인사한다든지 하면서 상대방의 건강이나 부모나 기타 여러 가지 일들을 서로 묻는다.」고 기록하고 있다. 이런 기록을 보면, 일본인의 예의 바른 행동양식은 오늘날에 형성된 것이 아니라 상당히 과거로 거슬러 올라간다는 것을 알 수 있다.

앞에서 살펴본 바와 같이 예절의 모습이 다른 것을 통해서 많은 것을 느낄 수 있다. 즉 한 국가나 사회에 정착하게 된 예절의 양상이란 것은 우연히 생겨난 것이 아니고, 그 국가나 사회 특유의 역사, 사회적인 환경을 배경으로 하여 성립되는 것임을 알 수 있는데, 이러한 사실은 우리와 다른 예절과 풍습을 가지고 있다고 해서 우리의 기준으로 판단하여 예의가 있고 없음을 이야기해서는 안 되고, 그 국가나 사회 고유한 모습으로서 이해하고 존중하는 자세가 필요하다는 것을 일깨워준다. 또한, 우리가 옛날에는 지니고 있었지만 지금은 사라져버린 훌륭한 예절은 다시 찾아내고 실생활에서 되살리려는 마음가짐도 갖게 해준다.

중국인의 '꽌시[關係]' 문화

중국인의 '꽌시[關係]' 문화

강 진 석

1. 중국인에게 '꽌시'란 무엇인가

중국인을 만나거나 중국말을 처음 배우는 한국인들은 중국인들이 '꽌시'라는 말을 자주 사용하는 것을 어렵지 않게 접할 수 있다. '꽌시'는 우리가 흔히 말하는 인간관계, 인맥구축 등의 내용이 함축된 중국어로서, 법치보다는 인치를 중요시하는 중국에서 수천 년 간 통용된 인간관계의 룰을 의미한다.

'꽌시'는 중국인들에게 있어서 마치 '일상생활'처럼 가장 친숙한 가치이자 규범이었기 때문에, 종래에는 상대적으로 이 분야에 대한 학문적 접근이 제대로 이루어지지 않았다. 중국 내에서 '꽌시'에 대해 학문적으로 다루어진 것은 근대 시기 이후인데, 그들은 대체로 이 이론에 대한 부분적인 특징을 언급하거나 거시적인 관점을 제시하는 수준에 머물고 있다.

가장 전통적인 의미의 '꽌시'를 언급한 학자로는 중국 현대 신유가 중의 대표인물로 인정되는 양수명(梁漱溟)을 들 수 있다. 양수명은 사람과 사람 간의 '꽌시'를 윤리적인 측면에서 언급하였는데, 그에 따르면, "사람은 태어나면서부터 그와 관계되는 사람들, 즉 부모나 형제 등과 같은 자들이 있게 되는데, 사람은 남들과의 관계 중에서 생활하게 되고 이러한 사회를 벗어나지 못한다. 이로써 알 수 있는 것은 사람은 언제나 각종 관계 위에서 실제로 존재하게 된다. 이러한 각종 관계는 곧 각종 윤리(倫理)이다. '윤(倫)'이란 '윤리(倫偶)'로서 사람 간에 서로 어울리는 것이다. 서로가 어울리는 가운데 '꽌시'가 발생한다."[1] 양수명은 중국 전통유가의 맥락에서 '꽌시'를 이해하였는데, 그에 따르면 가족과 부자(父子)는 선천적인 기본 관계이므로 윤리에서는 가정을 가장 중요시한다. 부모는 언제나 가장 우선시되고 그 다음으로 형제 · 자매가 있다. 장성하면 부부의 관계가 생기고 자녀가 생기게 되는데, 이로부터 종족(宗族)과 척당(戚黨)이 생기게 된다. 이것을 사회관계로 확대하면 교단에는 사제관계, 정치에는 군신관계, 개인적인 왕래 중에 이웃관계가 있게 된다. 사람은 이러한 '꽌시'를 벗어나지 못하며, 이 '꽌시'는 모두 '윤리(倫理)'이다.[2] 이로써 볼 때, 양수명은 '꽌시'에 대한 이론을 현실적인 문제에서 접근했다기보다는 전통 유학의 입장에서 사람이 도덕적으로 지향해야 할 '꽌시'의 이상을 말한 것으로써, 전통과 문화를 중시하는 양수명의 입장이 잘 반영되어 있다. 양수명이 바라본 중국인의 '꽌시'는 일관되게 윤리 본위의 인간관계인 것이다.

그러나 전통의 봉건성을 타파하고자 했던 5.4운동의 선구자 중의 한 사람인 노신(魯迅)에 이르면, '꽌시'에 대한 호의적 언급은 거의 찾아볼 수 없다. 중국사회의 봉건성이 지닌 부정적인 면을 주로 언급했던 노신은 '꽌시'의 요소 중에서 특히 '미엔쯔[面子, 체면]', 즉 중국식 '체면'이 지니는 모호성에 대해 언급하였다. 그에 따르면, '미엔쯔'는 도대체 무엇인가? 생각을 안 하면 그럭저럭 괜찮은데 일단 생각하면 모호해진다. 그것은 마치 여러 가지 종류가 있는 듯 한데, 매 신분에는 저마다 '미엔쯔'가 있으며, '리엔[臉, 얼굴]'[3]이라고도 일컬어진다. 이 '리엔'에는 하나의 경계선이 있어서, 만약 경계선 아래로 떨어지면 '리엔'을 잃게 되고 '얼굴이 땅에 떨어진다[丢臉]'[4]라고 일컫는다. '얼굴이 땅에 떨어지는 것'을 두려워하지 않으면 '얼굴을 돌보지 않는 뻔뻔한[不要臉]'[5] 자가 된다. 만약 경계선을 넘어서는 일을 하게 되면 '체면이 서게[有面子]' 되고, 또는 '얼굴이 드러난다[露面]'고 일컬어진다."[6]

노신은 중국인의 대인 관계 중에 존재하는 가치기준의 모호성에 대해 주목하였다. '미엔쯔'가 지니고 있는 '하나의 경계선'이라는 기준은 사실상 보편적인 것이 아니라 매 상황에 따라서 달라지는 유동적인 기준에 불과하다. 그는 중국인의 심리상태 중에서 "체면[미엔쯔]을 밝히다"와 "체면 차리지 않고 뻔뻔하다"의 경계를 실제로 구분하기 어려운 경우에 주목하고 있다. 어떤 이가 '사대인(四大人)'이라는 당대 권세가에게 "썩 꺼져버려!"라는 말을 들었을 때 "사대인과 내가 대화를 했다!"고 떠벌리고 다닌다면, 사실상 이는 '체면을 모르는 뻔뻔한' 자에 불과할 수도 있으나 당사자인 본인은 '체면이 섰다'고 생각할지도 모른다. 왜냐하면 다른 이들은 이러한 말조차 듣지 못하기 때문이다.[7] 이처럼 중국인의 가치기준은 실제생활 속에서 매우 모호한 상태에 빠지는 경우가 많다. 노신은 이에 대해 "중국인이 '미엔쯔'를 차리는 것은 좋은 것이다. 그러나 안타까운 것은 '미엔쯔'는 '둥그런 생명체'와 같아서 쉽사리 변화하며, '뻔뻔함'과 뒤섞여버린다"[8]라고 말하고 있다.

정식 학문으로서 '꽌시'에 대해 연구한 저작으로는 비효통(費孝通)의 1947년 저작 『향토중국』을 들 수 있다. 비효통은 이 책에서 중국 향토사회의 기층구조를 '차서격국(差序格局)'으로 규정하였다. '차서격국'은 '차이와 순서를 지닌 사회적 테두리'를 말하는데, 비효통은 '차서격국'을 "매 개인들이 서로 연계되어 구성된 그물망"[9]으로 정의하였다. 이 '차서격국'은 서양인의 '꽌시' 구조를 대표되는 '단체격국(團體格局)'과 상대되는 개념이다. '단체격국'은 '단체', 즉 집단의 구조 내에서의 개인은 공동(共同)의 테두리에 의지할 수밖에 없으며, 먼저 공동의 테두리가 있은 후에 개인이 이에 결합하면서 '관계'가 발생하게 된다. 이처럼 단체가 우선되는 사회에서 개인은 '공민(公民)'으로 인식되고, 이러한 의식 속에서 개인보다는 '국가'가 우선시된다. 그러나 중국적 현실을 반영하는 매우 안정된 향토사회의 구조에서 보면, 매 개인은 토지 위에서 자력갱생의 방식으로 생활을 하고 가끔씩 특수한 상황 하에서만 타인의 필요를 느끼게 된다. 따라서 이들에게 있어서 타인과의 '꽌시'가 발생하는 것은 후차적인 것에 불과하다. 그들은 제각기 다른 상황에서 이에 걸 맞는 특정한 결합을 필요로 하기 때문에 항시적이고 광범위한 단체를 필요로 하지 않았다. 따라서 중국 향토사회의 구성원들은 '차서격국'을 선택한 것이다.[10)]

이 이론에서 주목할 만한 것은 중국인의 '꽌시'가 지니고 있는 특정성과 특수성이다. 즉 중국인은 보편적이고 광범위한 사회단체에 귀속감을 느끼기보다는 매우 특정한 만남과 그 속에서 진행되는 매우 특수한 상황 속에서 발생하는 '꽌시'의 행위와 범주에 익숙하다는 것이다. 비효통은 개인적 유대관계에 의해서 형성된 사회는 저마다 긴밀하게 '도덕 요소'와 결합되어 있는 점을 강조한다. 가장 가까운 친속과의 '꽌시'에서 필요한 도덕요소는 부모에 대한 관심과 배려인 '효(孝)'이고 형제에 대한 사랑과 배려인 '제(悌)'이다. 또한, 친구와의 관계에서는 최선을 다한다는 '충(忠)'과 진실한 믿음을 바탕으로 한다는 '신(信)'이 강조된다. 이와 더불어 사람과의 복잡한 관계에서 필요한 '인(仁)'의 덕목이 있다. 이러한 도덕요소는 앞서 밝힌 '단체격국'의 공공도덕이 아니다. '차서격국'에서 통용되는 도덕요소는 결코 개인의 '꽌시' 범주를 벗어나지 않는 도덕관념들이다.[11)] 이것은 중국사회의 기층구조가 개인적인 접촉과 관계의 범주를 넘어서지 않는 매우 사적인 구조라는 것을 강조한 것이다.

<표 1 > '꽌시' 일반론의 유형과 특징

'꽌시'의 유형	대표 학자	'꽌시'의 특징
윤리	양수명	○ 태어나면서부터 사람은 윤리에 기초한 '꽌시를 맺는다. ○ '꽌시'는 가정에서 시작되어 점차 확대되며, 모든 '꽌시'의 기준은 '윤리'이다.
미엔쯔 (체면)	노신	○ '체면'의 있고 없음의 기준은 보편적이지 않고, 개인의 '꽌시' 상황에 따라 그 기준이 변한다. ○ 때에 따라서는 '체면을 차리는' 상황과 '체면 없이 뻔뻔한 상황'이 혼합된 경우도 발생한다.
차서격국 (次序格局)	비효통	○ 중국사회는 개인의 사적인 '꽌시'에 의해 구성된 구조가 주류를 이룬다. ○ '꽌시'는 개인적인 만남에 따른 '특정성'과 '특수성'이 존재할 뿐, 공공성과 보편성은 결여되어 있다.

2. '꽌시'구성의 개별요소

본 장에서는 '꽌시'가 지니고 있는 여러 구성요소를 상세하게 살펴보고자 한다. '꽌시'는 좁게 보면 하나의 요소로 상정될 수도 있으나, 넓게 보면 이를 둘러싼 여러 요소의 종합적인 유기체로 이해될 수 있다.

필자는 먼저 '꽌시'를 구성하고 있는 개별요소를 '인연(人緣)', '인륜(人倫)', '인정(人情)', '미엔쯔[面子]'의 네 요소로 분류하였다.[12] 필자는 이 네 요소를 심층적으로 분석하고 이들의 상호 연관성을 조명하고자 한다.

1) 인연(人緣)

'인연(人緣)'은 '꽌시' 구성의 하드웨어를 제공한다.

'인연(人緣)'은 한 개인의 '꽌시'가 수립되기 이전에 이미 결정되어진 요소와 새롭게 수립되는 요소를 모두 포함한다. 예를 들면 한 개인은 '혈연'의 배경을 통해서 부모, 형제, 자녀와의 '꽌시'가 결정된다. '혼인'을 통해서 부부 및 사돈과 '꽌시'를 맺으며, '지연(地緣)'을 통해서 동향인 사람들과 이미 수립된 '꽌시'를 확인한다. 그리고 '직장연'을 통해서 동창, 사제(師弟), 직장 동료와 새로운 '꽌시'를 맺는다. 이 요소들은 '시점'을 어디에 두느냐에 따라 '꽌시'가 과거형이 되기도 하고 현재형이 되기도 한다. 양중방(楊中芳)은 '혈연과 혼인연' 그리고 '지연과 직장연'의 성격을 나누어서 '혈연'과 '혼인연'은 주로 '의친화(擬親化)' 즉 '모의 가족화' 되는 경향이 짙고, '지연(地緣)'과 '직장연'은 '자기인화(自己人化)' 즉 '가장 친한 집단'이 되는 경향이 짙다고 분석하였다.

'꽌시'의 친밀도가 증대함에 따라 인연(人緣)의 요소들은 모두 '의혈연화(擬血緣化)' 즉 '의사 혈연화' 현상을 띠게 된다.[13] 이것은 가족주의 전통에서 '친한 사람'은 혈연관계에 기초한 가족을 지칭하는 전통에서 유래한 것이다. 다시 말하면 일단 '꽌시'의 친밀도가 증대함에 따라 그 '꽌시'의 성격은 가장 '친한 사람'을 대하는 성격으로 변하게 되는데, 이것이 곧 '의사 혈연화'가 되는 원인이다. 왕효화(王曉霞)에 따르면, 중국 절대다수의 농촌지역 사람들은 실제로 '지연'과 '혈연'의 요소가 함께 결합되어 있다. 이러한 사실은 농촌지역 사람들이 추구하는 '꽌시'가 어째서 '의사 혈연화' 경향을 띠는지를 잘 반영하고 있다. 또한 중국인들이 즐겨 추구하는 '결배(結拜)' 즉 '의형제 결의' 역시 비록 직접적인 혈연 '꽌시'는 없으나 '의사 혈연화'의 '꽌시'로 변형된 사례에 속한다.[14] 이러한 경향은 중국인의 '꽌시'가 지니고 있는 '범친연화(凡親緣化)' 현상으로 이해될 수 있다. '범친연화'는 '의사 혈연화'의 기초 위에서 확장된 '꽌시'의 거대한 네트워크이다. 비록 '꽌시'의 종류에는 때로는 절친하고 때로는 소원한 차이, 즉 '친소(親疏)'의 차이가 있을 수는 있으나, 한 개인이 자신과 관련된 모든 '꽌시'를 더욱 친밀하고 사적인 의미의 '친연화(親緣化)'로 이끈다는 점에서는 공통점을 지닌다.

이렇게 볼 때, '인연(人緣)'은 중국인의 '꽌시'의 구성에 있어서 크게 두 가지 기능을 한다고 볼 수 있다. 첫째 '인연'은 중국인들이 '꽌시'를 맺는 데 있어서 혈연, 지연, 직장연 등 제반 결정론적 환경을 제공함으로써 '꽌시'의 귀속감을 강화하는 측면이 있다. 둘째 '인연'은 중국인 사이에 존재하는 제반 인간관계를 비록 혈연관계가 아닐지라도 '의사 혈연화'하려는 경향을 지니며, 결국 모든 '꽌시'를 개인적이고 구체적인 '범친연화'의 테두리로 변형시키려는 속성을 지니고 있다.

2) 인륜(人倫)

'인륜'은 '꽌시' 구성의 가치규범적 요소를 제공한다.

앞서 필자는 가족공동체에서 비롯된 '혈연'의 요소가 중국인의 제반 '꽌시'를 '의사 혈연화'하고 '범친연화'하는 단서를 제공한다고 말하였다. 그러나 이러한 사실이 반드시 중국인의 '꽌시' 사회를 도덕화하고 윤리화하는 것은 아니다. 중국인의 '꽌시' 구조를 논할 때 쉽게 간과하기 쉬운 사실은 '혈연'으로부터 형성된 공동체 문화와 '윤리'로부터 형성된 공동체 문화를 구분 없이 함께 다룬다는 것이다. '혈연'에 의한 공동체 구축은 생리적 본능에서 출발하여 민간풍습으로 굳어진 전통에서 유래하였다면, '윤리'에 의한 공동체 구축은 경전의 교육을 통한 훈습과 공공관념에 대한 유대의식에서 유래한 전통이라고 볼 수 있다. 따라서 혈연으로 맺어진 친한 감정이 윤리강상(倫理綱常)의 특색을 띠게 되고 이로부터 중국인들의 일상생활이 규범화되는 과정을 이해하기 위해서는 '인륜'의 기능을 살펴보아야 한다.

중국의 윤리사상은 유가의 도덕 전통에서 비롯되었다. 유가는 '인의도덕'을 기본준칙으로 삼는 인간관계를 강조하였다. 유가는 강력한 도덕의식을 강조하고 이를 교육함으로써 중국사회가 윤리본위의 사회가 되는데 결정적인 역할을 하였다. 이것이 바로 앞서 양수명이 밝힌 "꽌시는 곧 윤리이다"는 의미이다. 중국인들에게 있어서 인륜은 가정이라는 공동체에서 시작되었다. 이것은 공자가 사람이 사람됨의 도리인 인(仁)을 말하면서 그 근본 되는 덕목으로 '효제(孝悌)'를 말했는데, '부모에게 효도하고 형제를 사랑하는' 도리로부터 시작된 인(仁)의 도덕관념은 중국 가정에서 고정불변의 사회 이데올로기로 정착되었다. 그것은 인간 내면의 도덕심과 외부로 드러나는 형식이란 두 기능을 담당하게 되었는데, 이것이 곧 인(仁)이 지닌 도덕적 수양과 외재적 형식의 두 측면이다.

인(仁)을 '꽌시'와의 관계성 속에서 살펴보면, 크게 세 가지 기능을 지니고 있다. 첫째는 인(仁)이 지니고 있는 '친친(親親)' 즉 '친한 자를 더욱 사랑한다.'라는 윤리사상에서 '친소(親疏)'의 원리가 확립되었다. 비록 중국인의 '꽌시'가 전반적으로 '범친연화'의 경향을 띠고 있지만 그것은 어디까지나 '친소(親疏)'의 대전제 위에서 이루어지는 행위경향이다. 맹자는 일찍이 '친소'의 원리를 무시한 자들을 이단으로 규정하였는데, 즉 자신의 부모와 타인의 부모를 동등하게 사랑할 수 있다고 말한 묵가(墨家)의 학설을 비판하였고, 이와 반대로 자신만을 사랑하고 남을 사랑하지 않는 양주(楊朱)의 학설도 비판하였다. "양주는 자기만을 위하니, 이것은 임금이 없는 것이요, 묵적(墨翟)은 겸애(兼愛)를 주장하니, 이것은 아비가 없는 것이다. 아비도 없고 임금도 없으면 짐승과 다를 바 없다."[15] 이처럼 '친소'의 원리를 거스르는 것은 곧 '인륜'을 거스르는 것으로서 짐승과 다를 바 없다는 관념은 중국인들의 '꽌시' 관념 형성에 지대한 영향을 끼쳤다.

둘째는 인(仁)의 도덕으로부터 발전한 윤리강상이 '계급화'를 불러왔다. 이른바 '오륜(五倫)'[16]으로 대표되는 윤리강상은 일찍이 공자가 "부모에게 효도하고 형제를 사랑하면서 윗사람을 범하는 자는 드물다. 윗사람을 범하지 않는데 난을 일으키기 좋아하는 자는 일찍이 없었다."[17]라고 강조한 계급화 또는 등급화의 이데올로기를 계승한 것이다. 이 중에서 '부부유별(夫婦有別)'이나 '장유유서(長幼有序)'는 남녀평등에 대한 추구나 수평적 인간관계를 지향하는 현대사회의 이데올로기와는 정면으로 대립하기 때문에 중국 근대시기 지식인들은 '오륜(五倫)'이 지닌 '봉건성'을 맹렬히 비판하였다. 그러나 '오륜'의 윤리강상은 오늘날까지도 중국인들에게 강력한 영향력을 행사하는 일상윤리로 존재하며, 최근 들어 중국전통문화에 대한 복원운동이 일어나면서 그 가치가 새롭게 조명되고 있다.

셋째는 인(仁)의 외재적 형식인 '예(禮)'로 인하여 형성된 '규범화'이다. 주나라 주공(周公) 이래로 공자가 계승하여 확립시킨 유가의 예악 질서는 수천 년 간 중국인들의 행동양식을 규제하고 조절하는 실질적인 이데올로기 역할을 하였다. 때로는 묵가학파로부터 사치스러운 형식으로 비판을 받기도 하였으나 중국이 근대시기 서구문명의 도전을 받기 전까지 지속적으로 그 영향력을 행사하였다. 중국인의 '꽌시'는 예악 질서의 세례를 받으면서 자연스럽게 규범화되고 세분화되었고, 이로 인해 자발적인 내면적 도덕의 행위보다는 외재적 형식에 의한 통제와 규제라는 역기능을 양산하기에 이르렀으며, 근대 시기 지식인들에 의해 집중 포화를 받게 되었다. 그 후 예악문화는 중국에 중화인민공화국이 수립되고 사회주의 국가가 되면서 '봉건 타파'의 구호 속에서 총체적으로 해체되기에 이르렀다. 그러나 오늘날에도 중국인들의 일상 행위와 민간풍습 속에서 예의 문화의 관습은 여전히 존재하며 변형된 형태로서 통용되고 있다.

위의 내용을 종합해 보면, '인륜'은 '꽌시'를 형성하는 데 있어서 내면적으로 볼 때 불변하는 도덕적 가치체계를 제공함으로써 인간의 교류가 도덕규범화 되는 근거를 제공하였고, 또한 외연적으로는 예악 시스템의 구축을 통해서 인간의 행위가 규제되고 통제되는 기능을 제공하였다. 이것은 현실적 귀속감과 심리적 혈연화를 추구하는 '인연(人緣)'의 기능과는 다른 무형의 가치체계와 유형의 예의 시스템을 이상적으로 추구하는 기능을 담당하게 되었다.

3) 인정(人情)

'인정(人情)'은 '꽌시' 구성에 있어서 현실적인 '교환 매체'의 기능을 한다.

중국인은 상호 교류 시에 냉철한 이성보다는 따뜻한 정감을 매개체로 하는 경향이 지배적인데, 이 정감에 기초한 매개체를 '인정(人情)'이라고 불렀다. 이런 의미에서 '인정'은 인간왕래의 유대를 강화시키는 일종의 '접착제'라고 말할 수 있다.[18] 중국인들이 생각하는 '인정'에 대한 이해는 중국의 고전인 『예기』에 잘 나타나 있다. 그들은 '인정(人情)'에 대한 정의를 내렸는데, "무엇을 '인정'이라고 하는가? 기뻐하고 노여워하고 슬퍼하고 두려워하고 사랑하고 미워하고 욕심내는 일곱 가지로서, 이는 배우지 않고도 할 수 있는 것이다"[19]라고 말했다. 이것은 사람이면 누구나 지니고 있는 기본적인 감정에 대한 설명으로서 반드시 대인 접촉상의 이해관계 상황에서 발생하는 것은 아니다.

이와 달리 '꽌시'의 구성요소로서 통용되는 '인정(人情)'은『예기』에서 또 다른 전통을 가진다.『예기』에서는 이른바 '수혜(授惠)와 보답(報答)'이라는 주고받는 행위로서의 예(禮)가 생겨난 배경에 대해 설명하고 있다. "태고(太古) 시절에는 덕을 존귀하게 여겼는데, 그 다음 시대에는 은혜를 베풀고 이에 보답하는 일에 힘쓰게 되었다. 예(禮)는 주고받음을 숭상한다. 은혜가 베풀어졌는데 이를 보답하지 않으면 예가 아니고, 은혜를 받았는데 이를 돌려주지 않아도 예가 아니다."[20] 중국인들은 오랜 역사를 통하여 주고받음의 예절을 숭상하였고 이를 지키는 것을 일상생활의 도리라고 생각하였다. 이것은 중국인들의 현실적인 생활 속에서 통용되는 민간풍습과도 같은 것이었는데, 이 풍습을 유지시키고 원활하게 하는 일종의 심리의식과 이로부터 유래한 행위형태가 바로 '인정'이다.

이렇게 볼 때, '인정'은 중국인의 '꽌시' 형성에 있어서 두 가지 이상의 성격을 지니는데, 즉 '정감성 꽌시'와 '도구성 꽌시'의 두 측면이 그것이다. 중국인들이 흔히 특정인을 가리켜 '인정미가 넘친다.', '인정이 있다.'[21] 등의 표현을 쓸 때에는 특정인이 지닌 따뜻하고 도덕적인 인정을 칭송한 것으로서 어떤 이해타산적인 성격을 지니고 있지 않다. 이것은 '정감성 꽌시'에 속하며, 넓은 의미에서 앞서『예기』에서 언급한 일곱 가지 감정 표현 역시 이 '꽌시' 유형에 속한다고 볼 수 있다. 이와는 상대적으로, '인정'은 타인과 이해 관계를 전제로 한 교환 행위시에는 주고받는 일종의 '자원(resource)'으로서 간주하는데, 이것이 곧 '도구성 꽌시'에 속하는 '인정'의 의미이다.

중국사회에서는 어떤 이에게 기쁜 일이 생기면 선물을 증정하고, 급한 일이 생기면 실질적인 도움을 주는 경우가 많은데, 이때 증정하고 도움을 주는 주체는 '인정'을 상대방에게 베푼 것이다.

그러면 상대방은 선물과 도움을 받고서 베푼 자에게 '인정'의 빚을 지게 된다. 여기서 말하는 '인정'은 곧 교역(交易)을 위한 '자원'을 가리킨다.[22] 따라서 '인정'은 '호환(互換)' 또는 '보답'을 교류의 형식으로 삼는다. 즉, 내가 '인정'의 빚을 졌으면 반드시 '보답'을 해야 하며, 내가 '인정'을 베풀었으면 반드시 상대방의 '보답'을 기다린다. 이런 의미에서 '인정'은 서로 모르는 사람조차도 '최소한' 그리고 '반드시' 갖춰야 할 기본적인 정감의 의무이다.[23]

그렇다면 '인정(人情)'이라는 교환행위 속에서 통용되는 기준 또는 법칙은 무엇인가? 과연 인정은 어떠한 기준에 의거해서 '인정'이라는 자원의 가치를 계산하고 또 교환하는가? 이에 대해 많은 학자들은 뚜렷한 설명을 내놓지 못한다. 사실상 개인과 개인의 교환과정 속에서 이루어지는 '인정'에 의한 '꽌시'의 행위는 어떤 객관적인 판단의 기준을 설정하기 힘들다. 그것은 불확정성과 모호성을 내포하고 있으며 특정 사람, 특정 사안, 특정 시간, 특정 지역에 따라 그 기준이 바뀌기 때문이다.[24] 상대방으로부터 인정의 도움을 입었다면 반드시 '보답'해야 하는데, '보답'을 위해 산출되는 계산법은 너무나 다양하다.

양중방(楊中芳)은 '보답'을 위한 산출기준을 다음과 같이 열거하고 있다. (1) 수여(授與)한 인정 자체의 질(質)과 양(量), (2) 보답과 수여(授與) 간의 인정의 동질성, (3) 보답과 수여(授與) 간의 인정의 등량성(等量性), (4) 보답과 수여(授與) 간의 인정의 연관성, (5) 인정의 빚을 갚지 않고 버틸 경우의 많고 적음의 용인도(容忍度), (6) 인정의 빚을 갚지 않고 버틸 경우의 시간상의 용인도(容忍度) 등이다. 이에 대한 설문조사를 보면 각 개인마다 그 대답이 서로 달랐다.[25] 이와 같은 분석은 '인정(人情)'이라는 교환행위에는 뚜렷한 기준이 없다는 결론을 낸 듯하다.

그러나 이렇게 다양한 정황의 차이 속에서도 추상적인 '기준'

을 제시할 수 있다. 황광국(黃光國)은 사람들은 교환행위 과정에서 상대방의 '보답'을 기대하게 되는데, 이때 사람들은 '균등법칙(均等法則)'에 의거해 자원을 분배함으로써 충돌을 피한다고 주장한다.[26] '균등법칙'은 결국 교환행위시에 통용되는 심리적 자원의 균형원리이자 물질적 자원의 공평원리인 셈이다. 이 법칙에 따르면, 만약 '인정'의 빚을 지면 그 균형을 맞추기 위해서 사람들은 '보답'을 하게 되며, 교환의 과정 속에서 진행되는 자원분배의 불균형을 피할 수 있게 된다. 그러나 다른 각도에서 보면 '균등법칙'은 '인정'을 설명하는 부분적 원리에 불과하다.

왕효화(王曉霞)는 오히려 '비등가(非等價)의 교환법칙'이 '인정(人情)'의 행위를 지속시키는 원리라고 주장한다. 즉 중국인은 자신의 '인정'을 지불하고 나서는 '보답'에 대해 기대하게 되는데, 상대방으로부터 '보답'을 받을 경우 대부분 자신이 지불한 것보다 상대방의 '보답'이 더 크다고 느끼게 되어, 상대방에게 '인정'을 빚졌다고 느끼게 되는데, 이로 인해 또다시 생각보다 더 많이 얻은 '인정'의 일부분을 돌려주게 된다. 이렇게 '인정(人情)'을 중국인의 '꽌시' 과정에서 '상호 보답'의 순환 기능을 하게 되는데, 이처럼 상대방에게 빚지지 않고 반드시 더 풍성하게 보답하려는 심리구조는 서양인의 심리구조와 확연하게 구별된다.[27] 이렇게 볼 때, 인정이 지니는 '비등가의 교환법칙'은 중국인의 '꽌시'가 일회성으로 끝나는 것이 아니고 지속적인 '꽌시'가 되고 그 유대관계가 더욱 강화되는 데에 필요한 법칙이라고 말할 수 있다.

4) 미엔쯔[面子]

'미엔쯔'는 '꽌시' 구성의 현실 속에서 상호 간의 '심리조절' 기능을 한다.

흔히 '미엔쯔'는 중국인의 현실적인 심리구조와 생활습성을 가장 잘 반영하는 요소라고 한다. 가장 잘 반영하는 '꽌시' 요소로서의 특징은 유감스럽게도 매우 모호하고 불분명하게 다가온다. 앞서 노신이 밝혔듯이 '꽌시' 요소로서의 '미엔쯔'의 특징은 매우 다중적이고 모호하다. 분명히 어떤 '경계선'이 있어서 그 선을 넘으면 체면이 서고 그 선에 미치지 못하면 체면을 구기는 일이 빈번히 등장하지만, 어떤 객관적인 기준이 있어서 그 '경계선'을 규명하기가 사실상 불가능할 정도로, '미엔쯔'는 극히 개인적이고 상황적인 측면이 두드러진다. 이 요소가 지니는 사회적 비중과 관련하여 근대 중국의 문화학자인 임어당(林語堂)은 중국사회를 지배하는 '음(陰)'적인 측면에 속하는 '삼신(三神)' 중의 하나로 '미엔쯔'를 제시하였다. 그는 중국사회를 음적인 면에서 지배하는 세 가지 요소 즉, '미엔쯔[面子]', '운명(運命)', '은혜(恩惠)'가 있는데, 이 세 요소의 위력은 과거나 현재나 여전하며, 그 중에서 '미엔쯔'의 위력이 가장 강력하다고 보았다.[28] 이처럼 '미엔쯔'는 중국인의 심리구조와 사회기능에 매우 독특한 위상을 불어넣는 역할을 한다.

그렇다면 이 '미엔쯔'가 어째서 이처럼 규명하기 어려운 측면 그리고 광범위한 영향력을 행사하는 측면을 함께 지니고 있는가? 그것은 이것이 이른바 '혼합형 꽌시'에 속하기 때문이다. '혼합형 꽌시'는 '정감'의 측면과 '도구'의 측면이 공존하는 유형인데, 이것은 곧 정감으로부터 생성된 인간의 심리와 도구적 욕망으로부터 생성된 인간의 심리가 상호 충돌하거나 융합하는 특징을 지니고 있다. '미엔쯔'에게 있어서 이 두 측면은 '도덕적 정감'과 '외형적 신분'으로 표출된다고 볼 수 있다. '도덕적 정감'이란 본인이 스스로 잘못한 것을 느끼거나 남들에 의해서 본인의 잘못이 발견되었을 때 느끼는 수치심과 같은 정감을 말하고, '외형적 신분'이란 도구적인 용도와 목적으로 상대방과 교류를 할 때 상대방에 의해서 자신의 신분이 존중받거나 또는 무시당할 때 느끼는 심리 요소를 말한다. 여기서 말하는 '도덕적 정감'은 중국어로는 주로 얼굴이라는 뜻의 '리엔[臉]'이란 용어가 사용되었고, '외형적 신분'은 주로 '미엔쯔[面子]'란 용어가 사용되었다. 그러나 중국인 사이에서 통용되는 '리엔'은 반드시 도덕적인 내면의 표출이 아닌 경우가 있고 '미엔쯔' 역시 반드시 외형적이고 수사적인 신분에 관한 심리요소가 아닌 경우가 있는데, 이러한 현상은 '혼합형 꽌시'가 지니는 이중적이고 융합적인 속성에서 기인한다고 볼 수 있다. 중국인은 이 두 요소를 합쳐서 '얼굴과 체면'이란 뜻의 '리엔미엔[臉面]'이라고 부른다. 따라서 이 부분에 대한 심층적인 이해를 위해서는 '리엔미엔'의 복합적인 속성에 관한 문화배경과 심리구조에 대해 살펴볼 필요가 있다.

중국인의 '리엔미엔[臉面]'의 심리구조에서 가장 일차적으로 드러나는 요소는 '수치심(羞恥心)'이다. 우리말로 하면 '창피하다', '부끄럽다', '수치스럽다' 등으로 표현되는 심리상태이다. '수치심'은 결코 순전한 도덕성에서 발로하지 않는다는 점에서 '양심의 가책을 받았다'는 심리상태나 '죄의식을 느낀다.'는 심리상태와 구별되기도 하고 때로는 중첩되기도 한다. 이 '수치심'에 관한 심리적 표현은 중국의 고전에 자주 등장한다. 『논어』에 나오는 "군자는 자신의 말이 행동을 넘어서는 것을 부끄럽게 여긴다."[29], "나라에 도가 있는데 가난하고 비천하면 부끄러운 일이고, 나라에 도가 없는데 부유하고 존귀하게 되어도 부끄러운 일이다"[30], 그리고 맹자에 나오는 "사람은 수치심이 없을 수 없다. 수치심이 없는 수치야말로 수치심이 없는 것이다"[31] 등에서 등장하는 '수치'와 '부끄러움'으로서의 '치(恥)'는 사실상 도덕적 정감에 기초를 둔 수치심을 의미한다. 이것은 흔히 말하는 '양심의 가책'과 일맥상통하는 감정이다. 이러한 수치심은 내면적인 양심의 가책에서 발로한 수치심과 외면적인 도덕기강과의 불일치에서 기인한 수치심이 있을 수 있는데, 예를 들면 애비는 불효하는 자식을 둔 것을 부끄러워하고, 부녀자는 정조를 잃은 것을 부끄러워하며, 자식은 문란하고 방탕한 부모를 부끄러워하는데, 이러한 것은 모두 사회기강과 양심가책에 기초한 수치심이다.

그러나 수치심으로서의 '치(耻)'가 반드시 도덕적 연관을 지니는 것은 아니다. 예를 들면 어떤 학생이 시험에 낙방한 사실을 부끄러워하거나 어떤 남자가 상대방과의 경쟁에서 패한 것을 수치스럽게 여기거나, 운동선수가 1등을 빼앗긴 것을 부끄러워하는 것은 '양심의 가책'과는 관계가 없는 '자존심'에 관한 문제이기 때문이다.[32] 이와 더불어 중국인은 사생활이 남에게 폭로되는 것을 매우 수치스럽게 생각하는데, 주로 개인의 신체적 결함, 연애상의 좌절, 남녀 사생활, 가정의 비밀 등이 이에 포함된다.[33] 이처럼 중국인의 '수치심'은 도덕적 정감, 자존심 등의 내용성을 지니는데, 이럴 경우 중국인들은 주로 "얼굴을 들 수 없다"는 뜻의 '띠우리엔[丢臉]'이라고 표현한다.

그러나 '미엔쯔'는 이러한 수치심과는 또 다른 심리구조를 지니고 있는데, 그 중에서 대표적인 것이 '자기방어심리'이다. 중국인들은 일상생활에서 되도록이면 체면을 구기거나 얼굴을 들 수 없는 일이 발생하지 않도록 사전에 방지하려는 성향이 강한데, 이것을 '자기방어 심리'라고 말할 수 있다. 이들은 현실 생활 중에서 자신의 내면적인 도덕심에 기초한 행위를 진실하게 구현하기보다는 대중 앞에서 수사적으로 행위를 검소하게 하고 언어를 겸손하게 하고 급하거나 초조하지 않고 원만하고 화기애애하게 사태를 풀어가고자 하는 예절을 구사하는데, 이러한 행위의 저변에는 사태가 순리대로 진행되기를 바라는 심리와 더불어 남에게 책잡히는 일을 하지 않으려는 심리가 강하다. 특히 남에게 신세를 지거나 책잡히는 일을 당하지 않도록 자기 자신을 사전에 방어하고 추스르는 심리구조가 바로 '자기방어 심리'이다.[34] '자기 방어'의 심리와 행위는 사실상 양면성을 지니는데, 즉 남들로부터 자신의 신분이나 자존(自尊)이 존중받는 것을 바라는 동시에 남들에게도 그에 준하는 지위와 자존심을 세워주고자 한다.

황광국(黃光國)은 이것을 '미엔쯔공부[面子工夫]'라고 말하고 있다. 그것은 진실한 자신의 감정을 자신과 가장 친한 집단인 '자기인(自己人)'에게 보여주는 '후대행위(後臺行爲)'에 상대되는 행위로서, '혼합형 꽌시'의 교류 상에서 남에게 보여주기 위한 '전대행위(前臺行爲)'이다.[35] 이러한 '미엔쯔공부'는 엄밀히 말해서 비도덕적 행위로 인해 수치심을 느끼는 도덕적 정감과는 분리된 감정으로서, 쌍방 간에 형식적인 행위를 바탕으로 표출되는 결과로써 느끼게 되는 심리상태이다. 이러한 심리상태에서 이른바 '미엔쯔'가 정면으로 부각되는데, 이때부터는 내면적인 도덕적 정감이나 진실한 감정으로서의 자존심은 그리 중요하지 않게 되고, 오직 '미엔쯔', 즉 외형적 체면이 제대로 확립되었는가의 문제만이 중요하게 된다.[36]

이것을 다른 각도에서 보면 '예(禮)'의 '인정(人情)'에 대한 형식화이다. 형식화된 '예'가 '인정'에 주입되면서 사람의 감정은 더 이상 내면의 진실에 의해 표출되기 보다는 외형의 형식에 의해 좌우되게 되었다. 예의 형식화로 인해 진실한 동기보다는 도구적 '꽌시'에 의한 '표현'이 더 중요하게 된 일종의 '유희'가 된 것이다. 이러한 차원에서 말하는 '미엔쯔'는 양심적 가책을 포괄하고 있는 '리엔[臉]'과는 분명하게 구분된다.[37]

위의 내용을 종합해보면, '리엔미엔[臉面]'은 매우 다양하면서도 그 경계가 매우 모호한 속성을 지니고 있다. '리엔미엔'은 도덕적 정감에서 비롯된 양심의 가책, 자존심의 훼손에 따른 부끄러움

등과 같은 진실한 감정의 표출이 있는 반면, 다분히 형식적이고 외형적인 예의에 기초하여 이루어진 인간관계 속에서 형성된 자아의 신분과 지위의 보전과 함께 남에 대한 신분과 지위의 인정을 내용으로 하는 수사적인 감정의 표출도 포함하고 있다. 이 두 가지 면은 때로는 융합되면서 그 경계선을 파악하기 어렵게 만들고 때로는 분리되면서 지극히 외형적인 형식의 세계로 빠져들기도 한다. 중국인들이 흔히 말하는 '미엔쯔'는 주로 후자의 측면을 지칭하는 경우가 많은데, 이 경우는 나 자신의 감정의 진실 여부보다는 남의 시선과 남의 판단에 의하여 자신의 신분이자 자존(自尊)이 방어되고 승격되는지가 훨씬 더 큰 비중을 차지하게 된다.

이상 분석한 '꽌시'의 구성요소를 도표로 간략화하면 다음과 같다.

<표 2>'꽌시' 구성요소의 기능과 원리

'꽌시'의 구성요소	기능	'꽌시'의 원리	유기체적 역할분담	상징화 모델
인연(人緣)	'꽌시'의 친연화	혈연, 지연에 따른 '귀속감'	선천적 결정 요소	하드웨어
인륜(人倫)	'꽌시'의 규범화	유교이론에 따른'친소(親疏)'의 원리	무형적 규범 질서	소프트웨어
인정(人情)	상호교환 작용	'균등법칙'에 따른 상호충돌의 해소	심리적 균형 기법	접착제
미엔쯔[面子]	심리조절 작용	쌍방의 형식적 확인에 따른 '자기방어'의 심리	외형적 표현 기법	조절기

이상으로 중국인의 '꽌시 문화'에 대해 살펴보았다. 한 개인이 지니는 '꽌시'는 먼저 '인연'과 '인륜'이라고 하는 전통적 요소의 영향을 받은 상태에서 각 사람마다 지니는 '인정'과 '미엔쯔'의 주관적인 기준을 구사하면서 구성된다. '인연'은 혈연과 지연과 같은 결정론적 요소를 끌어와서 모든 '꽌시'의 친연화와 혈연화를 모색하여 그 범주를 확대 재생산하는 기능을 담당한다. '인륜'은 중국의 전통사상인 유교의 원리에 입각해서 '꽌시'의 등급화와 도덕화를 추구하여 보이지 않는 사회규범의 구조를 형성한다. '인정'은 상호 간에 청탁과 도움이라는 구체적인 교환행위 속에서 상호 간의 심리적 균형을 이루게 하는 매개체의 기능을 한다. '미엔쯔' 역시 상호 간의 왕래 중에 상대방의 자존심을 살려주고 본인의 자존심도 인정받는 심리적인 조절 기능을 담당한다. 이 네 요소는 유기적으로 연관되어 있으며 상황에 따라서 각 요소가 지니고 있는 역할의 비중이 수시로 변할 수 있으며, 때로는 충돌을 일으키거나 융합을 통한 변형을 꾀할 수도 있다. 이 네 요소를 잘 이해하고 응용할 수 있어야만 중국인과 사귀는 데 있어서 융통성을 발휘할 수 있을 것이다.

미 주

1) 梁漱溟, 『中國文化要義』, 『梁漱溟全集』卷3, 濟南, 山東人民出版社, 1990, p.81.
2) 같은 책, p.81.
3) '臉'은 우리말로 '얼굴'이라는 뜻으로서, 예를 들면 '얼굴을 들 수 없다'와 같은 상황에서 체면과 비슷한 의미로 쓰인다.
4) '丟臉'은 의역을 하면 '체면이 깎이다' 또는 '얼굴을 들 수 없다'로 표현된다.
5) '不要臉'은 의역하면 '체면을 생각하지 않고 뻔뻔하다'는 뜻이다.

6) 魯迅, 「說面子」, 『魯迅全集』卷6, 北京, 人民大學出版社, 1991, p.126.
7) 같은 책, p.128.
8) 같은 책, p.128.
9) 費孝通, 『鄉土中國』, 北京, 北京出版社, 2005, p.41.
10) 같은 책, p.41.
11) 같은 책, p.45.
12) 王曉霞의 경우 「當代中國人人際關係的文化傳承」(南開學報, 2000, 3期)에서 '꽌시'를 人倫, 人情, 親緣, 面子, 信任, 和諧 등으로 나누고 있으나, 필자는 신임과 화해는 앞선 네 요소와 같은 독립적인 실체라기보다는 '꽌시' 저변의 대전제와 같은 요소이므로 독립적인 설정이 어렵다고 보았다. 또한 앞서 소개한 翟學偉의 분류법에서는 人緣, 人倫, 人情의 세 요소만 설정하고 面子를 누락시켰는데, 필자가 보기에 面子의 누락은 중국인의 복잡한 '꽌시'구조를 설명하는데 큰 맹점으로 작용한다.
13) 王曉霞, 「當代中國人人際關係的文化傳承」, 南開學報, 2000, 3期. 참조.
14) 王曉霞, 「當代中國人人際關係的文化傳承」, 참조.
15) 『孟子』「滕文公」下 : 楊氏爲我, 是無君也. 墨氏兼愛, 是無父也. 無父無君, 是禽獸也.
16) 君臣有義, 父子有親, 夫婦有別, 長幼有序, 朋友有信.
17) 『論語』「學而」: 有子曰, 其爲人也孝弟, 而好犯上者, 鮮矣. 不好犯上, 而好作亂者, 未之有也.
18) 王曉霞, 「當代中國人人際關係的文化傳承」, 南開學報, 2000, 3期.
19) 『禮記』「禮運」: 何謂人情? 喜, 怒, 哀, 懼, 愛, 惡, 欲, 七者, 非學而能.
20) 『禮記』「曲禮」: 大上貴德, 其次務施報. 禮尙往來. 往而不來非禮也, 來而不往亦非禮也.
21) "他很有人情味", "他有人情".
22) 黃光國, 「人情與面子」, 『中國人的權力遊戲』, 臺北, 巨流圖書公司, 1988, p.19.
23) 楊中芳, 「人際關係與人際情感的概念化」(楊中芳 主編, 『中國人的人際關係,情感與信任』, 遠流出版社, 2001, p.349.) 참조.
24) 王曉霞, 「當代中國人人際關係的文化傳承」, 南開學報, 2000, 3期. 참조.
25) 楊中芳, 「人際關係與人際情感的概念化」(楊中芳 主編, 『中國人的人際關係,情感與信任』, 遠流出版社, 2001, p.353.)
26) 黃光國, 「人情與面子」, 『中國人的權力遊戲』, 臺北, 巨流圖書公司, 1988, p.21. 이 이론은 본래 독일학자 Leventhal이 1975년에 주장한 이

론인데, 황광국이 채용하였다.

27) 王曉霞, 「當代中國人人際關係的文化傳承」, 南開學報, 2000, 3期. 참조.

28) 林語堂, 郝志東 譯, 『中國人』, 浙江人民出版社, 1988, p.169.

29) 『論語』「憲問」: "君子耻其言而過其行."

30) 『論語』「泰伯」: "邦有道, 貧且賤焉, 耻也. 邦無道, 富且貴焉, 耻也."

31) 『孟子』「盡心」: "人不可以無耻, 無耻之耻, 無耻矣."

32) 佐斌, 『中國人的臉與面子』, 武昌, 華中師範大學出版社, 1997, p.214~215. 참조.

33) 같은 책 p.216.

34) 같은 책 p.215. 참조.

35) 黃光國, 「人情與面子」, 『中國人的權力遊戲』, 臺北, 巨流圖書公司, 1988, p.29.

36) 翟學偉, 『人情,面子與權力的再生産』, 北京, 北京大學出版社, 2005, p.135. 참조.

37) 같은 책, p.136. 참조.

인도네시아인의 비즈니스 에티켓

1. 역사의 숨결이 살아 숨쉬는 인도네시아
2. 다양한 문화의 미로에 갇힌 인도네시아
3. 인격이 묻어나는 대화법
4. 미묘한 표현방식, 뉘앙스의 세계

인도네시아인의 비즈니스 에티켓

김 장 겸

1. 역사의 숨결이 살아 숨쉬는 인도네시아

1) 동서의 종교 및 문화의 교차로입니다

인도네시아의 문화는 인도양과 태평양을 잇는 관문의 지리적 위치 때문에 고대로부터 동·서의 종교 및 문화의 영향으로 발전하였다. 특히 5세기 인도로부터 불교가 유입되어 8세기에 중부자바에 불교왕국인 샤일렌드라(Sailendra)왕국이 8대 불가사의인 보르부두르(Borubudoro) 불교사원을 건립하였다. 이 왕국은 농업에 알맞은 자바의 비옥한 땅에 기반을 두고 있었으며, 왕은 불교 사제들이 제공한 국가 통치술과 불교에 대한 교리를 받아들여 종교적, 세속적 권력과 왕권을 강화하였다.

7세기 인도로부터 힌두교가 유입되어 9세기경에 중부자바에 발흥한 힌두왕국인 마따람(Mataram)왕국은 힌두교의 카스트제도를 통치 모델로 삼아 왕권을 강화하였으며, 왕권 강화 차원에서 쁘람바난(Prambanan) 힌두사원을 건립하였다.

13세기에 이슬람교가 유입되어 동부자바를 중심으로 마자빠힛(Majapahit) 이슬람왕국이 세워졌다. 이 왕국은 아라비아 상인들과 인도 상인들에 의해 전래된 이슬람을 수용하였고, 개방적이고, 수용적인 자세를 견지했다. 그리하여 기존의 불교, 힌두교, 애니미즘 등의 종교를 포용하여 14세기에는 수마트라, 깔리만딴, 술라웨시, 말루꾸, 숨바와 섬에 이르기까지 세력을 확장하여 이슬람교와 그에 따른 문화를 전인도네시아 군도로 확산시켰다.

15세기경 인도네시아 전군도를 거의 장악한 말라카(Malaka) 이슬람왕국은 말라카를 중심으로 거대한 무역왕국을 건설하였다. 말라카 왕국은 세계 최대 무역망을 가진 이슬람왕국이며, 인도네시아 전역뿐만 아니라 인도, 페르시아, 아라비아, 아프리카 동부, 지중해까지 연결망을 가지고 있었다. 말라카 왕국의 영향력으로 인해 오늘날 인도네시아는 세계 최대 이슬람국가가 되었다.

2) 향신료를 찾아 왔습니다

1511년 포르투갈이 말라카군도의 향료무역을 독점하고자 서구열강 중 가장 먼저 말라카 왕국을 점령하였으나, 뒤이어 들어온 네덜란드가 1602년 동인도회사(VOC)를 세워 향료무역을 장악하였다. 포르투갈과 네덜란드는 이미 인도네시아 지역에 향신료(정향, 육두구, 후추, 커피, 설탕, 담배)가 생산되고 있으며, 이를 유럽시장에 판매할 경우 막대한 이익을 얻을 것이라는 것을 알고 진출하였다.

그것은 13세기 아랍 상인들이 인도네시아 지역에서 생산되는 향신료를 이탈리아의 베네치아 상인들에게 판매하였고, 베네치아 상인들은 이를 다시 유럽시장에 판매하면서 유럽시장에 알려지게 되었다. 유럽 사람들이 인도네시아 지역에서 나는 향신료를 좋아 한 이유가 무엇일까? 유럽 사람들은 고기를 주식으로 하는데 향신료를 사용할 경우 고기 냄새도 없애줄 뿐만 아니라 육질이 연해지고, 부패도 어느 정도 방지할 수 있어서 향신료를 선호하게 되었다.

인도네시아에 진출한 포르투갈 상인들은 인도네시아에서 자연적으로 생산되는 향신료를 모아 가져갔다. 그러나 뒤이어 들어온 네덜란드는 바따비아(현 자카르타)를 중심으로 동인도회사(VOC)를 설립하여 향료무역을 독점하였고, 향료의 가격과 공급을 조절하기 위해 강제경작제도를 통한 플랜테이션 농장을 운영하였다. 네덜란드는 인도네시아의 향신료 무역을 독점하기 위하여 영국과 1824년 영화조약을 맺어 인도네시아는 네덜란드가, 말레이시아는 영국이 식민통치를 하게 됨으로써 자연히 인도네시아와 말레이시아가 분리되었다.

3) 민족주의를 통해 독립을 쟁취합니다

네덜란드는 강압적인 식민지배에 대한 국내외의 반발을 무마하기 위해 20세기 초 강압정책에서 윤리정책으로 식민정책을 전환하였다. 네덜란드의 정책변화는 인도네시아 사회에 다양한 변화를 맞이하게 되었다. 윤리정책 이후에는 인도네시아인들에게 서구교육을 받을 기회를 넓혀주었고, 서구교육을 통해 인도네시아 엘리트 계층이 형성되기에 이르렀다. 이러한 엘리트 계층의 형성은 자연히 민족주의에 바탕을 둔 독립운동에 눈을 뜨게 만들었다. 1908년 부디 우또모(Budi Utomo)가 인도네시아 민족주의 운동을 최초로 주창하였으며, 1928년 청년의 맹세(Sumpah Pemuda)에서 세 가지 중요한 원칙이 천명되었다. 즉 하나의 조국 인도네시아, 하나의 민족 인도네시아 민족, 하나의 언어 인도네시아어 등이 바로 그것이다.

인도네시아는 네덜란드의 식민통치를 받아 오던 중 1942년부터 1945년까지 일본의 식민지배를 받았다. 일본은 1942년 2월 28일 전격적으로 인도네시아를 점령하여 전쟁수행에 필요한 자원을 확보하고자 하였다. 일본은 인도네시아인들에게 대동아 공영권을 주장하며 '아시아인을 위한 아시아'라는 선전을 통하여 네덜란드 식민지배로부터 해방시켜 주는 것처럼 현혹하였다. 일본은 3년 반이라는 길지 않은 식민지배를 했지만 인도네시아인들은 네덜란드로부터 350년 동안 식민지배를 받았을 때보다 더 참혹한 피해를 봤다고 생각한다. 이때 한국인들도 남성은 일본군 강제징용군으로 여성은 종군 위안부로 인도네시아에 끌려왔었다는 사실이 역사적인 자료와 증언으로 밝혀진 바 있다.

1945년 8월 일본이 연합군인 미국에 항복하자마자 인도네시아의 독립의 아버지라고 일컫는 수카르노는 핫따와 함께 1945년 8월 17일 독립선언을 발표하였다. 그러나 네덜란드는 1945년 6월 연합군의 일원으로 인도네시아를 재점령하기 위해 인도네시아에 상륙했다. 네덜란드는 1946년 11월 자바, 수마트라, 마두라 지역만 독립을 인정하였고, 1949년 8월 23일~11월 2일 사이 네덜란드의 수도 덴 헤이그 원탁회의에서 인도네시아 독립을 인정하되 네덜란드 여왕을 상징적으로 인정하자는데 합의를 보았다. 따라서 1949년 12월 27일 이리안자야를 제외한 전 인도네시아를 새로 탄생한 인도네시아 공화국에게 넘겨줌으로써 공식적으로 독립을 맞이하였다.

2. 다양한 문화의 미로에 갇힌 인도네시아

1) 다양성 속에 통일성을 지향합니다

인도네시아 문장인 가루다(Garuda-독수리 모양의 가루다는 힌두신앙에서 시공을 초월하여 날 수 있는 전설적인 새로서 번영 내지 보호의 신인 위스누(Wisnu)가 타고 다녔다 하여 경외의 대상임)의 발톱이 움켜쥐고 있는 '비네까 뚱갈 이까(Bhinneka Tunggal Ika)'는 '다양성 속의 통일성' 을 의미한다. 아마도 인도네시아를 구성하고 있는 수만 개의 군도, 수백 종의 종족, 수백 종류의 지방어 등의 다양성을 통일시키고자 하는 인도네시아인들의 염원을 담고 있는 국가의 모토임이 틀림없다. 인도네시아인들의 삶의 철학이자 나침판인 빤짜 실라(Panca Sila)를 상징하는 방패에 새겨진 별은 신앙주의, 물소는 민주주의, 보리수는 민족주의, 쇠사슬은 인본주의, 벼 이삭과 목화는 사회 정의주의를 나타낸다.

인도네시에서는 왜 이런 상징물을 사용했을까? 아마도 별을 신앙주의의 상징물로 사용한 것은 인간이 도달할 수 없는 세계이기 때문이 아닐까? 중동지역에서 사람들은 무더운 자연환경 때문에 주로 밤에 활동하며, 캄캄한 밤에 별을 보고 방향을 알았기 때문에 신앙의 방향을 알려준다는 의미로 별을 사용한 것이 아닐까? 하는 생각을 해본다. 실제로 인도네시아의 이슬람 사원의 꼭대기에 신앙의 상징물로 별과 초승달 모양을 흔히 볼 수 있다. 물소를 민주주의 상징물로 사용한 것은 민주주의가 한 사람이 아닌 두 사람 이상이 협력과 조화, 그리고 노력을 통하여 끌고나간다는 의미가 아닐까? 인도네시아에서는 물소 두 마리가 한 쌍이 되어 수레를 끈다든가 논을 간다든가 하는 모습을 흔히 볼 수 있다. 보리수를 민족주의 상징물로 사용하는 이유는 무성한 보리수 잎들이 인도네시아의 수백여 다양한 종족을 나타내고 또한 이러한 다양한 종족들이 하나의 뿌리와 나무에서 연유하고 있다는 의미가 아닐까? 쇠사슬의 모양이 인본주의를 상징하는 이유는 쇠사슬 모양 가운데 네모진 것은 남성을, 둥근 모양은 여성을 의미하기 때문에 여성과 남성이 하나하나 연결되고 동등한 가치를 지니고 있음을 의미하는 것이 아닐까? 벼 이삭과 목화를 사회정의주의 상징물로써 사용한 것은 최소한 먹고 입는 것은 인간의 기본적인 가치라고 생각하기 때문이 아닐까? 이런 필자의 생각이 꼭 맞다고 확신할 수는 없지만 나름대로 상징에 대한 의미를 해석해 보았다.

2) 풍부한 자원과 자연환경은 국민성을 형성합니다

인도네시아는 아시아에서 유일하게 석유수출국기구(OPEC) 회원국이며, 석탄은 노천채굴을 통하여 생산할 정도로 풍부하다. 인도네시아에서 석탄 채굴 사업을 하는 끼데꼬(KIDEKO)사의 직원에 의하면, 인도네시아에서의 석탄채굴은 한국처럼 땅속을 파고 들어가 석탄을 채굴하는 것이 아니라 불도저로 지표면을 걷어내면 모두가 석탄이라는 말을 듣고 부러워한 적이 있었다.

자연환경과 풍부한 천연자원으로 인해 인도네시아인들은 여유롭고 급할 것이 없는 낙천적인 국민성을 가지고 있다. 이런 낙천적인 국민성을 형성하게 된 배경에는 자연환경과 풍부한 자원 환경의 영향이 크다고 볼 수 있다. 연 4모작이 가능하고, 1년 내내 과일이 풍부한 자연환경 속에서 그들은 서두를 이유가 없었고, 무덥고 습한 열대기후에 적응하면서 생활을 해야 하기 때문인 것으로 보인다. 외국인 입장에서 생각할 때 인도네시아인들이 서둘러 자원을 개발하지 않는 답답함이 엿보이기도 하지만 땅속에 묻혀 있는 자원이 어디로 도망가는 것도 아닌데 그리 급하게 개발할 필요성이 있느냐는 듯이 느긋한 마음가짐을 가지고 생활하고 있다.

이리안자야에서는 대부분 종족들이 전통문화를 고수하며, 각종 전통의식을 치를 때 그들의 전통춤을 춘다. 이때 춤을 추는 무리는 화신조 깃털, 멧돼지의 어금니 등으로 치장하고 몸에는 진흙과 재를 바른다. 이리안자야의 고립된 오지에서는 부족 간의 전쟁 시 상대 부족에 대한 인간사냥과 사람고기를 먹는 풍습이 1960년대 법적으로 금지될 때까지 계속되었다고 한다. 또한 남편이나 자식을 잃게 되면 아내나 어머니의 손가락을 도끼로 절단하는 풍습을 가지고 있는 부족도 있다. 또한 다니(Dani)족과 얄레(Yale)족의 남성들은 성기 가리개로 꼬데까(Kodeka)를 사용한다. 꼬데까는 원통 모양으로 남성의 성기에 씌우며, 꼬데까의 크기에 따라 사회적인 신분을 나타내기도 한다.

3) 남성상과 여성상의 모델입니다

자카르타의 재벌들은 그림자 인형극(wayang kulit)공연을 개최하기 위해 수백만 달러를 소비하기도 하며, 사내아이를 낳고 싶은 산모가 그림자 인형극을 보게 되면 사내아이를 낳는다는 믿음을 가지고 있다. 인도네시아인들이 바라는 남성상으로는 인형극에 등장하는 아르주나, 비스마, 라마 등이며, 여성상으로는 시따라고 할 수 있다. 그림자 인형극은 웬만한 인내력이 없으면 구경하기가 힘들다. 와양 공연은 원래 해가 질 무렵에 시작하여 동틀 무렵에 끝난다. 게다가 천막에서 거적을 깔고 앉아서 보기 때문에 자리가 불편한 것도 한 원인이다. 사실 인도네시아에서 인기를 끌고 있는 그림자극인 와양은 인도의 대서사시인 마하바라따(Mahabarata)와 라마야나(Ramayana)를 각색하여 만든 것이다.

와양의 연출자를 달랑(dalang)이라고 하며, 달랑은 인도네시아인들의 철학적, 도덕적 삶의 가치관을 후세에 전달하는 지적이면서도 교양 있는 문예 전문가이자 때때로 정치, 사회 풍자를 담은 즉흥대사를 섞어가면서 자바의 전통 오케스트라인 가믈란 연주자들을 지휘하기도 한다. 와양은 유네스코가 지정한 세계무형문화재 중의 하나이며, 인도네시아의 대표적인 공연예술로 자리잡았다. 매년 크고 작은 와양 공연이 자바의 왕궁, 도시의 극장, 농촌, 사원 등에서 수백 회씩 열리고 있으며, 남녀노소 모두 즐기는 공연문화로 발전하였다. 와양은 힌두교의 세계관인 일원론에 바탕을 두고 있으며, 와양에 등장하는 수천 명의 등장인물과 스토리가 문학, 드라마, 공예, 조형예술의 소재로 활용되고 있을 뿐만 아니라 등장인물의 이름과 캐릭터가 민속공예품인 바띡과 은세공품, 목각제품 등 산업 및 관광제품에 널리 활용되고 있다.

4) 다양한 생활문화를 가지고 있습니다

적도에 위치한 인도네시아인들도 감기에 걸린다. 인도네시아에서는 감기를 마숙 앙잉(masuk angin)이라고 하는데, 마숙은 들어오다, 앙잉은 바람을 의미한다. 인도네시아인들은 감기를 바람이 들어온 것으로 생각한다. 감기를 낫기 위해서는 체내에 들어온 바람을 밖으로 내보내야만 치료된다고 믿고 있다. 따라서 인도네시아인들은 감기에 걸릴 경우 얇은 동전으로 목이나 등 부위를 피가 날 정도로 긁어서 몸속에 들어온 바람을 체외로 내보낸다.

욕야까르따(Yogyakarta)에서는 전통 끄리스(단도 모양)가 주술적인 힘을 가지고 있기 때문에 병자가 먹는 음식에 끄리스를 살짝 꽂으면 음식에 끄리스의 주술적인 신비스러운 힘이 음식에 전달되어 병자가 음식을 먹을 경우 치료된다는 믿음을 가지고 있다.

자바지역에서는 주술사인 두꾼(dukun)의 역할이 눈에 띄게 많음을 알 수 있다. 인간이 태어날 때의 출생의식에서부터 인생을 마감하는 장례의식까지 두꾼이 주도한다. 자바지역에는 인생의 통과 의식이 있다. 예컨대, 출생의식, 작명의식, 할례의식, 결혼의식, 장례의식 등이다. 임산부는 씨가 가로 질러 있는 과일과 비늘이 있는 생선을 먹지 않으며, 출산 시에는 산파인 두꾼 바이를 부르며, 할례의식에는 두꾼 봉과 두꾼 짤락을 부른다. 이처럼 인생의 통과 의식을 이끄는 사람은 다름 아닌 두꾼의 몫이다. 이러한 공식적인 의식 이외에도 자바사회에서 발생하는 크고 작은 문제들을 해결해 주는 해결사의 역할까지 매우 다양하다.

자바사회에서는 젊은이가 불의에 사고로 사망할 경우 지붕에 있는 기왓장을 조금 열어 놓아 젊은이의 영혼이 한시라도 빨리 집안에서 천국으로 들어갈 수 있도록 배려한다. 그렇게 하지 않을 경우 죽은 사람의 영혼이 계속하여 살아 있는 가족을 괴롭히고, 가족의 불행을 초래한다고 믿고 있다.

북부 수마트라의 바딱지역에 있는 까로라에는 바딱족이 살고 있다. 그들은 악어가죽과 물소 두개골로 장식한 집 안에서 쭈그리고 앉아 끄레떽(kretek-정향나무 잎으로 만든 담배)의 연기를 내뿜고 있다. 아체지역의 이슬람 사원에서는 무슬림들의 기도시간을 알리는 아잔(azan) 소리가 흘러나오는가 하면, 이슬람 성직자인 끼야이나 이맘은 기도하는 무슬림들이 더 깊은 신앙심을 가질 수 있도록 세심하게 보살펴 준다. 아쩨지역의 무슬림들은 자바지역의 무슬림들과는 달리 원리주의 무슬림들이기 때문에 독실한 신앙심을 가지고 있다.

5) 가족의 유대관계가 강합니다

가족(kekeluargaan)의 전통개념은 한 가족의 형제나 자매들의 아이들을 종종 그 자신의 아이들로 생각하고 보살핀다. 인도네시아 가족개념에는 가정의 안정과 조화, 그리고 상호 경제적 도움에 대한 인도네시아인들의 생각이 고스란히 담겨있다. 인도네시아인들에게 결혼은 배우자 한 사람하고만의 관계가 아니라 배우자 집안 전체와의 관계로 보고 있다. 인도네시아인들은 가족들과 함께 생활하는 관계 속에서 편안함을 느낀다. 인도네시아의 농촌이나 시골에서는 여전히 조혼이나 정략결혼이 하나의 규범으로 자리잡고 있다. 그리고 결혼은 대개 사회적, 경제적 동맹관계를 강화하기 위한 수단으로 이용된다. 대개 대가족이 함께 살며 가족에 대한 책임을 공유하는 것이 특징이다.

인도네시아인들은 외국인과 결혼하는 것을 선호하는 편인데, 그 이유도 자신의 경제적 신분상승뿐만 아니라 가족에 대한 경제적인 도움을 받을 수 있다고 믿기 때문이다. 그러나 개인주의나 핵가족이 발달한 환경에서 성장한 외국인들은 이러한 인도네시아인들의 가족에 대한 연대 책임에 대해 당황해 하는 경우가 많다. 서구식으로 자신만의 시간을 갖길 원하는 '프라이버시'라는 말은 인도네시아식 가족 개념이 아니다.

인도네시아 전통적 가치관에서 대가족이 매우 중요한 가치임에도 불구하고 가족계획도 중요하게 생각한다. 정부의 지속적인 가족계획 덕분으로 1994년부터 현재까지 인구증가율이 2.3%에서 1.63%로 감소하는 추세를 보이고 있다. 인도네시아에서는 어디를 가나 도로변에 가족계획 KB(keluarga berencana)을 알리는 입간판이 세워져 있음을 알 수 있다. 그러나 농촌지역에서는 아직도 피임에 대한 인식이 부족한 편이다. 그래서 우스갯소리로 농촌 마을에서는 저녁 시간에 피임을 하도록 알려주기도 한다. 인도네시아 오지를 여행하다 보면 소녀티를 벗지 못한 여성이 이미 결혼하여 아이들을 서넛 명 데리고 다니는 모습을 쉽게 목격하게 된다. 이런 모습은 아마도 조혼의 영향 때문이 아닌가 싶다. 가난한 집에서는 입을 하나 던다는 목적으로 일찍 시집을 보내는 경우가 많다. 이슬람법에 의하면, 만약 남성이 가족을 다 부양할 수 있는 경제적 능력만 있다면 아내를 4명까지 둘 수 있다. 그러나 이것도 쉬운 일이 아니다. 만약 두 번째 부인을 얻기 위해서는 첫 번째 부인의 결격사유가 있어야 한다. 예컨대, 첫 번째 부인이 임신할 수 없다거나, 병자라거나, 부정한 일을 저질렀거나 등등의 사유가 있어야 하며, 더욱이 첫 번째 부인의 동의를 얻어야 한다. 이러한 이유 이외에도 인구가 과도하게 많아질 것을 우려하여 인도네시아 정부는 국민에게 한 명의 배우자와 두 명의 자녀를 둘 것을 강력하게 권장한다. 특히 국가 공무원들은 법으로 일부일처제를 명시하고 있다.

6) 종교적 적대감을 관용으로 해소합니다

대부분의 인도네시아인은 수니파 이슬람교도이며 나머지가 기독교, 가톨릭교, 불교, 힌두교, 유교 그리고 자바의 전통신앙인 끄자웬을 믿는 전통종교주의자이다. 엄격한 이슬람 근본주의를 추구하는 아쩨의 무슬림들은 때때로 가난한 이슬람교도들에게 기독교로 개종하면 돈을 주겠다고 말하고 다니는 기독교 선교사들에게 큰 불만을 갖고 있으며, 때론 위협을 가하기도 한다. 예컨대 1995년 9월, 한 교도관이 기독교는 말도 안 되는 종교라고 비하한 것이 알려지자 동티모르의 기독교 성지인 딜리(Dili)에서 반 이슬람 폭동이 일어나기도 했다. 또한 1999년 1월 말루꾸(Maluku)의 주도 암본(Ambon)에서 무슬림과 기독교인 사이에서 무력 충돌이 일어나 수천 명이 살해되거나 다친 적이 있다. 사실 말루꾸 사건은 단순한 교통사고에 불과한 사건이었는데, 이것이 무슬림들과 기독교도 간의 종교전쟁으로 비화되어 보도된 적이 있었다. 이처럼 인도네시아에서는 종교가 개입되면 일파만파로 확대되는 모습을 종종 보여주고 있다. 그러나 이러한 해외 언론의 보도와는 달리 인도네시아에는 종교와 인종 간의 조화가 잘 이뤄지고 있는 편이다. 수마트라와 여러 다른 지역에는 기독교인들이 라마단에 이슬람교인들을 방문하고 이슬람교인들은 성탄절에 기독교인들을 방문하기도 한다. 발리 섬 옆에 위치한 조그만 섬인 롬복(Lombak)에서는 힌두교인들과 이슬람교인들이 뿌라 링사르(Pura lingsar) 사원에서 함께 기도를 한다. 외국인 성직자들은 이곳에서 어떻게 인종과 종교가 조화를 이루며 공존하는지 배울 수 있다.

7) 1인 1종교 원칙을 고수 합니다

인도네시아는 이슬람교인들이 세계에서 가장 많은 국가임에도 그다지 종교적인 정통성을 갖고 있지 못하다. 그것은 독실한 무슬림인 산뜨리(santri) 계층은 전체 무슬림 가운데 30%에 지나지 않고 명목상의 무슬림인 아방안(abangan) 계층이 60%를 차지하고 있기 때문이다. 인도네시아인들은 빤짜실라에 의거하여 1인 1종교 원칙을 고수하고 있다. 따라서 성인이 되어 주민등록증(KTP)을 발급 받을 시 종교란에 자신의 종교를 기입하지 않으면 주민등록증을 발급받지 못하기 때문에 아버지가 무슬림이면 자신도 무슬림이라고 기입하는 명목상의 무슬림들이 많다. 또한 인구의 반 이상을 차지하는 자바인들은 힌두교와 불교 그리고 여러 신비한 요소들이 혼합된 전통종교인 끄자웬(kejawen)을 주로 믿는다.

수라바야에서는 중요한 시험을 앞두고 걱정이 많은 학생과 결혼을 준비 중인 젊은 사람들이 13세기에 지어진 마지막 싱오사리(singosari)왕의 동상을 정기적으로 방문하는 모습에서 이를 알 수 있다.

8) 뇌물과 팁이 모호 합니다

명예와 체면을 생명처럼 존중하는 인도네시아 사회에서 부패가 일상의 한 부분은 아니지만 비스니스 분야에 있어서 부패는 만연하다. 외국을 다녀온 많은 인도네시아인은 뇌물(pungli)을 서양의 팁 정도로 생각하는 경향이 있다고 말한다. 따라서 뇌물을 부정한 행위로 여기지 않는 분위기가 사회에 팽배하다. 인도네시아에서는 누군가에게 선물을 주는 것과 뇌물을 주는 것 사이에는 모호한 구분만이 있을 뿐이다. 5백만 명의 저임금 관료들의 나라에서 사업문서들은 사인도 되지 않은 채 돌아다니는가 하면, 이러한 문서들이 목적지에 정확히 도착하려면 누군가에게 선물을 주는 일이 필요하다. 인도네시아에서 비자를 발급받기 위해 이민국에 가게 되면 이민국 직원이 "뇌물을 받지 않는다."라고 걸어 놓은 규정 아래에서 버젓이 뇌물을 요구하는가 하면 서류가 한 책상에서 옆 책상으로 넘어가는 데도 뇌물을 사용하지 않으면 1주일 넘게 걸리는 경우도 있다. 외국인이 인도네시아에서 장기 거주하기 위해서는 보통 두 종류의 비자 가운데 한 가지를 가지고 있어야 한다. 예컨대, 1년짜리 비자인 킴에스(KIM'S)이거나 5년짜리 비자인 킴(KIM)이 바로 그것이다. 킴을 받기는 매우 까다롭고 쉽지 않기 때문에 대부분의 외국인은 보통 킴에스를 가지고 생활한다. 그러나 킴에스는 1년짜리 비자이기 때문에 연례행사처럼 1년마다 비자를 연장하지 않으면 않된다. 킴에스를 받기 위해서는 유학생의 경우 13가지 정도의 서류가 필요하며, 서류를 다 갖추어 문교성에 갖다 주면 보통 2개월에서 3개월 정도 걸리기 때문에 보통 신경을 쓰지 않으면 제때에 비자를 연장하기가 쉽지가 않다. 이 복잡하고, 긴 비자연장 과정 속에서 자연히 뇌물을 써야 할 경우가 많이 발생하게 된다.

인도네시아인들은 이를 가진 사람이 갖지 못한 사람에게 주는 보시 정도로 생각하는 경향이 있다. 이것은 외국인과 인도네시아인들 간의 관점의 차이이다. 이를 단순히 선의로 볼 수도 있고 아니면 왕조시대부터 내려온 전통적 유물로 인식할 수도 있기 때문이다.

9) 모든 외국인들을 부자로 착각합니다

인도네시아인들은 모든 외국인들을 마치 돈이 많거나 지위가 높은 VIP급 손님들이라고 생각하고 마치 그들이 인도네시아를 방문한 귀족이라도 되는 것처럼 최선을 다해 접대한다.

물론 과거에는 어느 정도 사실이었다. 각종 지위가 매우 중요시되는 인도네시아 사회에서 외국은 매우 높은 지위를 차지하고 있었다. 외국의 기업들은 인도네시아의 풍부한 천연자원을 개발하고 판매하는 사업에 관여하고 있었고, 인도네시아인들이 외국인들을 대했던 평균적인 경우는 서비스업 분야에서 그들을 잠깐 접하는 것이 전부였기 때문에 모든 외국인들이 고위급 인사들이라고 인식하는 경향이 있었던 것이다. 그러나 이런 인식도 이제는 옛말이 되어 버렸다. 최근의 세계화와 경제성장으로 서민들의 생활수준이 높아지고 통신매체의 발달로 세계 각국의 사정을 쉽게 접하게 되면서 외국인들에 대한 편견을 버리게 되었다.

'최선을 다해 대접한다.'라는 의미에는 노예근성의 의미도 포함되어 있다. 노예근성은 네덜란드 식민지배를 받으면서 인도네시아인들은 네덜란드인들을 뚜안(tuan-주인님)이라고 부른데서 연유한다. 현재에는 이 주종관계의 의미를 가지고 있는 이 용어를 잘 사용하지 않는다. 인도네시아 사회에서는 자존심, 존중, 명예, 환대 등을 매우 중요시한다. 손님들을 즐겁게 해주려는 인도네시아인들의 많은 노력이 이를 반영한다. 그러나 이러한 인도네시아인들의 전통을 노예근성과 혼동하는 것은 매우 곤란한 실수가 된다.

10) 예스(Yes)와 노(No)의 차이가 없습니다

국가 정체성은 차치하고서라도 인도네시아의 수많은 인종집단은 공통점이 많은 편이다. 말레이계통의 인종들은 멜라네시안(Melanesian)출신들과 비슷한 점이 많다. 그러나 전통 의상이나 음악, 언어, 건축, 의식 그리고 관점들은 각각의 종족마다 다르다. 한 예로, 아쩨 지역, 수마트라 북부지역과 그 외의 여러 지역의 독실한 이슬람교도들은 개의 존재 자체를 경시하는 반면, 북수마트라에 위치한 바딱(Batak)과 북술라웨시에 위치한 마나도(Manado) 사람들은 개고기를 좋아한다. 한편 발리인들은 애완견을 사랑하는데 특히 발리산 낀따마니(Kintamani)를 매우 좋아한다. 이리안 자야의 다니(Dani)족은 추위를 이기기 위해 돼지의 지방을 그들의 몸에 바르지만 인도네시아 이슬람교도들에게 돼지와 돼지고기는 저주의 대상에 속한다. 그러나 조화에 대한 믿음을 각 종족들이 공유함으로써 종족 간의 분쟁은 그다지 존재하지 않는다. 인도네시아인들은 다른 종족에 대해 호의의 농담을 하거나 때때로 외부인들에게 다른 종족의 특성을 가지고 장난을 치면서 다양성으로 인해 생길 수 있는 장애들을 아무렇지도 않게 뛰어넘는다.

11) 종족(suku)의 특성이 다양합니다

바딱(Batak)종족들은 대대로 수렵생활을 하였고, 집들이 서로 멀찍이 떨어져 있기 때문에 전통적으로 매우 시끄럽고, 거칠고, 사납고, 급하고, 자신의 생각을 표현하는 것에 주저하지 않고 매우 솔직하다. 따라서 한국인들의 기질과 가장 흡사한 종족이 바딱족과 아쩨족이라고 할 수 있다. 다른 인도네시아인들은 바딱족들은 네 발 달린 것은 식탁 빼고 다 먹는다는 농담을 즐겨 사용한다.

반대로 자바인들은 대대로 농경생활을 하여 밀집된 지역에서 생활하며 매우 조용한 편이다. 자바인들은 대화시 매너가 뛰어나고 부드럽고(halus) 예의(sopan)가 바르다. 모든 인도네시아 사회에서 존경 혹은 존중(hormat)이 중요하지만 자바 섬에서는 창피, 당혹감, 체면손상(malu)도 비슷하게 중요하게 생각한다. 자바인들은 체면손상을 피하기 위해 극단적으로 행동하는 경우가 드물지만 바딱인들은 체면손상을 크게 신경 쓰지 않는다. 마두라족(Madurese), 부기스족(Bugis)과 마까사르족(Makasarese)은 성미가 급하다. 생활의 중심에 종교와 의식이 있는 발리인들은 조용하면서 운명론적인 사람들이다.

12) 능력보다는 배경이 우선합니다

인도네시아에는 다국적기업들로 인한 메이저급 해외투자가 들어오기 전까지, 전문경영이라는 개념이 알려져 있지 않았다. 이러한 다국적 기업들 중 특히, 미국의 기업들이 원동력이 되었는데 미국의 기업들은 근로자들을 훈련시키고 전문 팀장급들을 발탁하여 해외 연수를 시켜 줌으로써 인도네시아의 노동자들 사이에서 미국의 기업들이 좋은 법인이라는 이미지를 심어주었다.

인도네시아의 기업들은 단지 피상적으로만 서구의 기업들과 닮아있을 뿐이다. 인도네시아의 기업들은 책임성이나 대표성이 많이 결여되어 있다. 그 중 서구기업과 인도네시아 기업 사이의 가장 현저한 차이점은 사업 자체에 대해 어떻게 인식하고 있는가 하는 점이다. 인도네시아인들에게 사업의 근본적인 목적은 조화를 이루는 것이다. 만약 그러한 과정에서 어떤 성과가 생긴다면 더욱 좋은 일이고 아니면 그냥 두는 것이다. 직원을 채용할 때, 인도네시아인들은 실제 능력보다 적응성과 직장 내에서 얼마나 조화를 이룰 수 있을 것인가 하는 점에 더욱 중요성을 둔다. 이러한 경향은 점차 변화되고 있지만 여전히 인도네시아 기업에서는 중요한 요인이다. 훌륭한 사회적 배경, 이를테면 존경받는 가문의 출신이라든지 유명한 친척이 있다든지, 뛰어난 군 경력이 있다든지 등등의 배경을 지닌 후보자들은 혜택을 받는다. 일부 인도네시아 기업에서는 인종에 따라 직원을 채용하기도 한다. 지원자가 임원들과 같은 종족 출신이면 직업을 얻을 확률이 더 높은 것이 현실이다. 또한 인사문제는 지역, 종교 그리고 가족의 연대에 기반을 둘 수도 있다. 기업의 돈 문제에 대한 개념도 인도네시아인들과 서구인들의 생각은 많이 다르다. 서구인들은 회사의 돈과 개인의 돈을 엄격히 구분한다. 그러나 인도네시아인들은 개인의 돈과 기업의 돈을 구분하지 못하는 경향이 있다. 그래서 일부 인도네시아 기업의 고위 간부들은 회사 자금을 생산적인 목적으로 사용하기보다는 사회적 위신을 위해 과시용의 차를 산다든지 하는 개인 용도로 사용하기도 한다.

13) 상사가 기뻐하신다면

어린 시절부터 인도네시아인들에게 주입되어 온 전통 사상이 바로 "아버지가 기뻐하신다면(Asal bapak senang)"이다. 이는 '아버지를 행복하게 해드려야 한다'라는 의미로 부모님뿐만 아니라 어느 곳이든 자기보다 연장자이거나 높은 지위에 있는 사람들을 잘 섬겨야 한다는 것이다. 직장에서라면 이는 '당신의 상사를 행복하게 해드려라'라는 의미가 될 것이지만 직장에 관해서는 쌍무적 관계가 존재한다. 직장 상사도 역시 자신의 고객과 부하 직원들을 도와야 하고 그들에게 호의를 베풀어야만 한다. 직장 상사가 부하 직원들보다 더 많은 의무를 지게 되므로, 부하직원들은 직장 상사가 더 많은 명예를 누리는 것이 당연하다고 생각한다.

그러나 이러한 모든 점들이 때론 문제가 되기도 한다. 부하 직원들은 자신들이 생각하는 것은 오로지 직장 상사를 즐겁게 해주는 것이라고 말한다. 그래서 때로 안 좋은 소식이 생기면 직장 상사에게 이것만 보고하지 않고 다른 것들과 함께 보고함으로써 외국인 직장 상사들은 정확한 보고를 받기 어렵다고 생각한다. 따라서 외국인 직장상사들은 사적인 자리에서라도 진실을 듣고자 같은 외국인 부하 직원들과의 유대관계를 형성해놓던가 아니면 모든 부하 직원들을 대상으로 사내 기업문화 교육 프로그램을 도입하기도 한다. 이러한 방안을 실행하지 않는 대신 함께 사업을 하는 다른 기업들로부터 사실 정보를 얻기도 하는 일부 외국인 직장 상사들도 있다.

14) 체면손상(Malu)은 사양합니다

체면손상에 대한 관념 역시 복잡하다. 인도네시아인들은 직장 상사가 공식적인 자리에서 망신을 당하느니 차라리 잘못된 일이라도 체면을 유지하는 일이 낫다고 생각한다. 직장 상사가 사업의 계획 수립 과정에서 실수했다거나 확실한 위험을 예상하지 못했다고 해서 이러한 실수를 지적한다면 이는 상사의 체면을 손상시키게 된다고 생각한다. 이러한 사고방식은 다양한 상황 속에서 명백히 드러난다.

외국계 회사의 한 직원은 '인도네시아 사람들은 정말 훌륭한 발표 자료를 만들어냅니다. 그러나 그것을 만드는 데 16시간 정도가 걸리죠. 왜냐하면 인도네시아 사람들에게는 내용보다는 형식이 훨씬 더 근사한 것이 중요하거든요.'라고 말한다. 인도네시아 사회에서 가장 중요한 문제 중 하나가 바로 조화를 중시함으로써 체면손상을 피하는 일이다.

15) 약속은 고무줄 시간입니다

인도네시아인들의 시간 약속은 흔히 고무줄 시간(jam karet)이라고 말한다. 고무줄 시간은 시간에 대한 인도네시아 사람들의 일반적인 태도를 보여주는 코드로 약속 시간에 늦는 것은 다반사이다. 많이 배우고 못 배우고의 문제가 아니다. 그러나 약속에 대한 인도네시인들의 의식이 서서히 변하고 있는 것만큼은 사실이다. 외국인들은 외국인들에게 인도네시아의 관행을 따르지 않는 것이 좋다. 인도네시아 사람들은 외국인들에게 시간엄수를 중요하게 요구한다. 비록 자기들은 늦어도 외국인인 당신은 정시에 올 것이라 기대하는 것이다. 그래도 어쩔 수 없이 늦게 된다면, 교통체증을 핑계로 삼는 것이 좋다. 아마도 이 핑계는 세계 어디서든 잘 통하지만 특히 자카르트타에서는 정말 잘 통한다.

사회적 위계질서도 역시 시간엄수의 한 요소이다. 어떤 사람의 지위가 높을수록 그 사람은 시간을 정확히 지키는 것이 중요하다고 생각한다. 같은 맥락에서 지위가 높은 사람이 지위가 그보다 낮은 사람을 기다리게 하는 경우도 자주 볼 수 있다. 모임에 참석할 일이 있다면 인도네시아 사람들은 지위가 낮은 사람보다는 늦게 도착하고 지위가 높은 사람들보다는 일찍 도착하도록 준비한다. 그러나 만약 초대장에 "15분 일찍 와주세요(Mohon hadir 15 menit sebelumnya)"라고 써 있다면 보다 높은 지위의 경영인들 혹은 사회적 모임일 가능성이 크므로 그 말에 따르도록 한다. 일반인들의 경우를 보면 긴급한 집안일이 있을 때만 사람들이 민첩하게 움직인다. 블루칼라 노동자들 사이에서는 약속시간에 2시간 정도 늦는 것은 보통이다. 직원들은 작업환경의 분위기에 영향을 많이 받는다. 직장의 분위기가 주로 느긋하다면, 직원들은 약속시간보다 늦게 나타나는 습관이 생길 것이다. 그러나 화교들은 예외이다. 그들은 직업윤리를 고수하고 대체적으로 시간을 엄수한다.

서구와 달리 인도네시아에서의 사업은 시간과 형식에 구애받지 않고 이뤄진다. 적어도 일주일 정도 기한을 두고 통지를 하는 대기업들을 제외하고 대부분의 약속은 급하게 이루어진다. 그러나 국가 지도자이나 대기업에서 중요한 위치에 있는 사람들, 고위 공직자들처럼 꼭 봐야만 하는 사람들과의 약속은 반드시 미리 잡아야 하며 먼저 편지를 보내고 전화를 걸어 확인하도록 한다. 화교들은 인도네시아인들보다 훨씬 더 사업 중심적이므로 형식을 갖춰 약속을 잡으라고 권하고 싶다.

16) 인내가 미덕입니다

인도네시아에서의 회의는 인내와 준비성, 그리고 융통성이 필요하다. 인도네시아 사람들은 회의를 예정보다 늦게 시작하는 경우가 많으며 회의 진행도 매우 느리다. 여기서는 사업이 사람보다 우선될 수 없기 때문에 때론 개인적인 용무로 회의가 중단될 수도 있다. 갑자기 끼어드는 행동도 기분이 상할 수 있겠지만 참지 못하고 성질을 내는 것은 더 무례한 것으로 해석된다.

만약 자카르타에서 열리는 회의에 참석할 예정이라면 스케줄에서 많은 시간을 여기에 할당하는 것이 바람직하다. 엄청난 교통 혼잡으로 시내를 한번 도는 것도 어렵기 때문이다. 회의 참석자들은 여러 번 나타나거나 한 번도 나타나지 않을 수도 있다. 자카르타에서는 하루에 너무 많은 약속을 잡지 않는 것이 좋고 최대 2~3회 정도의 약속을 잡는 것이 바람직하다. 약속과 약속 사이에 충분한 시간적 여유를 둬야한다. 이는 다른 지역에서도 마찬가지이다. 예컨대, 자카르타는 교통도 안 좋고 공기 오염도 심해서 만나기로 한 사람들이 미니 밴을 타고 교외에서 만나기를 원할 가능성도 배제할 수 없다. 회의를 할 때에는 달성하고자 하는 바에 대해 정확히 숙지해서 회의 시작 때 바로 제시하는 것이 좋다. 그러나 설사, 본론을 제시하지 못했다 하더라도 너무 걱정할 필요는 없다. 지금 당신이 남긴 것은 첫인상일 뿐이고 중요한 것은 당신이 앞으로 쌓아나가야 할 대인관계라는 것을 기억해야한다.

인도네시아인들은 당신의 일정을 배려해 줄 것이다. 그러나 팩스에서부터 운송수단에 이르기까지 인도네시아의 사업기반 시설은 외국인 사업가들이 기대하는 만큼 정확하게 돌아가지 않는다. 그렇다 할지라도 언제나 평정심을 잃지 않아야 한다. 어떠한 불편함도 미소를 지은 채 넘길 줄 알아야 한다. 좋은 인상이 늘 중요하기 때문이다.

17) 뇌물을 써야할지 말아야할지

인도네시아에서 사업을 하는 사람들은 누구나 뇌물과 부정을 경험하게 된다. 뇌물을 쓰고 거래를 시작할지 아니면 처음부터 커미션을 지불하는 관행을 아예 무시하든지 결정을 해야 한다. 자카르타에 있는 한 사업가는 '뇌물을 쓰는 행위는 그동안 쌓아온 명성을 무너뜨릴 수 있고 만약 부정적인 거래를 거부한다면 훌륭한 평판을 얻게 될 것이다. 그러나 일단 한 번 부정거래를 했다면 계속 부정한 거래를 할 수 밖에 없다'라고 말한다.

미국에는 뇌물증여를 금지하는 해외부패행위법이 있다. 이는 외국의 공무원들에게 직접적으로나 혹은 중개인을 통해서 뇌물을 쓰는 것을 불법으로 간주하므로 만약 미국 사업가들이 뇌물을 썼다면 중죄에 해당하여 상당액의 벌금을 물게 된다. 따라서 미국인들은 이러한 뇌물증여행위를 신중하게 그리고 전문적인 법률조언을 통해 검토해야만 한다. 그러나 미국인들도 사업을 활성화시키기 위해 관료들에게 돈을 지불하는 것은 허용이 된다. 이것도 기본적으로 관료들이 당연히 해야 하는 일을 하는 것의 대가로 지불을 하는 것이다. 그렇지만 아시아와 유럽에는 그와 같은 제재가 없다.

18) 화교는 영원한 이방인입니다

인도네시아에서 생활하고 있는 화교들은 크게 두 부류로 나눌 수 있다. 하나는 뻐르아낙깐(peranakan)으로서 인도네시아 원주민들과의 결혼을 통하여 완전히 인도네시아인으로 동화된 중국인들(인종적으로 보면 중국인이나 네덜란드 식민통치 초기부터 이곳으로 와서 살았음)과 또 다른 하나는 또똑(totok)으로서 인도네시아 원주민들과의 혼합되지 않고 중국인 순수혈통을 유지하고 있으면서 문화적으로도 더 중국식 사고방식과 생활방식을 고수하고 있는 중국인들(이들은 대부분 1930년대와 1940년대에 인도네시아로 이주해 옴)이 있다.

화교들의 인도네시아로의 유입 시기는 네덜란드의 식민통치기와 맞물려 있다. 네덜란드는 소수 지배층으로서 다수 계층을 형성하고 인도네시아인들을 효율적으로 통치하기 위해 중국의 남반부에 위치한 복건성, 조수, 백가 지역 출신의 중국인들을 인도네시아로 유입시켜 중간 관리인으로 활용하였다. 따라서 네덜란드 식민시기에 사회계층이 어느 정도 형성되었다. 즉, 인도네시아의 풍부한 천연자원에 대한 독점권과 국제무역을 독점하고 있던 서구인들이 최상류층을 형성하였고, 소규모 상업과 금융유통업을 장악하고 있었던 화교들이 중간계층을, 노동력을 제공하는 노동자(kuli) 차원에 머물러 있었던 인도네시아인들이 최하위층을 형성하게 되었다.

네덜란드는 화교들을 동인도 무역에서 인도네시아의 중간계급으로 활용함으로써 화교들의 경제적 지위를 도와준 측면이 있다. 이를 통해 화교들의 사업이 점점 발전하자 인도네시아인들은 가뜩이나 불균형인 인도네시아의 부를 소수민족인 화교들이 축적한다는 생각으로 그들에 대한 적개심을 보인 적도 있다. 인도네시아가 네덜란드로부터 독립한 이후 현재까지도 이러한 적개심은 계속되고 있다. 수하르토 집권 시기에 '외부인'인 화교들의 학교가 철폐되고, 중국어로 발행되던 신문들이 폐간되고, 중국어로 쓰인 모든 서적과 자료들이 몰수당하고, 더 나아가 소수민족인 화교들은 인도네시아식 이름으로 개명하도록 강요받았다.

오늘날에는 많은 화교가 영향력 있는 인도네시아인들의 조력자로서 일하면서 필수품 수입을 통제함으로써 자신과 자신들의 후견인을 위한 막대한 부를 축적하고 있다. 그 대표적 화교인 Liem Sioe Liong 씨는 세계에서 가장 부유한 사람 중에 한 명이다. 비록 화교들이 인도네시아 전체 인구의 약 3%에 불과하나 그들이 인도네시아 민간자본의 60%에서 75%를 소유하고 있는 것으로 추정되고 있다.

3. 인격이 묻어나는 대화법

1) 다양한 에티켓 및 의사소통방식

인도네시아인들은 이야기 할 때 예의를 갖추고 신중하고 차분하게 약간은 부끄러워하는 듯하면서 부드럽게 말한다. 수마트라의 바딱이나 아쩨 종족은 보다 솔직한 태도를 중시하기도 하지만 조용하고 차분한 언행은 매우 자바스러운 모습이다. 그러나 부드러운 언행이 인도네시아인들이 만만한 사람들이란 것을 의미하지는 않는다. 종종 온화하고 차분한 태도가 인도네시아인들의 강한 성격과 결단력과 일치하지 않는다. 마찬가지로 인도네시아인들은 다른 사람들의 온화하고 차분한 태도를 높이 평가하고 무례함과 경박한 행동에 무척 불쾌해한다.

2) '아니오'를 돌려서 말해야합니다

어떤 의견에 드러내놓고 동의하지 않는 듯한 행동은 무례하게 비춰질 수 있으므로 인도네시아인들은 '아니요'라는 말을 자주 하지는 않는다. 외국에서 온 이방인으로서 당신은 인도네시아인들이 의미하는 거절을 이해해야 할 것이다. 애매하게 거절할 때 주로 쓰이는 말이 아직은 아니예요(belum)이다. 공적인 자리에서 이런 말들을 자주 접하게 될 것이다. 얼버무리는 말(네. 그렇지만)과 완곡한 표현(어려움이 좀 있겠는데요.) 등이 직접적으로 거절이나 반대의 의사를 말하지는 않아도 그러한 뜻을 간접적으로 나타내는 좋은 방법이다. 또한, 인도네시아인이 입을 꽉 다물고 있다면 이것 역시도 문제가 있다는 명확한 표시이다. 그러나 화교들은 좀 더 직접적이다.

3) 대화 시 적당한 거리를 유지해야 합니다

인도네시아에서 중요한 규칙은 특히 자바에서 매우 중요시하는 규칙은 상대방에게 체면손상(malu)을 초래할만 한 것은 절대 말하지 않는다는 것이다. 인도네시아 종교와 문화, 관습에 대해 비판하는 것은 큰 무례에 속한다. 어느 정도의 식견을 갖추고 인도네시아를 탐방하는 사람들만이 민감한 정치적 사안들이나 성, 특히 성의 역할 등에 대해 문제를 제기하거나 의견을 표현할 수 있을 것이다. 그러나 외국은 보다 거칠고 자유분방하다는 인식이 있어 일부 인도네시아인들은 외국 사람들이 성에 관해 얘기하는 것은 체면이 손상되는 행동이 아니라고 생각한다. 만약 인도네시아인이 그런 것에 관해 당신에게 묻는다면 화제를 바꾼다거나 가능한 한 점잖게 대화에서 빠져나오는 것이 최선이다.

생활방식과 생활문화의 차이, 음식, 여행, 그리고 흔히들 사람들이 알고 있거나 경험한 사실들은 좋은 대화의 소재가 된다. 인도네시아인들은 외국인들이 인도네시아 고유문화와 언어에 관심을 보인다면 매우 기뻐하고 즐거워한다. 가볍게 대화를 한다면 운동이나 날씨 등이 무난한 대화거리이다. 인도네시아인들은 당신의 사회적 지위를 가늠해 보기 위해 당신의 가족, 교육수준, 직업, 연봉 등에 대해서 많이 물을 것이다. 당신도 역시 인도네시아인들에게 그런 것들을 자연스럽게 물어볼 수 있다. 그러나 당신이 연봉이나 재산정도, 회사에서의 지위 등에 대해 질문을 받기 전에는 먼저 그에 관해 말하지 않는 것이 좋다. 만약 이러한 질문들이 매우 사적이라는 생각이 든다면 상대방에게 당신의 국가에서는 일상 대화에서 이러한 얘기들은 잘 하지 않는다고 정중하게 말하면 된다.

같은 원리로 당신이 가지고 있는 것을 지나치게 과시하지 않고 또한 직장 내에서 당신이 성공시킨 일들에 대해 말할 필요도 없다. 이러한 행동은 인도네시아인들에게 잘난 척하는 것으로 보이기 때문이다. 그러나 회사의 성공과 실적 등에 대해서는 언제든지 얘기해도 좋다.

4. 미묘한 표현방식, 뉘앙스의 세계

1) 인도네시아인의 속마음을 읽어야 합니다

(1) 뉘앙스의 세계

인도네시아인들은 뉘앙스의 천재이고 몸짓과 신체적 접촉에 매우 민감하다. 말의 어조와 얼굴표정, 몸동작의 의미는 종족마다 천차만별이다. 공식적인 자리나 혹은 자바의 기업 문화에서는 자바의 방식이 우세하다. 자바의 문화에서는 감정을 잘 조절하는 것이 중요하기 때문에 의사소통을 할 때에 감정을 드러내지 않는다. 따라서 자바인들의 마음을 읽는 것은 외국인들에게 뿐만 아니라 다른 종족의 사람들에게도 어려운 일이다. 자바 사람들이 자신의 감정을 나타내야만 할 일이 있다면 그들은 매우 미묘한 표현을 쓰거나 혹은 몸짓을 이용한다. 수하르토가 장관들과 고위 관료들을 만나고 난 후, 장관들과 관료들은 수하르토의 의중을 파악하고자 그의 말 한 마디 한 마디의 어조, 미소 그리고 심지어 그가 통역을 위해 함께 자리한 다른 자바인을 부르는 것까지도 세심하게 관찰한다.

인도네시아인들의 웃음과 미소의 의미를 파악하는 것은 매우 어렵다. 둘 다 걱정과 불안, 부끄러움과 당황스러움, 화 혹은 반대한다는 뜻을 감추는 데 사용되기도 하기 때문이다. 자바의 남자들은 대개 높은 소리로 키득거리는 경향이 있는데, 특히 남들에 대한 그저 그런 이야기들 즉 가십거리를 즐기거나 수위를 넘는 듯한 농담을 할 때 그러하다.

2) 말로는 하지 않는 찬성과 반대의 표시

- 공적인 자리에서 자신의 화를 표현하는 것은 체면손상을 시키는 일이고, 그런 사람은 신망을 잃게 된다.
- 양손을 허리춤 주변에 대고 서 있는 행동은 공격적이고 무례한 행동으로 여겨진다. 와양 인형극에서 이러한 자세는 화를 표현하는 데 사용된다. 팔짱을 끼고 서 있는 행동 역시 같은 뜻으로 해석된다. 손을 주머니에 넣고 대화를 하는 것도 무례한 행동이다.
- 인도네시아인들은 칭찬에 미소와 고개를 끄덕이는 것으로 답하지만 더 이상의 반응은 없다. 과도한 감사의 표시는 인도네시아 사람들을 불편하게 만드는 행동이다.
- 이슬람교와 힌두교의 영향으로 인해 왼손은 불결한 것으로 간주된다. 그러므로 움직이거나 물건을 주고받을 때 혹은 사람들과 같이 식사를 하거나 누군가를 만질 때는 왼손을 사용하지 않는다.
- 다른 사람들의 실수나 불행에 웃는 것은 매우 무례한 행동이다.
- 발로 누군가를 가리키는 행동은 절대 하지 않는다. 앉을 때 무릎이나 발목을 붙이고 앉는다.
- 인도네시아인들은 머리를 영혼이 머무르는 곳이라고 생각하기 때문에 절대로 누군가의 머리를 만지는 일은 하지 말아야 한다. 서로 용인된 상태에서 어깨를 가볍게 두드리는 것은 괜찮다.
- 무언가를 가리킬 때, 인도네시아 사람들은 주먹을 쥔 상태에서 엄지를 든다. 집게손가락은 사용하지 않는다.
- 누군가에게 손짓할 때, 손바닥을 아래로 하고 팔을 뻗어서 당신을 향해 국자로 무언가를 퍼 올리는 듯한 제스처를 취한다.
- 어떤 종족은 주먹으로 손바닥을 치는 행동은 무례하고 무시하는 것으로 간주한다.
- 공공장소에서 악수를 제외하고 남자와 여자가 신체적 접촉을 하

는 경우는 매우 드물다. 공공장소에서 이성에게 키스를 하거나 혹은 포옹을 하는 것은 절대 안 된다. 어느 지역에서는 공공장소에서 키스를 하는 것은 폭동으로까지 번질 수도 있다.

- 남자들끼리 서로 손을 잡거나 팔짱을 끼고 걸어가는 것은 그들이 오래된 친구라는 의미이지 이상한 뜻으로 해석하지 않는다.
- 누군가와 이야기를 하거나 누군가의 집이나 사무실을 방문할 때는 선글라스를 벗도록 한다.
- 머리를 이용한 제스처는 마치 문제를 다른 사람에게 떠넘긴다는 뜻으로 보이므로 무례하게 여겨진다.
- 거리를 다니면서 뭔가를 먹는 것은 다른 사람의 인상을 찌푸리게 만든다.

태국인의 예절문화

1. 태국의 문화적 특성

2. 태국인의 예절 문화

태국인의 예절문화

이 병 도

1. 태국의 문화적 특성

동남아시아 인도차이나 반도 중심부에 위치하고 있는 태국의 공식 국명은 태국왕국(Kingdom of Thailand)이며 태국어로는 '쁘라텟타이'로 '자유의 나라'라는 의미이다. 국가명칭에서 보여주듯이 태국은 자유의 이념을 숭상하고 국가관이나 개인의 생활철학에 있어서 자유를 중요시하고 있다. '쁘라텟타이'라는 국호는 1939년 태국이 민족주의 정책을 표방하면서 그 일환으로 예전의 국호인 '싸얌'(Siam)을 개정하면서 사용하여 왔다.

태국의 인종구성은 타이족이 약 80%를 차지하고 있으며, 이밖에 중국계 태국인이 15%, 이슬람교를 신봉하는 타이무슬림이 4%, 고산족이 1%, 그리고 인도인을 비롯한 기타 종족 등 다양한 종족이 어우러져 살고 있다. 태국의 주 종족인 타이족은 본래 중국 남부 운남성(雲南省)에서 7세기경에 난짜오(Nanchao, 남조[南詔])왕국으로 존속해 오다가 13세기 쿠빌라이칸의 침략으로 점차적으로 남하하여 현재의 인도차이나 반도에 정착하여 이민족의 틈바구니에서 13세기 중엽에 최초의 통일 왕국을 건설하였다. 타이족이 현재의 땅으로 이주하기 전에 이 지역은 몬(Mon) 문화와 크메르 문화 등 여러 문화가 혼재했던 지역이고 따라서 여러 종족이 뒤섞여 살던 지역이었다. 왕국을 건설한 이후에도 여러 종족과 문화가 태국으로 유입되었는데 태국인들은 이들 새로운 문화를 적대하거나 거부하지 않고 받아들이면서 자신들의 고유문화와 절충시켜 공존해왔다. 따라서 태국은 불교를 기반으로 한 문화 외에도 중국, 인도, 서양 문화 등 다양한 문화가 사회 저변에 형성되어 있다.

전통적으로 태국인의 가치관 및 의식구조를 형성해 온 중요한 요소로는 권위주의, 불교, 예부터 비옥한 토지와 풍부한 천연자원의 혜택으로 평화와 자유를 사랑하는 성향을 갖도록 한 농경문화, 그리고 태국 국민의 정신적 지주로 국가통합의 구심점 역할을 하고 있는 국왕의 존재를 들 수 있다. 첫째, 태국인들은 어릴 때부터 부모중심의 가족과 동료집단을 매개체로 사회화 과정을 밟으면서 알게 모르게 권위주의적인 가치관을 형성하게 된다. 또한, 가족은 물론 학교나 사회에서도 권위, 규율, 책임성, 그리고 계급관계를 습득하여 지배-복종관계(patron-client system)로 특징 지워지는 수직의 문화 속에서 성장한다. 권위주의적인 문화의 또 하나의 모습으로서 사회적 지위에 있어 상 · 하관계가 명백하다는 것을 들 수 있겠다. 태국사회에는 2인 이상이 상호작용 할 때 거기에는 누가 상위자고 누가 하위자인가에 대한 인식이 존재하게 된다. 일단 상 · 하관계가 정립되면 여기에 따라 양자 간의 일정한 형태의 패턴이 나오게 된다. 즉 상위자의 말이나 지시는 절대적이고 하위자는 그것에 무조건 복종해야 한다. 이러한 권위에 대한 복종성은 관료 우위의 풍토를 낳게 하였고, 공적업무를 수행하는 공직자의 지위를 국민 위에 군림하는 것으로 만드는 성향을 낳게 하였다.

둘째, 태국인의 모태신앙으로 국민의 90% 이상이 신봉하고 있는 상좌불교는 종교적 차원을 넘어선 하나의 생활철학으로 태국인의 정신세계를 지배해 왔다. 따라서 태국인들에게 있어 불교의 교리는 선악을 판단하는 도덕과 윤리의 기준이 되며 그들이 믿는 불교문화는 곧 생활문화로서 태국인은 태어나서 사망할 때까지 불교와 분리되지 않은 생활을 하고 있다. 태국인의 불교에 대한 의식은 윤회와 업보에 대한 사상이 지배하고 있다. "선업은 선과를 낳고 악업은 악과를 낳는다."는 의식을 굳게 믿는다. 특히 악과는 피할 수 없는 것으로 당사자가 아니면 후손에게 영향을 미친다고 믿어 매일 매일, 그리고 태어나서 죽을 때까지 '탐분'(공덕 쌓는 일)에 정성을 다한다. 아침마다 탁발 승려에게 음식을 보시하거나, 절에 가서 공양하는 일, 불상을 조성하거나 사원을 보수하는 일, 혹은 승려에게 일용품을 지원하는 일 등은 모두 '탐분'의 일환에서 이루어진다. 이러한 이유로 태국인은 모든 일의 원인과 결과를 자기 자신에서 찾고 귀결시키는 경향이 비교적 강하다. 남의 일에 관여하는 것을 꺼리고, 또 남이 자신의 일에 간여하는 것을 철저히 배제한다.

태국사회에서 승려는 부처의 대행자로 태국사회에서 높은 존경을 받고 있다. 국왕을 비롯한 왕실에 있는 사람들이 무릎을 꿇고 절하는 사람은 승려밖에 없다. 이러한 승려와 승려가 거처하는 사원은 태국사회에서 많은 역할을 담당하고 있다. 승려는 생활의 스승이자 정신적 지도자로 종교적인 역할 외에 스승, 상담자, 의료인, 정부와 국민과의 가교역할을 담당하고 있는데 이러한 기능은 농촌일수록 강하다. 사원은 교육기관, 의료기관, 사회복지기관 등의 다양한 역할 외에도 마을 사람들에게 공간적으로나 심리적으로 가장 가까운 마음의 안식처이자 태국인의 생의 종착지이다. 한마디로 불교와 사원, 승려는 태국사회의 일체감의 상징이자 정신적 총체가 되고 있다. 일반적으로 태국 남성들은 일정 나이가 되면 3개월 동안 출가하여 승려수업을 받는 것이 전통으로 되어 있다. 모든 남성들에게 의무 사항은 아니지만 출가한 남성과 그렇지 않은 사람들의 사회적 인지도는 다르다. 승려수업을 하지 않은 사람은 '콘딥'이라 해서 '익지 않은 사람' 즉 '아직 선악이나 사리를 판단할 줄 모르는 미숙한 사람'으로 취급한다. 승려수업은 태국인들에게 있어서 부모에게 효도할 수 있는 가장 좋은 계기가 된다. 그 이유는 태국인들의 믿음 속에는 자식이 승려수업을 하게 되면 그 공덕이 부모에게 돌아간다고 믿고 있기 때문이다.

셋째, 태국은 농경사회이다. 1970년대 이후 공업이 발전되면서 산업구조에서 공업의 비중이 많이 증가하였지만 여전히 태국의 주산업은 농업으로 전 국민의 60% 이상이 미작을 중심으로 한 논농사와 임업 및 수산업 등 1차 산업에 종사하고 있다. 태국은 지리적으로 아열대기후에 속해 있으므로 일 년 내내 벼농사에 적합한 나라로 쌀 생산량은 세계 1위를 차지하고 있는데 태국의 농부들은 자신이 생산해내는 쌀로 전세계의 많은 인구를 먹여 살리고 있다는데 큰 자부심을 갖고 있기도 하다. 땅을 중심으로 살고 있는 태국인들은 농사를 중심으로 한 공동체적 모임이나 행사, 축제가 발달하였으며, 따라서 온 동네 사람들은 마치 한집안 식구처럼 친숙한 관계를 맺고 있어 공동체 의식이 강하고 낙천적이다. 농민들은 보수적이고 배타적이어서 인습과 관습에 집착하며 변화에 스스로 적응하거나 새로운 사실을 받아들이는데 도시인보다 느리고 소극적이다. 따라서 태국인들은 깊은 사고를 하거나 창조적 고통을 기피하고, 무슨 일이든 일찍 끝내기를 바라며 일의 결과가 좋든 나쁘든 상관하려 하지 않고 다만 최선을 다했다는 데에서 그 의의를 찾고 있다. 인간관계도 개인의 감정, 느낌, 관습에 의존하는 성향이 비교적 강하며, 원칙이나 이념보다는 자유를 선호하고 개인 간의 관계를 더 중시한다. 인과응보라는 원칙에 입각하여 부모에게 효도함은 물론 대인관계에서 은혜를 알고 보답할 줄 안다.

넷째, 13세기에 인도차이나 반도에 정착하여 왕국을 건립한 이래 1932년 입헌군주제를 도입할 때까지 태국은 전제군주인 국왕을 최고의 통치자로 한 절대왕국이었다. 첫 번째 왕국인 쑤코타이 왕국(Sukhothai, 1238-1438년)에서 아유타야 왕국(Ayuthaya, 1350-1767년), 톤부리 왕국(Thonburi, 1767-1782년), 그리고 현 랏따나꼬씬 왕국(Rattanakosin, 1782년-현재)에 이르면서 왕의 성격은 만백성의 어버이이자 스승으로 사랑과 자비, 불교적 윤리성에 입각한 통치자, 즉 탐마라차(Thammaracha, 정의로운 왕, 법왕)의 성격과 테와라차(Thevaraja, 신왕)로 생명의 주인(Lord of Life), 그리고 전 영토의 주인(Lord of Land)의 성격을 지닌 카리스마적 성격을 갖게 되었다. 그러므로 태국인들은 국가의 모든 권력과 권위는 국왕으로부터 비롯된다고 생각하였으며 이러한 의식은 입헌군주제하에서도 크게 변하지 않았다. 1932년 정치체제가 바뀐 이후 국왕은 정치적 실권을 가진 통치자는 아니지만 국가를 대표하고 전통을 수호하며 불교의 최고 수호자임과 동시에 정치적 갈등의 궁극적 조정자의 역할을 담당하여 왔다. 또한, 사회적으로 소외되고 낙오된 자를 돌보는 자비로운 존재로서 국민들은 부처에 못지않게 국왕을 숭배의 대상으로 삼고 있다. 따라서 태국사회에 있어서 국왕은 국민의 정신적 일상생활에 깊숙이 존재하는 것으로 인식된다. 국왕은 국민을 위해 헌신적인 사회봉사를 하고 있다. 특히 도시빈민들과 사회적으로 낙오된 자, 그리고 농촌에 대해 깊은 관심을 보여 이들의 복지향상을 위해 큰 열성을 보이고 있다. 일반적으로 태국의 거의 모든 가정에는 국왕과 왕비의 사진이나 초상화가 걸려 있는데 이것만 보아도 태국인들의 국왕과 왕실에 대한 존경심이 어느 정도인지 짐작할 수 있다. 한마디로 태국의 국왕은 국민적 일체감의 상징이자 민족주의의 정신적 지주이며 정치권력의 정당성의 근원이라 할 수 있다.

2. 태국인의 예절 문화

1939년 이전에 태국의 국호로 사용되었던 싸암(Siam)이라는 명칭은 우리나라의 삼국사기에 음역하여 섬라국(暹羅國)이라 나타나 있다. 이러한 기록은 고대시대에 양국 간의 왕래뿐만 아니라, 중국의 운남성과 청해호 일대에서의 우리 민족과 태국의 고산족과의 인종적, 역사적 접촉이 있었음을 짐작케 한다. 그 후 태국은 1950년 한국전쟁 때 유엔군의 일원으로 우리나라에 군대를 파견함으로써 우리나라에 알려지기 시작했고, 1958년 양국이 공식적으로 외교관계를 수립한 이래 정치, 경제, 문화 등 다방면에 걸쳐 지속적인 우호관계를 유지해 오고 있는 전통적인 우방 국가이다.

정확한 통계는 알 수 없지만 2007년 12월 현재 태국에 거주하고 있는 한인들의 수는 약 120여 명의 시민권 혹은 영주권 소지자, 그리고 약 19,000여 명의 체류자를 포함하여 대략 20,000여 명에 이르고 있다. 태국에서 한인 사회의 형성과정을 살펴보면 제1세대는 현재 교민사회 원로들로서 제2차 세계대전 중 일본군에 징용되어 태국 혹은 동남아 지역에 진출 후 태국에 정착하였으며, 그들 중 대부분은 무역 및 제조업에 종사하였다. 이들 1세대는 대부분 사망하였거나 고령화되었으므로 그 수가 많지 않다.

제2세대는 월남전 종전 후 태국에 이주, 정착한 교민들과 중동건설 붐과 함께 중동으로 태국인 인력 송출 등을 하면서 정착한 한인들로 주로 무역, 여행업, 요식업 등에 종사하고 있다. 다음으로 3세대는 1980년대 후반, 특히 1986년 아시안게임 개최와 1988년 올림픽 개최 이후 한국의 해외여행 개방에 따라 태국에 대한 한국인 관광객이 급증하면서 관광산업관련에 진출한 교민들, 그리고 한국과 태국의 경제협력이 증진되기 시작하면서 태국 내 한국 기업의 투자 증가로 인한 기업의 주재원 및 투자 업체 직원 등으로 구성되어 있다. 또한 1997년 경제위기 이후 실직당한 자들이 취업 등의 목적으로 태국에 체류하면서 주로 여행가이드로 활동하고 있는 한인들의 수도 많다.

따라서 태국에 한인들이 본격적으로 진출한 것은 1980년대 이후로 그 이유는 신발, 봉제, 완구 등 노동집약적 산업을 중심으로 태국의 풍부한 자원과 저렴한 인건비, 그리고 정치, 사회적으로 투자 요건이 안정된 시장이었던 것이 주요 요인으로 볼 수 있다. 1996년 우리나라와 태국과의 교역량이 약 39억 불에 이르렀지만, 그 후 양국이 경제위기를 겪으면서 교역량이 다소 감소하였으나 2003년 이후 다시 예전의 교역량을 회복하여 태국은 동남아시아에서 이미 우리나라의 중요한 교역파트너 중 하나이다. 태국은 오랜 세월 중국인, 인도인, 서양인, 무슬림 및 동양인들이 한데 어우러져 다인종 다문화 사회를 형성하고 있는 국가이다. 따라서 태국 민족은 타민족과 그 민족 문화에 대해 높은 친화력과 융화력을 지니고 있다.

그러나 다방면에 걸친 양국 간의 교류와 발전에도 불구하고 태국 사회에서 한인들이 겪는 태국 문화에 대한 갈등은 점점 확대되는 경향을 보이고 있다. 특히 1980년대 이후 태국에 진출하는 기업이 우후죽순으로 늘어나면서 그에 따른 기술자, 근로자들이 태국인의 사고방식 및 태국의 문화에 대한 지식이 전혀 없는 상태에서 진출하면서 한국과는 다른 태국의 이문화에 대한 갈등이 심각한 수준에 이르렀었다. 갈등의 주된 요인은 무엇보다도 한인들이 태국의 언어와 문화를 이해하고 존중하기 보다는 한국의 경제적 우월성을 내세워 한국식 사고방식과 관행을 그대로 태국인에게 주입시키려고 한 결과에서 비롯되었다. 이러한 상황은 현재 많이 개선되고 있지만 양 국민의 갈등은 여전히 존재하고 있다.

태국인과의 인간관계 형성이라든가 비즈니스 활동 시 기본적으로 지켜야 할 예절 문화를 살펴보면 다음과 같다.

- 태국인들과의 첫 대면에서는 가급적 인사말을 태국어로 하는 것이 좋은 인상을 받게 해 줄 것이다. 태국 사람들은 서로 인사를 할 때 악수를 하는 것이 아니라, 불교식으로 기도하는 자세와 같이 양손바닥을 합장한 자세로 목례한다. 일반적으로 손아랫사람이 윗사람에게 먼저 하고 손윗사람은 같은 자세로 이에 응답한다.
- 태국인의 성격은 동남아 특유의 여유로움에 시간 개념이 다소 희박한 것으로 알려져 있으나 비즈니스에서는 정확한 일 처리를 중요시하고 있음을 유념하여야 한다. 특히 상담시간은 철저하게 지키는 것을 예의로 알고 있으며, 교통 혼잡 등으로 상담시간에 도착하지 못할 경우 사전에 연락을 하여 양해를 구하고 있다. 따라서 상담시간을 지키지 못할 경우를 대비하여 상담 장소 연락처 또는 태국인의 핸드폰 번호를 입수하는 것이 바람직하다. 또한 상담약속은 상담일 최소 1주일 전에 서면으로 요청하는 것이 일반화되어 있다.
- 태국의 비즈니스맨은 평상시 대부분 양복 상의를 착용하지 않는다. 냉방 에어컨이 있는 실내에서는 반팔로는 좀 팔이 시린 느낌이기 때문에 주로 긴 팔 와이셔츠에 넥타이 차림이다. 양복 상의는 인사방문, 리셉션, 세미나 등 격식을 갖추어야 하는 경우에는 착용해야 한다. 우리나라 비즈니스맨들이 출장 올 때 반 팔 와이셔츠를 입고 오는 경우가 많은데, 반팔 와이셔츠보다는 긴 팔 와이셔츠를 입고 비즈니스 상담에 임하는 것이 격식에 어울린다.
- 태국인과 대할 때 쉽게 흥분하거나 화를 내지 말아야 한다. 일반적으로 태국인들은 소근대듯 작은 소리로 말한다. 평상시에 조용한 목소리로 이야기하는 것이 보통이고 화가 났다 해도 언성을 높이는 경우가 극히 적다. 목소리에 자신의 감정을 나타내지 않는다. 배움이 없는 교양 없는 행위로 간주되기 때문이다. 화가 났다 해도 직접적으로 표시해 곧 남이 알 수 있게 하지 않는다.

- 태국인에게 자만심은 금물이다. 태국인들은 불교도로서 윤회설을 믿기 때문에 비록 저소득 노동자들이라도 부유층을 부러워하거나 자신을 비관하지 않는다. 다만 현세일 뿐 내세에의 보다 나은 기대와 희망으로 인생을 낙천적이고 즐겁게 보내려는 경향이 강하다.
- 태국인을 고용할 때 해야 할 일과 해서는 안 될 일을 정확히 주지시켜야 하며, 만약 해서는 안 될 규칙을 어겼을 경우에 받아야 되는 벌에 대하여도 분명히 해주어야 한다. 외국인에 대해 경외감을 느끼지만 자신들의 생각에 비추어 규정에 없는 벌을 주거나 어떠한 행위를 가할 때 그들은 자존심이 상했다고 생각하고 예기치 못할 해를 가할 수도 있기 때문이다.
- 비즈니스는 상대의 이름을 기억하는 것에서부터 시작된다. 태국인의 이름은 앞에 오고 성은 뒤에 온다. 같은 이름을 가진 태국인은 많지만 성은 가족이나 친척을 제외하고 모두 다르다. 따라서 태국은 성의 종류가 많은 나라 중의 하나이다. 여성이 결혼을 하면 남성의 성으로 바뀌는 것도 특징이다. 태국인의 이름과 성은 보통 다음절로 되어 있어 길고 외우기 힘들다. 태국인은 출생하자마자 모든 사람이 애칭을 갖는데 주로 한 음절 내지 두 음절로 되어 있어 기억하기가 쉽다. 태국인과 구면인 경우 이 애칭을 불러주면 매우 친근감을 갖는다.
- 한국어와 마찬가지로 태국어도 경어를 통해 상대방에 대한 말하는 사람의 태도를 나타낸다. 경어는 말하는 사람과 듣는 사람의 위치나 역할, 그리고 상황에 따라 적재적소에 그 말이 올바르게 사용됨으로써 원활한 인간관계가 성립되는 것은 두말할 나위 없다. 특히 태국의 비즈니스 세계에서는 이런 어법이 일상회화에 아주 많이 나타나기 때문에 태국과 비즈니스를 할 경우에는 이 점에 특히 주목해야 한다.
- 물건을 건네거나 음식을 먹을 때, 또 악수할 때 오른손을 사용하고 왼손은 사용하지 않는다. 일반적으로 왼손은 천한 일에 사용한다는 생각이 태국인에게는 지배적이다. 왼손잡이라고 해도 물건을 주고받는 데는 오른손을 쓰도록 노력하는 것이 바람직하다. 어른으로부터 물건을 받거나 어른에게 건넬 때는 공손히 두 손을 다 사용한다.
- 입헌군주국인 태국의 왕은 국민들로부터 큰 존경을 받는다. 따라서

왕실을 모독하는 발언을 한다거나, 왕의 초상화 심지어 돈에 새겨진 왕의 초상화에 대하여 불손한 언행이나 비방을 삼가야 한다.

- 불교는 태국의 국교로 국민들의 생활에 매우 중요한 역할을 한다. 사원을 방문할 때 지나치게 짧은 반바지나 스커트, 소매 없는 상의 등을 착용하면 입장을 하지 못하는 경우도 있으며, 불상이 모셔진 법당 안에 들어갈 때는 신발을 벗어야 한다.
- 태국인들은 특별한 경우를 제외하고 다른 사람이, 더군다나 낯선 사람이 자신의 몸을 만지는 것을 좋아하지 않는다. 머리, 손, 그리고 발 등 세 부분의 신체 부위에 대해 각별한 생각을 갖고 있다. 특히 머리를 만지면 영혼이 달아난다는 고대 미신에 따라 머리를 만지는 것을 꺼려하고 있다. 고의건 아니건 상대방의 머리를 건드리게 되었다면, 즉시 사과를 해야한다. 태국인에게 있어서 머리는 모든 혼이 담겨 있는 곳으로 생각하기 때문에 매우 중요한 부분으로 인식된다. 귀엽다고 어린이의 머리를 쓰다듬는 행위는 조심해야 한다. 머리에 무엇인가가 떨어져 있어 털어주어야 할 경우 미리 양해를 구하거나 필요성을 인식시키는 것이 좋다.
- 태국인들은 공공연한 장소에서 하찮은 입씨름을 좋아하지 않는다는 것도 기억해 둘 필요가 있다. 태국인들은 그런 행동을 가장 몰상식한 행동이라고 생각하고 있기 때문이다. 공공장소에서 남녀 간 애정 표현은 바람직하지 않다. 태국은 불교국가로 일상생활에 불교가 아주 밀착되어 있으며, 불교행사 기간 중에는 금주를 하고 일반 주점에서도 주류를 팔지 않기 때문에 술에 취한 행동을 할 경우 현지인과의 마찰 가능성이 있다. 모든 불상은 크든지 작든지, 오래된 것이든 새 것이든 신성한 것이다. 따라서 누구든지 사진을 찍기 위해 불상에 올라 간다거나 불경스러운 행동을 해선 안 된다.
- 태국인들은 자존심이 강하고 남의 일에 간섭하거나, 남이 자신의 일에 참견하는 것을 좋아하지 않는다. 특히 자신의 결점을 들추어 비판하는 행위를 참지 못한다. 꼭 조언을 해야 할 경우는 부드럽고 완곡한 표현을 쓰는 것이 바람직하며, 직선적으로 단점이나 시정사항

을 말하지 않도록 한다. 태국인들 앞에서 태국의 문화, 사회, 성격 등을 비롯하여 태국인이 신성시 하고 존경하는 것을 비판하는 일은 삼가는 것이 좋다.

- 태국인을 접대할 때 주의할 것은 문화와 식습관의 차이를 잘 파악해 두는 일이다. 태국인들의 식습관을 사전에 조사해서 상대방에게 불쾌감을 주지 않도록 해야 한다. 예를 들면 일부 태국인은 쇠고기를 먹지 않으며, 무슬림은 돼지고기를 먹지 않으므로 접대하기 전에 상대방이 어떠한 음식을 가리는지 알아두어야 할 것이다. 부인을 동반한 접대에는 접대하는 쪽에서도 여성 사원이나 자신의 부인을 동석시키는 것이 좋다. 접대하는 쪽이 긴장해서 상대방의 부인에게 신경을 못 쓸 수 있기 때문이다. 태국인을 접대 시 보통 저녁에 술을 곁들인 식사의 형태가 일반적이다. 그러나 태국인의 경우 술을 마시지 않는 사람도 많으니 사전에 반드시 물어보아야 한다. 또한 태국인들은 보통 술잔을 돌리지 않고 자기 취향대로 마시지만, 가끔 한국식으로 잔을 권하는 것도 태국인과 친해질 수 있는 방법이다. 또한 태국인과 대화 시 중요한 것은 상대에게 유머와 이야기 거리를 제공하는 것이다. 업무 이야기 외에도 상대를 즐겁게 하면 실속 있는 만남이 될 것이다.
- 태국인 가정에 초대 받았을 경우에는 간단한 선물을 준비하는 것이 좋다. 꼭 비싸지 않아도 성의 있는 물건이면 된다. 태국 가정에서 식사 시에는 일반적으로 식탁에서 식사를 하며 식기는 납작한 접시와 우묵한 접시들이 사용된다. 두 손으로는 숟가락과 포크를 사용하는데 포크의 용도는 접시의 음식을 숟가락으로 뜰 때 보조 역할을 하며, 숟가락에 붙은 음식을 제거하는데 사용한다. 이러한 숟가락과 포크는 각 개인의 접시에 담겨 있는 음식을 뜰 때만 사용하며 다른 그릇에 담겨 있는 음식을 뜰 때는 '공동숟가락'을 이용해서 각자의 식기에 덜어 온 다음 개인의 숟가락으로 먹어야 한다. 이러한 것은 찌개를 먹을 때도 예외가 아니다. 특히 아무리 뜨겁더라도 국그릇을 손으로 들고 먹는 행위는 삼가야 한다. 대개의 식사 습관은 우리의 상식과 크게 벗어나지 않으며, 어떤 식으로 식사를 해야 하는지 잘

모를 때에는 솔직히 물어 보는 것도 좋은 방법이다.

- 태국의 기업인들은 거래할 때 단번에 결론을 내리지 않으며, 우리보다 더 오랜 경험과 상술로 몇 차례의 조정을 거듭한 후 우리 측이 더 이상 응할 수 없는 한계선까지 인내하면서 상담을 한다. 당장 만났을 때 말할 수 있는 것도 가급적이면 한 번 더 생각해 본 후, 다음 날도 요청에 의하여 대답하거나 늦게 알려준다. 따라서 단순히 한두 번 자신의 이익에 부합되지 않는다하여 성의 없이 대하다 보면 결국 어떤 태국인과 교류를 하더라도 상호이익이 되는 건설적인 우호관계를 맺기가 어렵다. 또한 태국인들은 상대방 앞에서 No라는 표현을 잘하지 않는다. 이는 상대방의 기분을 배려하기 위한 것으로 비즈니스의 경우에 간혹 동의나 지지하는 것으로 오해하기 쉬운데 이것은 금물이다.
- 태국 기업들의 지배구조는 일반적으로 '가족' 주도형으로 운영되고 있으며, 이들 친인척은 지역의 정치, 사회 및 경제면에서 큰 영향을 끼치는 경우가 있다. 이러한 특징으로 인해 어려운 거래라 할지라도 확실한 인맥을 활용하면 의외로 쉽게 진행할 수 있는 경우도 있다. 상류계층, 고위관직의 친인척에 기업의 높은 직위를 부여하고 평소 친분관계를 돈독히 해 두면 이들의 정치 · 경제적 배경과 인맥을 활용해 비즈니스 협상 진행 과정 중의 많은 난관 등을 수월하게 해결할 수 있다.
- 일반적으로 태국업체와의 가격상담은 지루할 정도로 계속된다는 것을 유념하여야 한다. 상담현장에서 가격협의를 하고도 추가 협상을 요구하는 것이 많은 실정이다. 이는 태국인들이 금전에 대한 집착에서 비롯된다고 비난 받기도 하지만 가격설정에 대한 이해가 부족하였기 때문에 발생할 수도 있음을 감안하여 가격 재협상 요구에 응할 필요가 있다. 실제로 태국업체는 가격 협의 후, 보다 저렴한 제품을 발견할 경우도 있음을 참고하여야 한다. 국내업체는 태국업체의 집요한 가격인하 요구에 거래를 포기하는 경우가 있으나 포기보다는 가격설정에 대한 자세한 설명을 통하여 설득하는 것이 바람직하다.
- 상담 시부터 최초 거래 계약 시까지 많은 시간이 소요된다. 이는 의

사결정과정의 복잡성과, 다수의 태국기업들이 완제품보다는 중간재를 생산하는 경우가 많아 원재료의 품질 확인 등에 장기간 소요되기 때문으로 풀이된다. 특히 실무자들과의 상담 시에는 태국기업 내부의 의사 결정과정이 복잡하여 많은 시간이 소요된다.

- 바이어에 대해 추궁하는 듯 하는 태도는 지양해야 한다. 바이어가 약속시간에 늦었거나, 한국 업체에 대해 다소 불성실한 모습을 보일 경우에도 화가 난 듯 하는 모습을 보이는 것은 바람직하지 않다. 태국 문화 특성상, 이러한 태도는 바이어로 하여금 자존심을 상하게 할 수 있으며, 이로 인해 비즈니스 거래가 중단되는 사례가 종종 발생하고 있다.
- 옷차림이나 첫인상으로 바이어를 평가하려는 경향은 지양해야 한다. 상담종료 직후 바이어가 시야에서 벗어나기 전에 웃거나 옆 사람과 대화를 나누는 한국인이 상당히 많은 데, 바이어의 오해를 살 수 있으므로 주의할 필요가 있다. 태국의 1인당 국민소득이 우리나라의 1/5수준 이지만, 많은 바이어들이 태국 내 고소득 계층임을 감안하면 이들의 구매력은 매우 높은 편이므로, 상담 시 주의할 필요가 있다.
- 모든 걸 단기간에 결정하려는 자세는 지양해야 한다. 태국 비즈니스 특성상 단기간에 계약 여부를 결정하는 것은 용이하지 않으므로, 충분한 여유를 갖고 상담에 임하는 것이 바람직하다. 첫 상담 시, 태국 바이어들은 상담제품에 대하여 시장성이 불확실하더라도 적극적인 듯 하는 태도를 보일 때도 있으며, 때로는 웃으면서 다소 모호한 태도를 보이기도 한다. 이 경우, 한국인이 귀국 후 연락을 취하더라도 회신을 하지 않는 경우가 많다.
- 태국 수입상들은 품목별로 자기 영역을 구축하여 상호 이익을 보호하는 체제도 갖추고 있다. 따라서 태국 수입상들은 국내업체가 에이전트를 선정하였음에도 불구하고 여타 에이전트를 물색하는 것을 국제상거래 예의에 어긋나는 것으로 간주하고 있다. 이는 국내업체와 수입상 간에 독점 에이전트쉽 계약이 없다 해도 마찬가지이며,

이러한 태국의 무역관행은 중국의 영향을 받았기 때문인 것으로 풀이된다. 따라서 태국에서의 에이전트 계약체결은 시장 진출에 중요한 요인이 되는 만큼 거래선에 대한 능력 및 신용을 파악하고 체결하는 것이 바람직하며, 일단 계약을 체결하면 특별한 하자가 없는 한 계약관계를 지속적으로 유지하는 것이 좋다. 에이전트 계약체결 후 추가 에이전트 발굴 또는 계약을 체결할 경우 태국 수입업자 간 상호 정보교환에 따라 이전 에이전트도 거래관계를 단절하는 사례가 있다.

- 태국인은 흥정문화에 익숙해 있어 가격협상에 뛰어나다는 것을 염두에 두면 좋으며, 태국 시장 진출은 현지 시장구조를 잘 알고 있고 신용과 경험 있는 현지 에이전트를 찾는 것이 무엇보다 중요하다.

역사적으로 식민지 경험이 별로 없으며, 국민통합의 구심점 역할을 하고 있는 불교와 국왕의 존재, 그리고 풍부한 천연자원을 소유하고 있다는 것은 태국인들에게 큰 자긍심을 갖도록 하고 있어 태국인들은 개인의 가치와 명예를 중시하는 경향이 있다. 따라서 태국에서는 항상 예의 바르게 언행을 할 필요가 있으며 첫 대면부터 좋은 인상을 받도록 각별히 주의해야 한다. 태국인 역시 우리와 동일한 동양문화를 공유하고 있기 때문에, 합리적이고 객관적인 사고방식에 적응하도록 훈련된 서양인들과는 달리 인정이나 관계, 의리 등의 감성적인 사고를 주로 한다는 점을 명심해 둘 필요가 있다. 지극히 사무적이기보다는 우정으로 상대하면서 진실과 끈기와 인내를 갖고 여유로운 사고와 행동을 취할 때 태국인과의 인간관계 형성이나 비즈니스에서 성공을 이룰 수 있을 것이다.

정감이 넘치는 베트남인의 예절

정감이 넘치는 베트남인의 예절

송 정 남

1. 들어가는 말

비공식 통계에 따르면 2006년 베트남 인구는 약 8,400만 명에 이른다. 이들은 54개 종족으로 구성되어있다. 이처럼 다종족인 까닭에 베트남의 문화는 다문화성을 띤다.

베트남이 다민족, 다문화적 특징을 갖게 된 데는 무엇보다 그 요인을 지리와 민족성에서 찾아야 한다.

베트남은 바다와 육지를 잇는 반도국가이다. 이 때문에 베트남은 일찍부터 여러 민족의 이동경로가 되었다. 고대로부터 지금까지 중국은 정치적, 경제적 목적성을 띠고 남진을 해왔다. 그 결과 베트남의 역사는 투쟁으로 점철되었고, 그 과정에서 베트남은 중국 문화의 영향을 많이 받았다. 한편 베트남은 팽창의 문제를 남진(南進)으로 해결했다. 남쪽에 인접한 점성(占城 혹은 占婆: 베트남에 병합되기 전 짬빠족의 국호)의 전 영토와 캄보디아의 일부 영토를 병합하게 된 것이나 인도와 이슬람문화를 더하게 된 것도 남진의 산물이다.

북으로부터의 중국 문화 유입 외에도 베트남은 일찍부터 남으로부터 인도 문화가 유입되었다. 인도 문화는 남부에만 국한되지 않았다. 고대 인도인들이 통상이나 종교전파를 목적으로 북부에도 진출했기 때문이다. 이 때문에 베트남의 불교는 남중국보다 먼저 유입되었다. 지리상의 발견 이후에는 프랑스의 문화가 유입되었다. 이외에도 남부는 1954년 제네바협정 이후 미국의 문화가 유입되었다. 따라서 베트남의 문화는 다양하다고 할 수 있다. 유교·불교·도교·기독교가 아우러진 베트남의 민족종교인 까오 다이(cao dai, 高臺)교는 이를 잘 반영한다고 하겠다.

문화의 다양성 때문에 베트남의 문화를 딱히 '이것이다'라고 말하기가 쉽지 않다. 즉 지리적으로 동남아에 속해있기 때문에 '동남아시아 문화'라고 해야 하지만 국경선 1,400km를 인접한 중국으로부터 B.C. 2세기부터 오랫동안 깊고 넓게 받은 문화의 영향을 고려한다면 이 같은 주장은 객관성이 약해 보인다. 그렇다면 국가의 설립과 유지의 주체가 중국의 문화영향을 많이 받은 북쪽이었기에 베트남의 문화를 '중국 문화'라고 말할 수 있겠으나 영토 팽창 과정을 통해 갖게 된 인도문화를 감안한다면 이 또한 객관성에서 문제가 된다. 그러나 장구한 역사를 유지, 발전시킨 주체와 인구의 90%를 차지하는 낑(kinh,京)족을 잣대로 살펴본다면 베트남의 문화는 '중국의 문화'라고 아니할 수 없다.

예절은 문화의 한 단면으로써 지역마다 특징이 있다. 다양한 문화 요인은 베트남의 예절에 그대로 나타난다. 따라서 베트남 예절은 전체적으로 혼용되었다고 할 수 있으나, 크게는 아시아적인 것과 서구적인 것 두 가지로 나눠볼 수 있다. 전자는 중국적인 것을, 후자는 프랑스나 미국적인 것이다. 그렇다고 베트남적인 것이 없다는 것은 아니다. 아시아적인 것 속에는 중국적인 것 이전의 베트남적인 것과 그 후 역사 진행 과정에서 다양한 문화를 접함으로써 창조·형성된 베트남적인 것들이 포함된다.

본 장에서는 외국인이 유념해야 할 예절을 크게 가정과 사회의 예절 두 가지로 나누어 간략하게 살펴보고자 한다.

2. 가정의 예절

베트남의 가정은 가부장적이며 남성중심적이다. 반제·반봉혁명 이후 사회주의체제를 지향하면서 이 같은 특징은 다소 완화되기는 했지만, 기본은 대체적으로 유지되고 있다. 일찍부터 중국의 유교 영향을 받았던 탓으로 가정과 후술하게 될 사회의 예절은 엄격하고 수직적이며 형식을 강조하는 게 특징이다. 그렇지만 베트남인들은 이성보다는 감정에 좌우되는 속성 때문에 베트남의 예절은 정감이 넘친다.

가정과 친족 간 예절은 나이와 항렬에 의하여 결정된다. 전통시대에는 여기에 성(性)까지 결합되었다. 사회에서는 사회적 신분까지도 결합되었다.

엄격하고 수직적이며 형식을 강조하는 특징 때문에 베트남의 예절은 복종적인 경향이 강하다. 이것은 전통시대 결혼에서 잘 나타난다. 결혼이 조건이 맞는 남녀의 하나됨이기 때문에 당사자의 판단과 결정이 우선해야 했지만 이것은 배제된 채 시작에서 끝까지 부모에 의하여 결정되었다. 자식들은 어떤 이유로도 부모를 거부할 수 없었다. 거부는 '자식 된 예(禮)' 혹은 '자식 된 도리(道理)가 아니다'라고 생각했기 때문이다. 이 경우 베트남의 예는 효와 같은 의미이다. 따라서 자식이 부모에게 예를 다했다는 것은 효를 다했다는 의미가 된다. 반대의 경우는 무례, 즉 불효가 된다.

자식의 부모에 대한 예는 생사를 초월한다. 부모를 대신하여 죄값을 치렀던 바, 심지어 자식이 부모의 목숨까지도 대신하는 경우가 있었다. 세상을 떠난 조상에게 극진하게 장례를 치르고 제사를 지내는 것 또한 같은 의미이다. 따라서 어느 가정이나 있는 정성, 없는 정성 다해서 장례를 치르고 그 후에는 제단(ban tho)을 마련하여 조석으로 조상에게 문안드리는 것 역시 살아있는 자의 조상에 대한 예가 된다.[1] 오늘날에도 여전히 행해지고 있는 결혼식 날 신랑 신부가 양가의 제단에 제를 드리는 것도 같은 차원에 있다.

부부간의 예 역시 절대적이었다. 아내의 남편에 대한 예는 섬김과 순종이었다. 전통시대 베트남인들의 칠거지악과 남존여비도 일면은 예에서 비롯되었다고 할 수 있다. 여인의 복종적 예는 시부모에게도 마찬가지였다. 따라서 여인은 힘든 고부간의 갈등 속에서도 예를 다하기 위해 인내로 일관했다. 그래서 예를 다한 여인에게는 열녀라는 칭호가 부여되기도 했다.

오늘날 국내에는 한국인 남성들과 성공적인 결혼생활을 하고 있는 베트남 여인들이 많다. 여기에는 이들의 근면 성실이나 자식사랑 등도 한 요인으로 작용했겠으나 급격한 인구감소와 사회변화로 우리의 전통이 무너져가는 상황에서 이들의 부모나 남편에 대한 효와 순종의 예가 더욱 크게 작용했다고 본다.

형제간의 예절이 나이 혹은 항렬로 결정되었기 때문에 여러 세대가 한 집에 함께 산다 할지라도 분쟁은 좀처럼 찾아볼 수 없다. 행여 분쟁이 있더라도 '무례한 놈' 혹은 '상하를 모르는 놈'으로 내몰리는 불이익 때문에 수직적인 예절에 대하여 아무도 문제를 제기할 수 없다.

베트남의 예절은 연대책임을 띤다. 여러 세대가 사는 가정에서 예절이 부족한 아이를 탓할 때면 "아이를 어떻게 키웠느냐?"라는 형태로 오히려 아이의 부모를 탓한다. 동족부락이 많고 그 부락이 폐쇄성과 공동체성이 강하기 때문에 이 경우 "뉘 집 아이냐?"라는 형태로 역시 그 부모를 탓한다. 반대의 경우 "고놈 뉘 집 아이냐?"라는 형태로 부모를 칭찬한다.

나이나 항렬, 그리고 신분이 위에 있다고 하여 예절에서 자유로울 수는 없다. 수신제가를 강조하는 사회로 인하여 본을 보이기 위해 늘 근신해야 하기 때문이다.

인사예절에서 베트남은 우리처럼 고개를 숙이지 않는다. 그렇다고 우리말처럼 높임말도 없다. 하지만, 베트남인들은 특이한 표현을 통해 정중함을 드러낸다. "꼰(자식) 짜오(안녕) 보(아버지) 아(문법적으로 높이는 역할을 함)", "짜우(조카) 짜오 쭈(아저씨) 아", "앰(동생) 짜오 아잉(형 혹은 오빠) 아"의 형태로 자신과 상대방의 상하관계를 나타내는 호칭과 상대를 높여주는 단어를 사용하여 상대에게 깍듯한 예절을 보인다.

이 같은 일반적 인사예절 외에도 보다 정중함을 나타낼 때는 손을 모아 흔들면서 고개를 연이어 숙인다. 이런 형태의 인사예절은 제단, 사당, 사원, 딩(dinh,亭) 등에서 주로 행해진다. 이런 곳에서 차례를 지낼 경우에는 우리처럼 신위나 신상 앞에 무릎을 꿇고 큰절을 한다. 한편, 선생님이 교실에 들어왔을 때 학생들은 일제히 일어나 양팔을 모아 배 위에 올리고 인사를 한다.

가정의 식사예절에서 아랫사람은 윗사람에게 "씬 머이(드세요)"라고 정중히 권한다. 음식을 먹는 동안 주인은 밥을 퍼주거나 국을 떠주는 형태로 손님 시중에 신경을 쓴다. 맛있거나 귀한 음식 혹은 "손님이 잘 먹는다"라고 생각하는 음식이 있다면 주인은 그 음식을 젓가락 뒷부분으로 집어서 손님의 밥그릇에 넣어준다. 이때 손님은 "또이 씬", "앰 씬", "짜우 씬", "꼰 씬"의 말로써 예절에 답한다. 음식 외의 선물 등을 받을 경우에도 마찬가지이다.

우리와 달리 베트남인들은 식사시간에 말을 많이 한다. 언어에 성조가 있는 것도 한 요인이겠지만 이 때문에 베트남인의 식사시간은 요란스럽다. 손님이 있는 식사에서는 반주가 있다. 이때 "쭉

슥 코애(건강을 기원합니다)"라는 건배가 빠지지 않는다. 건배는 한 번으로 끝나지 않고 계속 이어진다. 이것은 서양의 영향이 아닌가 싶다.

식사 시에 베트남인들은 우리처럼 젓가락을 사용한다. 그러나 수저는 사용하지 않는다. 베트남인들은 식사 전에 대체적으로 자기의 밥그릇이나 젓가락을 티슈로 닦는다. 길거리 식당에서 값싼 밥(com binh dan)이나 국수(pho) 등을 먹을 때 그러하고 고급식당에서는 그렇지 않은 것으로 보아 이는 위생에서 비롯되었다고 할 수 있다. 밥은 밥그릇을 한 손으로 들고 입에 댄 상태에서 젓가락으로 긁어 먹으며, 반찬은 젓가락으로 집었다가 간장(nuoc mam)에 찍은 다음 밥그릇에 담아 먹는다. 이는 밥알이나 간장이 떨어지는 것을 피하기 위함이다.

베트남의 예절이 정감이 넘친다는 것은 손님에 대한 열과 성의를 다한 극진한 대우에서 경험할 수 있다. 손님이 외국인인 경우는 더욱 그렇다. 따라서 어느 가정에서 숙식하게 될 경우 세면, 음식, 취침에 이르기까지 이들은 세세하게 정성을 다한다. 취침에서 주인은 손님에게 우리의 안방에 해당하는 제단이 있는 방이나 그 외 가장 좋은 방을 준다. 침대가 충분치 않을 경우는 손님의 편안함을 위해 이들은 다른 집에 가서 잔다.

손님과 함께하는 동안 이들은 내내 손님에게 "씬 등 람 카익(손님이 되지 마세요)", "씬 뜨 니엔 느 어 냐(집처럼 편하게 하세요)"라는 말을 번복한다. 이 말은 특히 식사시간에 많이 한다.

정감이 넘치는 예절에는 장구한 역사 속에서 희로애락을 함께하려는 베트남의 공동체성이 물씬 묻어있다. 따라서 혼상제가 사사(私事)로 국한되지 않고 일가친척은 말할 것도 없거니와 전체 촌락민이 함께하는 공사(公事)로 치러진다. 손님에 대한 접대도 가정의 전체 구성원과 가까이 있는 친척이 함께 한다. 손님이 떠날 때도 이들은 모두가 나와서 아쉬움으로 배웅한다.

한편 정감 넘치는 예절은 인사에서도 나타난다. "가정은 어떻느냐?", "부모님은 어떠하시냐?"하는 형태로 넘치는 정을 표현한다. 서로가 좀 더 가까울 경우 인사예절은 말로만 끝나지 않고 물건이나 봉투가 곁들여진다. 일견 서구에서는 뇌물로 비춰질 수 있겠으나 베트남에서는 절대 간과될 수 없는 예절의 일부분이다.

한국에 머물던 베트남인이 귀국이 가까워지면 선물을 구입하느라 동분서주하는 것도 바로 여기에 있다. 물론 평상시에도 뉘 집을 방문할 때는 보잘것없는 것이라도 챙기는 예절은 빠지지 않는다. 따라서 설, 추석, 여성의 날, 노동절, 생일, 결혼, 집들이 등의 선물예절은 상대로부터 많은 점수를 받을 수 있는 최고의 기회가 된다. "외국인이 베트남에서 사업에 성공하기를 원하거든 선물문화에 익숙하라"라는 말도 근원은 여기에 있다.

3. 사회의 예절

베트남의 사회 예절은 가정 예절의 연장선에 있다. 나아가 폐쇄적이며, 공동체가 강한 사회구조 때문에 사회 예절은 더욱 엄격과 친숙이란 양면성을 띤다.

처음 만나 아직 친숙하지 않은 짧은 만남의 경우를 제외하고 베트남인의 인사는 "식사하셨어요?", "어디 가세요?"라는 형태로 상대방의 근황에 초점을 맞춘다. 이어 상대방의 주변 인물들의 신상으로 확대된다. 이 때문에 내외국인을 불문한 첫 만남이라 할지라도 그 만남의 시간이 길어지면 "몇 살이세요?", "결혼은 했습니까?", "부인은 뭐하세요?", "어느 직장에 다녀요?", "월급은 얼마나 받아요?" 등 사적인 질문이 이어진다.

이 같은 질문은 서구인들로서는 참으로 황당하다. 그러나 이러한 문화에 이미 익숙한 우리 한국인에게는 전혀 낯설지 않다. 이 때문에 베트남인과 한국인 간의 대화는 매우 자연스럽고 깊어진다.

이러한 질문이 가능한 것은 전술한 폐쇄적이며 공동체적인 베트남 사회적 요인 외에 고정성이 강한 도작문화(稻作文化)에도 있다. 즉 폐쇄된 마을의 공간 속에서 장기간 공동체 생활을 하면서 사적인 많은 것들을 공유함으로써 나타난 결과라 하겠다. 이는 과거 한국의 촌락공동체 사회에서 이웃집의 수저와 밥그릇이 몇 개 있었는지 속속들이 알고 지냈던 특징과도 유사하다.

필자가 학위과정에서 베트남 농촌에서 생활할 때 편안하게 지냈던 것도 바로 여기에 있다. 외국인에 대한 극진한 대우도 한몫을 했겠지만, 필자가 유교문화에 익숙해 있었기 때문에 낯설음이 없이 그들과 함께 자연스럽게 오랫동안 지낼 수 있었다. 다시 말해 우리의 예절문화가 베트남인들에게 통했기 때문이다.

전통시대 부로(父老)의 반열에 들어갔거나 과거에 합격했거나 승직을 했을 경우 마을주민에게 연회를 베풀었던 고망례(犒望禮) 또한 공동체 문화의 예절이라고 할 수 있다. 즉 개인이 마을에 표하는 예의 하나였다. 혼상제(婚喪祭)에서 만사를 제처 두고 최선을 다해 도움을 주는 것이나 우리의 회환연과 비슷하게 70~80세가 되는 노부모의 장수를 축하하는 상수연(上壽宴) 역시 예절의 하나이다.

베트남 예절에서 간과할 수 없는 점은 나이를 중시한다는 점이다. 이는 사회적 지위도 중시하지만 전통적으로 경로사상을 강조해온 사회적 특징에 그 요인이 있다. 이 때문에 베트남인들은 처음 만났을 때 먼저 나이를 묻고 그에 맞는 호칭을 한다. 예절에서 연치를 강조하고 있는 또 다른 예로는 딩에서 나이가 적혀진 공간을 들 수 있다. 마을의 딩에서 성황신제를 지낼 경우 부로들은 나이에 따라 정해진 공간에 반드시 착석하도록 되어 있다.

베트남은 십간십이지(十干十二支)를 사용하는 문화이다. 우리가 이렇다는 점을 아는 까닭에 우리에게 나이 대신에 무슨 띠냐고 묻기도 한다. 십간십이지와 이 특징을 잘 알고 있다면 이 또한 베트남인과 대화를 자연스럽게 전개할 수 있는 중요한 소재가 되면서 서로 친숙해질 수 있는 기회가 된다.[2] 베트남인들은 기공식, 착공식, 결혼식, 이장(移葬), 개장(開場), 이사 등 중요한 행사에는 반드시 십간십이지의 조화를 따르고 있다.

베트남의 원단절은 가정과 사회 예절이 극치를 이루는 명절이다. 몸과 마음을 최대한 단정히 하여 조상의 제단에 제사를 드리고 새해를 맞으며 가정과 사회구성원들에게 친절을 다한다. 원단절 첫 날에는 남편 쪽의 부모 형제들을, 둘째 날에는 아내 쪽의 부모형제들을, 셋째 날에는 선생님과 이웃들을 찾아 새해 인사를 한다. 이때 아이들을 위해서는 붉은 봉투에 들어 있는 세뱃돈을, 어른들을 위해서는 술 등의 선물을 준비하는 것을 절대 잊어서는 안 된다. 한편, 가정방문 시에 비록 배가 부르다 할지라도 주인이 접대하는 음식을 칭찬과 함께 조금이나 먹어주는 것을 잊지 마라.

이외에도 베트남 가정이나 사무실 방문 시에 꼭 유념해야 할 사항이 하나 더 있다. 베트남은 무더운 지역인 관계로 사람들은 점심을 먹고 대부분 오침을 한다. 남부는 일 년 내내 여름이기 때문에 이 문화가 변함없이 유지되고 북부는 4계절이 있어 겨울에는 다소 완화되기는 하나 점심 이후에는 잠겨 있는 사무실이 적잖다. 특히 한 홀에서 여러 세대가 동거하는 경우에 이를 모르고 오수시간에 가정방문을 하게 된다면 그 가정의 구성원 전체가 오수를 못하게 되는 까닭에 반드시 이때는 피해야 한다.

베트남인의 시간개념은 실로 자유롭다. 베트남인과의 약속에서 한두 번의 황당한 일을 겪지 않은 외국인은 없을 것이다. 필자처럼 개방 직후부터 베트남에서 생활했던 외국인이라면 더욱 그렇다. 약속 시간보다 20-30분 늦는 것이 예사였기 때문이다. 이 때문에 베트남 시간은 '고무줄 시간'이라고 말해진다. 이는 과거 개발 시대에 외국인들이 우리의 시간을 "코리안 타임"이라고 했던 것과도 유사하다.

시간에서 베트남인들은 "코앙(khoang)", "도(do)", "쯩(chung)", "코앙 도(khoang do)", "코앙 쯩(khoang chung)"이란 부사를 자주 쓴다. 이들 단어의 의미는 "대충", "대략", "약"이다. 과거에 우리가 약속할 때 "열두 시 쯤에" 혹은 "점심 쯤에"라고 했던 것과 같은 의미이다. 약속 시에 이들 단어를 사용했던 그렇지 않았든 간에 베트남인들이 약속 시간을 제대로 지키지 않았던 바, 새로운 시간 문화에 젖어있던 필자로서는 베트남인과의 약속에서 매번 "정각(dung)", "정확(chinh xac)"이란 단어를 강조하곤 했었다. 개방 20년이 지나면서 "베트남인들은 시간을 지키지 못하는 예절도 없는 자들이다"라고 푸념하는 외국인은 사라지고 있다. 이제는 이들도 "시간은 돈이다"라는 개념에 서서히 익숙해지고 있기 때문이다. 즉 국제화에 편승하고 있다는 증거이다.

시간 말고도 외국인들이 종종 황당해 하는 예가 또 있다. 그것은 본인의 실수에 대하여 "씬 로이(미안합니다)"라는 형태로 먼저 자신의 잘못을 인정하기 보다는 오히려 "씬 통 감(이해해 주세요)"이란 형태로 상대방의 용서를 먼저 구하기 때문이다. 이 경우 외국인의 입장에서는 이해하기 힘들다. 그렇다고 이들이 예절이 없는 것은 전혀 아니다. 달리 생각하면 이는 보다 본질적으로 문제를 해결하려는 방법이 아닌가 싶다. 즉 자신이 "미안합니다"라고 했다 할지라도 상대방이 마음으로 받아주지 않았다면 진정한 화해가 아니라고 가정할 때, 오히려 상대가 이해해주기를 기대한다는 것이 보다 완전한 문제해결의 방법이 아닌가 싶기 때문이다.

가정방문을 했을 경우에도 황당한 경우를 맞게 된다. 남자가 팬티만 입고 있거나 여자가 잠옷차림을 하고 있기 때문이다. 심지어 남녀노소 공히 이 같은 차림으로 도심을 자연스럽게 활보하기도 한다. 그렇다고 예절에 문제가 있는 것은 아니다. 무더운 날씨로 고대 베트남인들이 코(kho)라고 일본 스모선수들과 비슷한 형태의 의복을 착용했음을 감안한다면 어느 정도 이해가 되기 때문이다.

중국의 유교와 서구의 문화영향을 받았던 탓에 실제 베트남인들의 의식(衣食)예절은 매우 격식이 있다. 따라서 평상시에는 기후를 감안한 의생활이지만 행사나 각종 의례활동에서는 매우 격식을 갖춘다. 흔히 외양으로 사람을 판단하는 경향과 허례허식(虛禮虛飾)을 강조하는 베트남인으로써는 의복이 중요하지 않을 수 없다. 따라서 사업 등 목적성을 가지고 베트남인을 만나게 된다면 의복에 각별히 신경을 써야 한다. 이때 명함을 챙기는 것을 잊지 말고 이용하는 차량에도 격식을 갖춰야 한다. 사업을 하면서 시간절약, 편리함, 지역 전문가임을 내세워 첫 만남에 오토바이, 씩 로(xich lo), 쌔 옴(xe om)[3] 등을 이용하지 마라.

가정이나 직장에서 손님을 맞을 때 베트남인들은 먼저 차와 담배를 권한다. 지금도 농촌에서는 손님에게 구장잎에 싸여진 빈랑나무열매를 권한다. 요즘은 빈랑나무열매를 씹는 세대가 노인들로 국한되었지만 손님과 담소 중에 몇 잔의 차를 마시고 담배를 피우는 문화는 전혀 변하지 않았다. 담배는 서로 권하나 술잔은 우리처럼 돌리지 않는다. 식당에서 식후에 계산대 앞에서 실랑이 하는 장면을 종종 목격할 수 있다. 이들도 우리처럼 식대를 서로 지불하려는 문화이기 때문이다. 이 또한 이성보다는 감정에 깊이 젖어있는 문화예절이라 할 수 있다.

오늘날 베트남인의 질서예절은 낮은 편이다. 식당, 대합실, 관람실, 공원 등 공공장소에서 크게 말하거나 새치기를 하는 것이

다반사이다. 이 경우 제지하는 사람은 거의 없으며, 후자의 경우 제지로 인하여 가끔씩 시끄럽게 다툼이 일기도 한다. 교통사고 때 삿대질하며 우선 큰소리치는 우리처럼 이들도 감정으로 문제를 해결하려는 경향이 강하기 때문이다. 서구적 관점에서는 질서의식의 부족이라 하겠으나 폐쇄적이며 공동체성이 강한 동양적 관점에서는 널리 관용, 묵인되고 있다.

이 외에 사회 예절로써 외국 방문자가 알아두어야 몇 가지 예절이 있다. 초대받기 전에는 설 첫날에 남의 집을 방문하지 않는다. 역시 설에는 빚을 재촉하지 않으며, 언어 사용과 행동에 각별히 조심을 한다. 결혼식 날 부모가 딸과 함께 신랑의 집에 가지 않는다. 임신한 여자가 혼상례에 참석하지 않는다. 장례식에 참석할 때 빨간 옷을 입지 않는다. 가게에서 물건을 구입하지 않는 첫 손님이 되어서는 안 된다.

4. 나가는 말

베트남은 수천 년의 역사를 갖은 나라이다. 장구한 역사 속에서 지리적 혹은 경제적 요인 때문에 많은 민족이 유입되었고 중국과 프랑스를 포함한 여러 국가로부터 무수한 외침을 받는 가운데 많은 문화가 유입되었다. 그 결과 베트남은 민족과 문화에서 다양성을 띠며, 문화의 일면이 되는 에티켓 역시 다양성을 띤다. 이러한 특징은 1987년 개방을 기점으로 세계 모든 국가들과 교류를 넓혀가면서 더욱더 확대되고 있다.

탈냉전 이후 국익이 최우선 되는 작금의 국제화 시대에 역사나 문화 등에서 상호 유사성이 많다는 것은 국가 간 관계를 증진시킬 수 있는 중요한 요소가 된다. 한국과 베트남 두 나라는 공히 중국의 문화 영향을 오래전부터 많이 받았기 때문에 예절에서도 비슷한 점들이 많이 있다. 이는 양국의 관계를 증진시키는 요인으로 작용할 것이다. 양국 수교 20년이 안 된 지금에 양국의 관계가 경제, 외교, 사회, 문화 등 다방면에서 깊어진 것도 이와 무관하지 않다. 한류가 베트남에서 더욱 강하게 불고 있는 것 역시 같은 차원이다.

참고문헌

부 썬 투이 지음·배양수 옮김(2002), "베트남, 베트남 사람들", 대원사.
송정남(2001), "베트남의 역사", 부산대학교 출판부.
양승윤·구성열·김기태 외(2002), "베트남", 한국외국어대학교 출판부.
조재현·송정남(2005), "베트남 들여다 보기", 한국외국어대학교 출판부.
Dao Duy Anh(1992), "Viet Nam van hoa su cuong", Nxb TP HCM.
Nguyen Van Huyen(1995), "Gop phan nghien cuu van hoa Viet Nam", T1-2, Nxb KHXH.
Phan Ke Binh(1990), "Viet Nam phong tuc", Nxb THDT.
Toan Anh(1992), "Nep cu Viet Nam", Nxb TP HCM.
Tran Ngoc Them(2001), "Tim hieu bac sac van hoa Viet Nam", Nxb TP HCM.

미 주

1) 베트남도 우리처럼 전통시대에 삼년상이 있었다.
2) 베트남의 고양이띠, 수우(水牛)띠, 염소띠는 한국의 토끼띠, 황우(黃牛)띠, 양띠를 대신한다.
3) 한국의 퀵 서비스의 일종으로 사람을 실어 나르는 오토바이

종교화된 인도인의 에티켓

1. 지리적 단절성 힌두문화 꽃피우다
2. 찬란했던 인더스 문명은 간데없고 아리아 문화만 남아
3. 힌두의 토양위에 이슬람과 기독교 사회문화의 접목
4. 퓨전의 역사 때론 종교갈등 유발하지만 여전히 다양성의 문화는 공존하고
5. 인도에 가거든
6. 놀라워라, 소고기도 먹는 힌두!

종교화된 인도인의 에티켓

김 찬 완

1. 지리적 단절성 힌두문화 꽃피우다

인도대륙은 지리적으로 한반도와 같이 삼면이 바다로 둘러싸여있고 북으로는 히말라야 산맥이 가로 막혀있어 다른 지역과 단절되어 독특한 힌두문화를 꽃피울 수 있었다. 좀 더 구체적으로 살펴보면 히말라야 산맥은 중국문화권과 인도양은 호주대륙과 단절시켜주고 있다. 서쪽으로는 아라비아해가 있어 중동지역이나 아프리카대륙과 구별시켜주고 있으며 서북부지역에 있는 힌두쿠시산맥은 서아시아 지역과 단절시켜주고 있다. 동쪽은 벵골 만으로 그리고 동북부지역은 히말라야 산맥이 이어지는 산악지역으로 단절되어 동남아시아의 태국이나 미얀마와 구별된다.

이러한 인도대륙이 영국식민지로부터 1947년 독립하면서 종교를 기반으로 오늘날의 인도, 파키스탄, 방글라데시로 분리되었다. 힌두 다수지역은 인도로, 무슬림 다수 지역은 파키스탄으로 나뉘어 독립한 것이다. 파키스탄은 인도를 사이에 두고 동파키스탄과 서파키스탄으로 분할되어 있었는데 동파키스탄은 다시 1971년 방글라데시로 독립하게 된다.

독립된 인도의 지리적 특성도 과거와 크게 다를 바가 없다. 여전히 삼면이 바다로 둘러싸여있고 북쪽으로는 히말라야산맥이 자리 잡고 있다. 다만 서북부 쪽은 파키스탄과 동북부지역의 일부는 방글라데시와 국경을 접하고 있다. 인도 내륙은 다시 북인도와 남인도로 크게 나뉘는데 그 기점은 데칸고원이다. 데칸고원 이북을 북인도, 이남을 남인도라 한다. 북인도는 갠지스 강을 따라 펼쳐진 힌두스탄 평야를 중심으로 기원전 10세기경부터 인도 역사와 정치의 중심무대가 되어왔다.

인도의 기후는 여름에는 매우 덥지만 겨울에는 눈도 내리지 않고 그리 춥지도 않은 기후를 가지고 있는데 자세히 살펴보면 일년 내내 얼음으로 둘러싸인 히말라야 빙하지역이 있는가 하면 겨울에도 수영을 할 수 있을 정도로 따뜻한 남쪽 지역도 있다. 갠지스 강을 따라 펼쳐진 힌두스탄 평야지역은 우리 한국의 대구와 같은 분지라 여름에는 40도를 넘는 아주 더운 날이 이어지다 몬순(우기, 장마철)기간에 집중적으로 비가 내린다. 남인도는 한여름에 40도까지는 올라가지 않지만 습기가 많아 후덥지근해서 아주 덥게 느껴진다. 마치 우리나라에서 장마철이 막 지나고 휴가철이 시작되는 7월 말과 8월 초 같은 기온이다. 하지만 인도도 고산산악지역은 여름에도 추울 정도로 시원한 곳이 많다.

이러한 인도의 지리조건과 기후조건은 인도만의 독특한 힌두문화를 꽃피게 하였다. 인도는 여타 아시아 국가들과는 달리 아시아권에 있으면서도 중국문화권에서 벗어나 자신만의 힌두문화를 만들었고 이 문화를 동남아시아에 전파하기도 했다. 관용과 포용성으로 대표되는 힌두문화는 침략세력에 의해 인도에 들어온 이슬람문화와 기독교문화도 받아들여 다양성의 문화를 창출했다.

2. 찬란했던 인더스 문명은 간데없고 아리아 문화만 남아

인도대륙에 인류가 정착하기 시작한 것은 지금으로부터 약 20만 년에서 40만 년 전으로 추측되고 있으나 기록의 역사는 인더스 문명부터 시작되었다. 세계 4대문명 중 하나인 인더스문명은 19세기 말까지만 해도 지구상에 존재했는지 모르고 있었다. 그러다 영국이 인도를 식민통치하고 있을 당시 경제적 수탈을 원활히 하기 위해 지금의 파키스탄 카라치(Karachi)에서 라호르(Lahore)까지 잇는 철도를 건설하던 중 1856년 영국인 브룬톤(Brunton) 형제가 하라빠(Harappa) 유적을 처음 발견하였다. 하지만 이 유적에 대한 본격적인 발굴은 1920년 영국의 고고학자 존 마샬(John Marshall)과 인도인 고고학자 라칼다스 바네르지(Rakhaldas Banerjee) 감독 하에 시작되었다. 1922년 모헨조다로(Mohenjo Daro)유적도 발굴이 시작되었다. 이 발굴로 인도 역사의 시작은 멀리 기원전 3,000년 전으로 거슬러 올라가 인도사는 새롭게 쓰였다.

인더스문명은 인더스 강을 중심으로 발생하였다하여 인더스문명이라고도 하고 하라빠(Harappa)라는 도시를 처음으로 발굴했다하여 하라빠 문명이라고 하기도 한다.

인더스 강은 현재 파키스탄의 최대 강으로서 히말라야에서 발원하여 아라비아 해로 흘러들어가는 강이다. 이 강 상류 지역에 하라빠 유적이 자리 잡고 있으며 중하류에 모헨조다로 유적이 위치해있다. 이 두 대표적인 유적지 이외에 인더스 강 여러 지역에 유적들이 자리 잡고 있기 때문에 인더스문명이라 하고 있다. 하지만 최근 인도 구자라뜨(Gujarat) 해안가에서 돌라비라(Dollabira)라는 새로운 유적지가 발견되면서 인더스문명은 과연 어디까지 분포하고 있는 것인가 하는 궁금증이 더해지고 있다. 돌라비라 유적은 인더스 강이 아닌 가하하크라(Gahahakra) 또는 싸라스와띠

(Saraswati) 강이라고 알려진 강 하구에서 발견되었다. 가하하크라 강은 인도에서 전설적으로 구전을 통해서 알려진 강이었지만 최근 인공위성을 통해서 그 위치가 파악되었다. 지금은 이 강이 지표면에서 사라지고 없지만 그 흔적이 남아있고 강이 흐르던 지하수맥이 확인되었다. 따라서 인도의 일부 학자들은 지금 파키스탄에 있는 인더스 강의 이름을 따서 인도 고대 문명의 이름을 인더스문명이라고 하는 것을 수정해야한다고 주장하고 있다. 즉 "인더스-가하하크라 문명" 또는 인도문명이라고 해야 한다는 것이다. 이름이야 어찌되었던 이 문명은 세계 4대문명 중 그 분포범위가 가장 넓은 것으로 확인되었다.

인더스 문명의 특징은 질서정연한 도시문명이었다는 것이다. 대표적인 유적지인 하랍빠나 모헨조다로는 성벽으로 둘러싸인 평행사변형의 바둑판 모양처럼 계획된 성이 펼쳐져 있으며, 동쪽에는 시가지가 길게 이어져 있다. 이 도시들은 구운 벽돌로 쌓은 성벽, 주택 등의 건축물들이 나타나고 거리는 곧게 정비되어 있었다. 도로들 중 폭이 10미터 이상이나 되는 넓은 도로도 발견되고 있다. 인더스문명은 또한 위생시설이 잘 갖추어져 있는 것을 확인할 수 있는데 대표적으로 공중목욕탕이 발견되고 있으며 배수시설이 각 가정마다 설치되어 이 배수관은 도로의 하수구로 모여 도시 외곽의 강으로 흘러들어가게 되었다.

이렇게 찬란한 도시 문명을 간직한 인더스문명은 기원전 15년경에 멸망하게 되었는데 아직까지 그 멸망원인에 대해선 정확히 모르고 있다. 학자들 사이에 홍수와 같은 천재지변이나 급격한 사막화 또는 외적의 침략에 의해서 멸망했을 것이라는 주장이 있다. 하지만 아직까지 인더스 문명의 문자가 해독되지 않고 있기 때문에 이 문명에 대한 정확한 멸망 원인은 물론 그 당시 정치, 사회구조나 생활사를 모르고 있다. 오른쪽에서 왼쪽으로 쓰여진 이 문자들은 오늘날 인도의 수많은 문자들과 무관한 것으로 파악되고 있다. 아직까지 세계 4대문명 중 유일하게 인더스 문자만 해독되지 못하고 있기 때문에 인더스 문명에 대한 본질은 대부분 추측으로 남고 있다.

인더스 문명이 어떻게 멸망했던 간에 이 문명이 멸망한 비슷한 시기에 새로운 종족이 인도대륙에 침략해 들어오는데 그들이 바로 아리아인들이다. 이들은 기원전 1,500년경 오늘날 아프가니스탄을 넘어 인도 서북부지역 뻔잡(Punjab)지방을 통해서 인도로 들어온 것으로 파악되고 있다. 이들은 인도 선주민인 문다족이나 드라비다족을 패배시키고 인도에 정착하게 된다. 아리아인들은 인도로 들어온 이후 초기 500년 간은 유목생활을 하면서 점차 인도 동부지역으로 이동하다 기원전 1,000년경에 갠지스 강 유역에 정착 농경생활을 한 것으로 알려지고 있다.

인도에 침입한 아리아인들의 생활상은 『베다(Vedas)』라는 그들의 문학작품에 잘 기술되어 있는데 이 때문에 이 시대를 베다시대라고 부르기도 한다. 베다시대는 크게 초기 베다시대와 후기 베다시대로 나누어지는데 기원전 1,500년부터 1,000년까지를 초기 베다시대라고 하고 1,000년부터 600년까지를 후기 베다시대라고 한다. 아리아인들은 초기 베다시대 때 인도 서북부 지역을 중심으로 주로 유목생활을 하다 후기 베다시대 때 정착 농경생활을 한 것으로 알려지고 있다.

아리아인들이 인도에 들어오면서 새로운 언어가 출현하였는데 이 언어가 바로 세계에서 가장 오래된 언어 중의 하나인 산스끄리뜨(Sanskrit)이다. 산스끄리뜨가 오늘날 인도의 공용어인 힌디(Hindi)의 모어(母語)이다. 아리아인들이 침입해 들어오면서 인도사회에 새로운 사회계급제도가 출현하였는데 이것이 바로 카스트(Caste)제도이다.

3. 힌두의 토양 위에 이슬람과 기독교 사회문화의 접목

기원전 4세기경 인도대륙을 처음으로 통일하는 왕국이 건설된다. 바로 모리야(Maurya) 왕조이다. 이 최초의 통일왕국은 제3대 왕 아쇼카(Ashoka) 때 제국의 전성기를 맞이한다. 아쇼카 대왕은 국민들이 지켜야할 도덕규범, 의무, 법 등을 포함한 다르마(Dharma)정책을 실시한다. 다르마정책은 국민들에게 부모, 스승, 연장자에게 공경심을 가지고, 개인생활에서는 관용성과 진실성을 추구할 것을 강조하였다. 아쇼카 대왕은 불교를 전파하면서도 여타 종교를 포용하는 종교포용정책을 실시하여 사회통합을 기하면서 정치경제를 안정시킨다. 아쇼카 대왕은 불교의 비폭력, 불살생 사상에 감화 받아 불교를 전파한다. 특히 그는 자신의 아들과 여동생을 스리랑카로 파견하는 등 해외에 불교를 전파하는데 적극적이었다. 아쇼카 대왕이 사망한 이후 모리야 제국은 후계자들의 왕위쟁탈전, 힌두 브라만 계급들의 반격, 국가재정과 군사력의 약화, 이민족들의 잦은 침입 등으로 점차 쇠퇴하다 멸망한다.

이후 인도는 정치적 혼란기를 경험하다가 기원후 4세기에 굽타(Gupta)제국에 의해 새롭게 통일된다. 굽타제국은 찬드라 굽타 2세(Chandra Gupta II) 때 전성기를 맞이하는데 남쪽으론 데칸지역까지, 서쪽으론 아프간지역까지 영토를 확장한다. 굽타제국은 인도사에서 힌두문화의 왕성기로 알려지고 있다. 굽타제국은 힌두 브라민들을 우대하는 등 힌두문화전파에 노력한다. 특히 이때 산스끄리뜨 고전 문학이 널리 보급되었는데, 인도의 2대 서사시인 마하바라타(Mahabharata)와 라마야나(Ramayana)가 집대성된다. 이 양대 서사시는 오늘날 힌두교도들에게 가장 널리 애송되고 있다. 영화나 TV 드라마 등의 주요 소재로 쓰임은 물론 힌두교도들의 생활에 깊이 자리 잡고 있다. 이들 서사시는 멀리 동남아시아까지 전파되어 동남아시아 문화의 근간이 되고 있다. 굽타시대를 기점으로 동남아시아에 힌두문화가 깊숙이 파고들었다. 따라서 일부 학자들은 동남아시아를 '인도문화의 식민지'라고 하기까지 한다. 이만큼 동남아시아의 문화에 인도의 영향이 컸던 것이다. 마하바라타와 라마야나 이외에도 샤쿤탈라(Shakuntala)와 같은 희곡이 발표되어 굽타시대는 산스끄리뜨 문학의 황금기를 이루었다. 굽타시대는 문학뿐만 아니고 힌두법률서도 집대성되었다. 대표적인 것이 마누(Manu)법전이다. 마누법전은 단순한 법률서가 아니라, 힌두교도들의 종교, 도덕, 습관 등에 관한 생활 지침서이다. 이렇게 굽타시대를 기점으로 인도사회는 완전히 힌두의 사회문화로 뿌리를 내리게 되어 힌두의 토양이 정착하게 된다.

이러한 힌두의 토양 위에 중세부터 인도는 무슬림의 침입으로 새로운 이슬람문명을 경험하게 된다. 특히 16세기에 무갈제국이 탄생하면서 인도는 본격적으로 이슬람화 문화를 받아들인다. 무갈제국 때 수많은 이슬람양식의 건축물이 지어지는데 대표적인 유적이 타지마할이다. 오늘날 인도의 대표적인 관광명소는 무갈제국 하에서 건설된 곳이 대부분이다. 무갈제국은 제3대 왕 악바르(Akbar) 때 종교포용정책을 실시하여 사회통합을 기하기도 했지만 18C 초 6번째 왕 아우랑제브(Aurangzeb) 때 힌두사원을 파괴하는 등 무리한 이슬람화 정책을 실시하여 사회갈등을 유발한다. 이 결과 무갈제국은 힌두교도들의 반란을 야기하여 급속히 쇠퇴하게 된다.

무갈제국이 쇠퇴한 틈을 타고 영국은 동인도회사를 앞세워 인도를 지배한다. 1857년 동인도플라시 전투에서 패배한 이후 인도는 영국의 식민지화되기 시작한다. 이를 계기로 인도는 힌두의 토양 위에 이슬람문화가 접목된 상태에서 다시 서양 기독교 문화를 받아들이게 된다. 이로서 인도는 퓨전의 역사를 간직하게 되고 이는 사회문화의 다양성을 낳게 된다. 퓨전의 역사로 인한 문화의 다양성은 크게는 국가분리의 원인이 되고 때로는 사회갈등을 유발한다. 무슬림의 침입으로 정착한 이슬람 사회문화는 영국의 식민지배 때 통치수단으로 이용되었다. 영국 황실이 인도를 직접 통치하기 시작하면서 영국은 힌두와 무슬림이 단합해서 저항하는 것을 우려한 나머지 '분리통치정책(Divide and Rule Policy)'을 실시했다. 이러한 정책에 편승한 양 종교지도자들과 정치인들로 인하여 인도는 결국 분리 독립되었다. 인도는 1947년 종교를 기반으로 힌두교도가 다수인 지역은 오늘날의 인도로, 무슬림이 다수인 지역은 파키스탄으로 분리 독립되었다.

4. 퓨전의 역사 때론 종교갈등 유발하지만 여전히 다양성의 문화는 공존하고

퓨전의 역사는 오늘날에도 인도에서 사회분열과 갈등의 근간이 되고 있다. 이에 대한 대표적인 예가 힌두와 무슬림간의 갈등이다. 인도에서 1980년 중반부터 정치적 지지기반을 확대하려는 힌두근본주의 정당은 공개적으로 무슬림을 힌두문화 파괴 세력으로 간주하고 '힌두 대 무슬림'의 대립구도를 형성하면서 이슬람문화를 파괴한다. 1992년 12월 6일 인도 북부지역에 있는 우따르 쁘라데쉬(Uttar Pradesh) 주(state), 아요디야(Ayodhya)에 있는 바브리(Babri) 이슬람 사원이 극우 힌두교도들에 의해 파괴된다. 이들은 바브리 이슬람 사원 자리가 원래 힌두 람(Ram)신전이 있던 자리라고 주장하면서 다시 람 신전을 건설한다는 명목 아래

곡괭이, 쇠몽둥이, 해머 등으로 바브리 사원을 붕괴시켰다.

이 사건은 독립 이후 인도에서 일어난 힌두-무슬림간의 충돌 중 최악의 사태로 기록되었다. 힌두와 무슬림의 폭력 충돌은 바브리 사원 파괴를 계기로 정부의 강력한 진압조치에도 불구하고 인도 전역으로 확산되어 3,000명 이상이 살해되고 수많은 집과 재산이 파괴되었다. 폭력충돌의 희생자는 대부분 무슬림이었다. 무슬림에 대한 극우 힌두들의 일방적인 폭력은 또 다른 폭력을 낳았다. 1993년 3월 무슬림에 대한 탄압과 폭력에 대한 보복으로 무슬림 과격단체가 인도 최대의 증권거래소인 봄베이증권거래소에 폭탄테러를 자행했다.

아요디야 사태가 발생한 10년 후 인도는 또 다시 대규모 힌두-무슬림 폭력충돌을 경험하게 된다. 2002년 2월 27일 인도 중서부 구자라뜨(Gujarat) 주 고드라(Godra) 기차역 부근에서 발생한 사바르마띠 급행 열차(Sabarmati Express) 방화사건은 21세기 IT 강국을 꿈꾸는 인도에 큰 충격을 가한다. 이 사건은 열차의 한 칸에 타고 있던 승객 58명이 산 채로 불에 타 숨지는 참사였다. "열차 방화 희생자는 모두 아요디야에 있는 힌두 람사원 건설 자원봉사자(kar sevak)들이며, 이들의 힌두국가 건설을 위한 자발적 애국심이 극악무도한 무슬림 테러리스트에 의해 새까만 재로 변했다"는 힌두 근본주의 단체들의 감성적인 선동에 격분한 구자라뜨 힌두들은, 크게는 5,000~10,000명, 작게는 2,000~3,000명 단위로 무장하여 무슬림들을 살해하고 이들의 집과 상점은 물론 이슬람 사원을 파괴하는 등 집단적으로 무슬림들에 대한 공격을 가하였다. 무슬림들에 대한 공격은 6개월가량 계속되면서 약 3,000여 명의 무슬림이 사망하고 이들의 수많은 재산이 파괴되었다.

이러한 힌두-무슬림간의 종교폭력은 인도 전통인 다양성의 문화를 파괴하고 사회 불안을 가중시키는 요인이 되기도 하지만 여전히 인도의 대다수 지역에서는 다양성의 문화가 공존하고 있다. 인도는 퓨전의 역사가 발전하면서 드라비다인(Dravidians)과 아리아인(Aryans) 이외에도 몽고인, 아프리카 흑인과 같은 니그로인 등 여러 인종들이 공생하고 있다. 다양한 인종들이 상호 공생하기 위해서는 대화가 필요했고 이들은 이를 위해 수많은 언어를 만들었다. 인도에는 현재 방언을 포함하여 총 3,372개의 언어가 존재하며 이중 10만 명 이상의 인구가 사용하는 언어만 216개나 된다. 인도 헌법은 수많은 언어 중에서 22개를 지정언어로 인정하고 있다. 인도 연방정부는 힌디(Hindi)와 영어를 공용어로 지정하고 있다. 인도사람들이 영어를 잘하는 이유는 영국의 식민지배를 약 200년 동안 받았기 때문이기도 하지만 정부에서 영어를 공용어로 지정하여 사용하고 있기 때문이다. 따라서 인도에서는 '거지도 영어를 한다'는 말이 있을 정도로 인도인들은 영어에 익숙한 편이다.

인도 사람들은 이렇게 많은 언어로 상호 대화하는데 만족하지 못하고 하늘에 있는 신과도 대화를 했다. 인도인들이 신과 대화해서 만든 종교가 힌두교, 불교, 자이나교, 시크교 등이다. 이렇게 많은 종교는 다양한 계층을 만들었고 인도의 대표적인 자생 종교인 힌두교는 수많은 카스트계급을 인정하면서 인도만의 힌두문화를 꽃피웠다.

5. 인도에 가거든

1) 카스트를 묻지 마세요!

인도하면 연상되는 것 중에 하나가 카스트이다. 우리 한국인들이 인도에 가면 만나는 인도 사람이나 함께 일하는 사람이 무슨 카스트 계급에 속하는가를 궁금해 하는 사람들이 많다. 이 궁금증을 참지 못하고 인도인들에게 카스트 계급이 무엇이냐고 묻는 경우를 자주 본다. 그러나 이것은 인도인들에게 마음의 상처를 줄 수 있다.

다행히 상위 카스트들만이 있는 자리인 경우에는 별 문제가 없겠으나 하층 카스트들을 포함한 여러 사람들이 모인 자리에서는 상하를 막론하고 카스트 계급을 묻는 것을 삼가는 것이 좋다. 특히 여러 사람들이 함께 있는 경우에 하층 카스트들에게 카스트가 무엇이냐고 묻는 실례를 범하지 말아야 한다. 카스트 계급을 물을 경우 상층 카스트에 속하는 사람들은 비교적 거리낌 없이 말을 해주나 하층인 경우는 얼굴이 붉어지거나 질문을 회피하곤 한다. 설사 말을 해준다고 해도 우리가 알고 있는 슈드라(Shudra)나 불가촉천민(Untouchable)이라고 말하는 사람은 거의 없다. 그들의 자띠(jati)를 말할 뿐이다. 자띠는 우리 한국인들이 일반적으로 알고 있는 카스트의 4계급인 브라민(Brahmin), 크샤뜨리야(Kshatriya), 바이시야(Vaishya), 슈드라와 여기에도 속하지 못한 최하층 카스트 계급인 불가촉천민 계급이 2,000~3,000개로 세분화된 계급을 가리킨다. 일부 학자들은 자띠가 많게는 4,000개로 세분화 된다고 한다. 예를 들어 크샤뜨리야 계급이라고 해도 이 계급은 다시 라즈뿌트(Rajput), 타꾸르(Thakur) 등과 같이 여러 세부 계급으로 다시 나뉜다. 불가촉천민 계급도 마찬가지다. 이 계급도 죽은 짐승을 처리하고 가죽을 벗기는 차마르(Chamar), 피나 땀과 같은 오물이 묻은 옷을 세탁하는 도비(Dhobi) 등과 같이 세부 자띠로 부분된다.

여기서 우리가 주지할 바는 인도인들의 절대 다수가 하층 카스트들에 속한다는 것이다. 우리 한국인들이 일반적으로 알고 있는 카스트 계급 중 브라민, 크샤뜨리야, 바이시야 3계급이 상위 카스트에 속하고 슈드라와 불가촉천민이 하위 카스트에 속한다. 이렇게 단편적으로 보았을 때 인도에는 상층 카스트가 더 많은 것으로 인식할 수 있다. 그러나 인도 전체 인구의 약 80%의 힌두들 중 약 17%만 힌두 상층 카스트고 나머지 대다수가 하층 카스트에 속한다. 이것은 확률적으로 우리가 만나는 인도인들의 열의 여덟은 하층 카스트들이라는 것이다. 따라서 인도인들이 여럿이 모여 있는 자리에서 카스트문제를 얘기하거나 계급을 묻는 것은 그들의 마음을 상하게 할 확률이 그만큼 많다는 것이다.

인도인들은 당신의 카스트가 무엇이요 하고 묻지 않는다. 대신에 성을 들어보고 그들이 어느 카스트에 속한 지 짐작한다. 예를 들어 라오(Rao)라는 성을 쓰고 있는 사람이면 남인도 안드라 프라데쉬(Andra Pradesh) 주(State)의 브라민이구나, 또 어떤 사람이 야다브(Yadav)라는 성을 가지고 있으면 북인도에서 목축업이나 농사를 짓는 하층 슈드라 카스트 계급에 속하는구나 하고 짐작한다. 따라서 인도인들에게 직접적으로 카스트 계급을 물어서 그들의 마음을 상하게 하는 우를 범하기보다는 그들의 성을 듣고 그들의 카스트를 이해하는 노력을 해보는 것이 좋겠다. 그전까지지는 인도인들의 카스트 계급이 궁금하더라도 참는 인내를 갖는 것이 바람직하겠다.

2) 빡까와 깟차음식을 구별하자

카스트 간의 규제는 일차적으로 음식을 중심으로 하여 발생한다. 넓은 의미에서 힌두는 자신보다 낮은 카스트가 만든 음식을 먹는 것이 금지되어 있지만 그 속에서 허용되는 경우가 있다. 이는 음식의 종류에 따라 결정된다. 인도에서 음식은 크게 빡까(pakka)와 깟차(Kaccha)로 분류된다.

깟차 음식은 물이나 수증기를 이용하여 끓이거나 구워 만든 음식으로써 밥이나 짜빠띠(Chapati)와 같은 것이 이에 속하다. 빡까는 기(ghi)라고 하는 우유로부터 정제된 기름을 바르거나 튀겨 만든 음식이나 우유를 넣은 음식이다. 요즘에는 식물성 기름으로 튀겨 만든 음식도 이에 속한다.

물은 오염이 되기 쉽기 때문에 다른 사람이 손을 대게 되면 쉽게 오염된다고 믿고 있다. 그래서 인도에서 친구들 간에도 같은 컵으로 물을 함께 마시는 경우를 거의 찾아보기 힘들다. 만약 컵이 하나만 있을 경우 친구들 간에도 컵에 입을 대지 않고 그냥 입을 벌리고 위에서 물을 입안으로 부어 마시는 경우를 자주 볼 수 있다. 물이 쉽게 오염이 된다고 믿는 풍습은 인도 농촌지역에서 쉽게 발견할 수 있다. 농촌지역에서 식수를 위해서 우물이나 수도 등을 공동으로 이용하는 경우가 대부분인데 이것이 카스트에 따라 엄격히 규제를 받고 있다. 하위 카스트와 상위 카스트가 식수를 함께 사용하지 못하고 각기 다른 우물이나 수도를 사용하고 있다.

우유는 순수한 것으로 정(淨)의 힘을 가지고 있기 때문에 설사 자기보다 낮은 카스트가 만든 음식이라도 쉽게 오염되지 않는다고 믿는 것이다. 우유가 순수한 정의 요소라고 믿는 이유는 힌두교들이 소를 신성시하기 때문이다. 힌두교도들은 소로부터 나온 우유는 물론 소똥, 소오줌 등도 부정을 탄 요소들을 정화할 수 있다고 믿고 있다.

바로 이런 이유 때문에 여러 종류의 카스트가 함께 모여 음식을 먹는 경우 즉, 결혼식 피로연이나 파티 장소에서는 주로 빡까 음식이 제공된다. 깟차 음식은 동일한 카스트 구성원들이 나누어 먹거나 그 음식을 만든 카스트보다 의례적으로 낮은 카스트들이 받아먹는 문화가 있다. 힌두 전통에 따르면 외국인도 하층 카스트로 분류한다. 따라서 절실한 힌두교도들은 외국인들과 깟차 음식을 먹는 것을 꺼리고 있다.

여기서 우리는 왜 인도에서 일본식당이나 한국식당이 인도인들을 상대로 성공하지 못한 반면 중국식당이나 맥도날드와 같은 페스트 푸드 음식점이 번창하는지를 문화적인 측면으로 이해할 수 있겠다. 한국과 일본의 음식은 대부분 물이나 수증기로 만든 깟차 음식이 많은 반면 중국 음식은 기름에 튀긴 다양한 빡까 음식이 많다. 이 때문에 지금도 인도에 있는 많은 중국식당들은 인도인들로 문전성시를 이루고 있다.

이런 인도인들의 식생활 문화를 감안한다면 여러 카스트계급이 모인 인도인들과 식사를 함께 하거나 그들을 초대해서 식사를 대접할 때 빡까 음식을 대접하는 것이 그들의 문화를 존중해주는 것이 된다고 하겠다. 여러 인도인들과 빡까 음식을 오른손으로 먹으면서 정을 나누는 것이 그들과 가까워지는 길이다.

3) 채식주의자들을 존중하면서 손으로 밥을 먹어보자

인도에는 브라민 등 상층 카스트들 중 많은 사람들이 채식을 주로 한다. 채식주의자들 중에는 계란이나 감자와 같은 뿌리채소도 먹지 않는 극단적인 채식주의자도 있다. 이들은 계란이나 뿌리채소조차도 살생으로 여기기 때문에 먹지 않는 것이다. 극단주의 채식주의자는 자이나교도들이 많다. 따라서 인도 사람들과 식사할 때는 필히 채식주의자인지 육식주의자인지 사전에 물어보고 주문을 해야 한다. 한국 식당에는 채식이 많지 않기 때문에 인도사람들을 초대해서 식사하기가 여간 힘든 것이 아니다. 물론 채식을 전문으로 하는 식당에 가면 모르겠지만 대부분의 한국 식당이 육식위주의 식단이고 각종 김치 등 채소 반찬이라 하더라도 젓갈 등이 들어가 있기 때문에 채식주의 인도 사람들은 먹기를 꺼려한다.

채식만 하는 한 인도 교수가 한국의 한 대학에서 주체하는 국제 세미나에 초대받아 왔을 때 대학 측에서 채식만 하는 인도교수를 배려하지 않고 매끼 식사를 준비하다보니 그 교수는 일주일 내내 빵과 우유만 먹고 고생한 적이 있었다. 따라서 우리는 인도 사람을 초대할 때 필히 채식주의자일 경우 그를 위한 식단을 준비하는 마음이 있어야 한다.

인도에선 고기를 먹는 육식주의자라고해도 대부분 소고기와 돼지고기를 거의 먹지 않는다. 힌두교에서는 소를 신성한 동물로 여기기 때문에 힌두들은 소고기를 먹지 않는다. 돼지는 힌두교와 이슬람교 모두 더러운 동물로 간주하기 때문에 먹지 않는다. 육식을 하는 인도인들은 소고기와 돼지고기 대신에 주로 닭고기나 양고기를 많이 먹는다.

인도에서 채식주의자든 육식주의자든 모두 오른손으로 밥을 먹는 것이 에티켓이다. 왼손은 불결한 손으로 간주하기 때문에 인도에서는 상대방과 악수를 하거나 물건을 건네줄 때, 돈을 줄 때 등 모두 오른손을 사용한다. 왼손은 화장실을 갈 때 등 불결한 것을 처리할 때 주로 사용한다. 인도에서는 손도 철저하게 분업화 되어있다는 것을 알아야한다.

특히 밥을 먹을 때는 꼭 오른손을 사용해야 한다. 인도는 전통적으로 음식을 먹을 때 손으로 먹는다. 따라서 밥을 먹기 전 손을 씻는 것은 기본이고 먹고 나면 또 손을 씻는 것이 생활의 에티켓이다. 대중음식점에서 식사를 하고 나면 손을 씻을 수 있도록 따뜻한 물을 조그마한 그릇에 가져온다. 이때 주로 레몬 한 조각을 띄워서 가져온다. 고급 음식점에서는 손 씻는 물그릇이 고급그릇이기 때문에 마치 예쁜 찻잔과도 같다. 이 때문에 인도를 처음 간 한국 사람은 이 물이 식사 이후에 나온 차인 줄 알고 마시는 사람도 가끔 있다. 사실 마셔도 문제는 없다. 문제는 모르면 괜찮은데 우연히 옆자리를 보다 인도사람이 이 물로 손을 씻는 것을 보면 당황스럽다.

4) 술 한 잔 합시다/ 짜이 한 잔 합시다

우리 한국 남성들은 흔히 친구를 만나거나 사업상 만날 때 "술 한 잔 합시다" 라고 한다. 그러나 인도에서는 술 한 잔 합시다라는 말을 거의 들어보기 힘들다. 술은 인도에서 힌두교도이든, 이슬람교도이든, 씨크교도이든 모두가 근본적으로 부정한 음식으로 간주하기 때문이다. 또한 술은 정신과 육체를 병들게 하는 음식으로 간주되고 있다. 이런 인도인들의 믿음 때문에 인도에는 전통주(酒)라는 것을 거의 찾아보기 힘들다. 일부 부족민들을 제외하고는 전통주를 가지고 있는 인도인들의 집단은 없다고 해도 과언이 아니다.

물론 오늘날 인도 사회가 점차 도시화, 서구화되면서 일부 젊은 층들이나 비즈니스맨들이 술을 먹는 경우를 볼 수 있다. 그러나 이들도 술로부터 아직까지 자유롭지 못하다는 것을 곧 알게 된다. 단적인 예로 술 가게에서 술을 사더라도 마치 훔친 물건을 숨기듯 술병을 숨겨서 가져가는 모습을 볼 수 있다. 또한 밤에 술에 취해 길거리를 다니는 인도인들을 거의 찾아보기 어렵다. 이것은 인도 사회가 아직까지 술에 대하여 관대하지 못하다는 것을 보여주고 있다.

인도 사회에 술 문화가 없는 이유는 날씨가 덥고 고기를 부정한 음식으로 여기는 힌두 전통의 영향이 크다고 하겠다. 약 4세기 초에 쓰여진 것으로 알려진 힌두들의 생활 규범을 적어놓은『마누법전(Manu Samhita)』5장 48절에 "생물을 해치지 않고는 고기를 결코 얻을 수 없고, 생명이 있는 것을 죽여서는 천상에 갈 수 없다. 그러므로 고기를 금해야 한다"라고 되어있다. 이후 고기는 힌두교에서 부정한 음식으로 간주되어왔다. 이것이 오랫동안 힌두들의 식생활을 규제해오고 있다. 바로 이런 이유 때문에 인도에서 "술 한 잔 합시다"라는 말이 사회에서 일반적으로 쓰이지 않고 있다. 대부분의 사회에서는 술을 먹을 때 고기가 따른다.

반면 "짜이(Chay, 차) 한 잔 합시다"라는 말은 자주 듣게 된다. 여기서 인도인들이 차라고 하는 것은 일반적으로 인도인들이 즐겨 마시는 짜이를 말한다. 짜이 문화는 힌두들뿐만 아니고 모든 인도인들에게 가장 일반적인 음식 문화이다. 대개 인도인들은 가정이나 직장에서 하루에 서너 잔의 짜이를 마시고 있다. 손님이 오면 항상 내놓는 것이 짜이이다.

짜이 속에는 반드시 우유가 들어간다. 즉 짜이는 정의 요소인 우유가 들어간 빡까 음식인 것이다. 인도인들이 차를 마실 때 우리처럼 우유가 들어가지 않은 녹차나 홍차를 손님들에게 내놓는 경우는 거의 없다. 반드시 우유가 들어간 짜이를 대접한다. 빡까 음식인 짜이를 마시면서 혹시 다른 사람들로부터 전해질 수 있는 부정의 오염원을 깨끗하게 정화한다는 의미가 있는 것이다.

이러한 문화를 가지고 있는 인도인들을 만날 때 "술 한 잔 합시다"보다는 "짜이 한 잔 합시다"라고 할 경우 그들이 우리에게 한 발자국 더 가까이 다가올 것이다. 인도인들과 빠르게 친해지고 싶다면 그들과 짜이 한 잔 마시면서 그들이 가장 좋아하는 크리켓 경기를 얘기해봄이 어떨까 한다.

5) 사원에 들어갈 때는 맨발로 들어가자

인도는 사원의 나라라고 할 정도로 각종 사원이 많다. 인도에 가서 관광을 하다보면 한 두 개의 사원은 기본적으로 들르게 된다. 이때 인도인들은 신발은 물론 양말까지 벗고 사원에 들어가는 것을 발견할 수 있다. 우리도 인도인들처럼 따라 하려면 좀 귀찮은 일이 아닐 수 없다. 그러나 인도인들과 같이 양말까지 벗고 사원에 들어가는 것이 그들의 문화를 존중해주는 것이 된다.

그럼 인도인들은 왜 사원에 들어갈 때 맨발로 들어가는가? 여기에는 인도인들이 맨살을 순수한 정의 요소로 여기는 의복문화가 있기 때문이다. 음식과 마찬가지로 의복문화에도 정과 부정의 의식이 있다. 우선 바느질의 유무와 관련하여 바느질을 하지 않은 옷을 정(淨)의 의복으로 간주하므로 음식에 비교하면 빡까가 되겠고, 바느질을 하는 옷은 깟차가 되는 셈이다. 바느질하지 않은 옷으로는 여성들이 입는 사리(Sari)와 남성들이 입는 도띠(Doti)를 들 수 있겠다.

이들 옷을 입는 방법도 식사와 마찬가지로 그것을 어떻게 취하느냐에 따라 정과 부정의 의미가 개입된다. 식사를 할 때 오른손으로 먹는 것이 정의 방법이듯이 사리를 입는 것도 원칙적으로 맨살에 입는 것이 정의 방법이다. 그렇지만 맨몸은 실생활에서 흰색의 옷으로 상징적으로 대체되는 것이 보통이다. 이러한 현상은 일부 자이나교의 승려나 브라만의 경우에서 나타난다. 그들은 의례를 행할 때나 수행을 할 때 반드시 흰색 옷을 입는다. 하지만 어떠한 경우에도 발은 맨발이 가장 정결한 상태라고 믿는다.

바로 이런 이유 때문에 인도인들은 사원에 들어갈 때 가장 정결한 맨발의 상태를 유지하는 것이다. 이제부터 인도에 가서 사원에 들어갈 때 신발은 물론 양말까지 벗고 맨발로 들어가 그들의 문화와 역사를 발바닥에서부터 느끼면서 인도를 이해하는 성의를 보이자. 이런 조그마한 문화존중 의식을 행동으로 하나하나 옮김으로써 우리가 꿈꾸는 참된 세계화는 가까워질 것이다.

6) 기타 생활 에티켓

- 인도 힌두교도들은 인사할 때 상대를 보면서 가슴 앞에 양손을 모아 "나마스테" 또는 "나마스까르"라고 한다.
- 인도 사람들도 우리와 같이 부모를 존중하고 연장자를 공경한다.
- 다른 사람의 머리나 어깨를 만지는 것은 예의에 어긋난다. 특히 씨크교도들의 머리를 만지는 것은 삼가야 한다.
- 과다한 노출이나 요란한 옷차림은 하지 않는 것이 좋다.
- 남성이 여성과 악수를 하거나 타인 앞에서 여성과 접촉해서는 안 된다.
- 부부사이의 애정 표현도 집안에서 이루어지는 것이 보통이다.
- 발로 다른 사람을 가리키거나 물건을 움직이는데 쓰면 예의에 어긋나는 것으로 본다. 발이 타인의 몸에 닿는 것은 실례다.
- 사람을 가리킬 때 손가락으로 가리키는 것은 예의에 어긋난다.
- 다른 사람을 부르기 위해서는 손바닥을 밑으로 하고 손으로 부른다.
- 타인에게 물건을 건네는 경우 오른 손이나 양손 모두를 사용한다.
- 시장에서 음식물이나 물건에 손이 닿으면 그것은 더러워진 것으로 간주된다.
- 소는 신성한 동물이므로 때리거나 학대해서는 안 된다.
- 휘파람을 부는 것은 금기시 된다.
- 이성에게 윙크를 하는 것은 천한 행동으로 취급 받는다.
- 나이 많은 사람과 같은 테이블에서 밥을 먹을 경우에 나이가 많은 사람이 먼저 식사를 시작해야 다른 사람들이 식사를 시작할 수 있다. 또한, 다 먹고 나서도 순서대로 나이가 많은 사

람부터 그 자리에서 일어나 손을 씻는 것이 예의이다.

- 다른 사람의 그릇에 손을 닿게 하면 안 되고 식사를 준비할 때도 국자로 직접 맛을 보면 안 된다.
- 인도에서는 침을 부정한 것으로 보고 있기 때문에 우리처럼 찌개 그릇에 모두 함께 숟가락을 넣어 먹거나 같은 그릇에서 함께 먹는 것은 안 된다.

6. 놀라워라, 소고기도 먹는 힌두!

인도는 오늘날에도 수많은 전통문화를 간직하면서 살고 있는 몇 안 되는 나라임에 틀림없다. 여전히 대다수의 인도인들은 전통문화를 고수하면서 살아가고 있다. 한 예로 지구상의 대다수 국가들은 전통 옷을 벗어버리고 서구식 옷으로 갈아입었는데도 인도의 대다수 여성들은 여전히 사리(Sari)나 뻔잡이(Punjabi) 드레스를 입고 남성들은 도띠(Doti)나 꾸르따 빠자마(Kurta Pajama)를 입고 있다.

이런 인도에도 1990년대부터 세계화와 자유화의 바람이 본격적으로 불기 시작하여 도시를 중심으로 점차 서구화 되어 가고 있다. 이 과정에서 인도 전통문화가 단절되거나 변형되고 있다. 인도 전통문화의 변화는 의복문화와 음식문화에서 먼저 찾아볼 수 있다. 다국적 기업을 포함한 외국기업들이 인도에 앞 다투어 들어오면서 서구식 의복문화가 도시를 중심으로 확산되고 있다. 특히 젊은이들은 서양의 청바지와 티셔츠를 즐겨 입고 백화점과 할인점을 중심으로 서구식 옷 매장이 속속 입점하고 있다.

대도시를 중심으로 식생활문화도 점차 서구화 되어 가고 있다. 아침에 토스트나 우유에 콘 프레이크와 같은 시리얼을 먹는 사람들이 점차 늘어나고 있다. 놀라운 것은 일부 힌두교도들이 소고기를 먹는다는 것이다. 물론 이들이 소고기를 먹을 때는 인도보다는 외국에 나와 있을 때다. 일반적으로 많은 외국인들은 힌두교도들은 소고기를 먹지 않는 것으로 알고 있다. 하지만 일부 힌두교도들은 외국에 나오면 소고기를 꺼리지 않고 먹는 경우를 종종 본다. 힌두 최상층 브라만 카스트임에도 불구하고 안심스테이크를 여유 있게 자르면서 포도주를 즐기는 사람이 있다. 심지어 어떤 브라민은 우리가 먹는 생선회까지도 먹는다. 이렇게 인도 전통 의복문화와 음식문화에서 이탈하여 서구식 문화를 추구하는 사람들의 대다수는 고등교육을 받고 대도시에 사는 사람이라고 보면 될 것이다. 여전히 절대다수의 인도인들은 전통문화를 고수하면서 살고 있기 때문에 인도 사람을 만져서는 안 된다. 그리고 인도에 갈 때는 이들의 문화를 존중해야 할 것이다.

참고문헌

고홍근 최종찬. 2007.『인도바로보기』

김찬완 문철우. 2005.『인디아쇼크』

이광수. 1999.『인도문화』

이은구. 1995.『인도문화』

Ayyar. P.V. Jagadisa. 2001. *South India Customs*

Garrett. John. 1999. *A Classical Dictionary of India*

Government of India. 2007. *India 2007-08*

Kolanad. Gitanjali. 2005. *Cultural Shock! India*

Roach. H.R. 2000. *Customs and Etiquette in the Services*

케냐인의 에티켓

케냐인의 에티켓

양 철 준

1. 동아프리카의 얼굴

케냐는 문학작품, 영화, 다큐멘터리 등을 통해 외부세계에 많이 알려진 국가라서 그다지 낯선 나라가 아니다. 무정부상태의 소말리아, 내전에 신음하는 수단, 에리트리아와의 오랜 분쟁으로 피폐해진 에디오피아, 이디 아민의 광기를 경험한 우간다, 대학살의 광풍이 휘몰아친 르완다와 부룬디 등 동부아프리카의 인근 국가들에 비해서 적어도 케냐는 외면적으로 정치적 안정의 섬을 이루어왔다. 비록 상대적인 차원이고 케냐 역시 불안정성을 잠재적으로 내포하고 있지만 외면적으로는 동아프리카에서 가장 안정된 상태를 유지해왔다.

특히 초대 대통령이었던 조모 케냐타의 통치 하에서 괄목할만한 경제발전을 이룩했는데 독립 직후 약 10년 동안은 비약적인 경제성장을 구현한 고도성장기로 평가된다. 비록 1978년 다니엘 아랍 모이가 집권하면서 부패, 무능력, 정치적 탄압, 인권유린, 종족주의 강화 등으로 점철되었고 90년대 들어서 더욱 악화일로로 치달았음에도 불구하고 인근국가들과 달리 격심한 정치적 격변이나 피폐한 경제상황에 직면하지는 않았다. 인근국가들에 비해 상대적인 정치적 안정과 경제성장에 힘입어 케냐는 동부아프리카의 대표적인 국가로 자리매김했다.

당연히 수도 나이로비는 코스모폴리탄한 면모를 지닌 국제적 도시로 부상했으며 동부아프리카와 세계를 연결하는 관문으로 기능을 해왔다. 동부아프리카로 향하는 모든 길은 나이로비를 통해서라고 말해도 과언이 아닐 정도로 나이로비는 비단 케냐뿐만 아니라 동아프리카 정치, 경제, 문화의 중핵으로서 위치를 공고히 해왔다. 유엔환경계획(UNEP)이 나이로비에 본부를 두고 있으며 유엔개발계획, 유네스코, 유니세프, 유엔식량농업기구, 세계보건기구, 유엔난민고등판무관 등 유엔의 전문기구들이 나이로비에 지역사무소를 두고 활발한 활동을 펼치고 있다. 또한 세계의 많은 나라가 나이로비에 상주공관을 설치하여 주변국들을 겸임국으로서 관할하고 있으며 다국적 기업들도 나이로비에 지사를 두고 동아프리카 시장개척에 적극적으로 나서고 있다.

〈나이로비 시내 중심의 시티마켓 청과물시장〉

2. 인류의 요람

케냐, 탄자니아, 에디오피아를 비롯한 동아프리카는 인류의 요람으로 널리 알려져 있다. 케냐 북부의 투르카나호 부근에서 2백만 년 전 이상 된 두개골이 발견되었는데 1984년 리처드 리키박사는 투르카나호 부근에서 '투르카나 소년(Turkana Boy)'이라는 이름의 호모 에렉투스의 두개골을 발견함으로써 케냐를 포함한 동아프리카가 인류의 기원임을 밝힌 바 있다.

케냐는 수렵과 채집, 유목, 정착농경에 적합한 자연환경을 가지고 있어 일찍부터 다양한 종족집단이 이주와 정착을 계속해왔다. 석기시대와[1] 철기시대에 인간이 거주했던 흔적이 남아 있는데 투르카나호 동쪽 코비 포라라는 곳에서는 2백만 년 전의 것으로 추정되는 도구가 발견되기도 했다. 또한 마가디호로 향하는 도중에 위치한 올로르게사일리에(Olorgesailie) 선사유적지에서 호모 에렉투스가 사용한 것으로 추정되는 손도끼, 박편석기들이 다량 출토되었다. 이후 중석기시대, 후석기시대의 유물들이 리프트 밸리지방과 중부지방에서 다량 출토된 바 있다. 그리고 철기시대의 것으로 추정되는 토기들도 녜리 등지에서 발견됨으로써 석기시대에서 철기시대에 이르는 선사시대에 인류가 지속적으로 거주했음이 입증되었다.

9세기경에 동아프리카 해안지방에 무슬림들이 정착하기 시작했고 이들이 반투계의 여인들과 살아가기 시작하면서 아랍계와 반투계의 혼혈인인 스와힐리인이 등장했다. 이들 스와힐리인들은 동아프리카 해안을 따라 수많은 도시국가를 건설했고 고도의 도시문화를 융성시켰다. 이들은 아라비아반도, 페르시아, 인도 등 인도양 해양무역으로 번영을 누렸는데 케냐의 라무, 파테, 말린디, 몸바사와 탄자니아 남부의 킬와에는[2] 한 때 융성했던 도시국가의 흔적을 확인할 수 있는 역사유적이 남아있다. 12세기부터 18세기까지는 스와힐리문명의 황금기였다. 케냐의 해안지방을 탐사한 최초의 유럽인들은 포르투갈인들이었는데 바스코 다가마가 1498년 몸바사를 방문했다. 포르투갈인들은 1660년 오만의 아랍인들에게 몸바사에 대한 지배권을 상실했고 1730년 오만의 아랍인들에게 완전히 쫓겨날 때까지 2세기 이상 동아프리카의 해안지방을 장악했다. 포르투갈인들은 몸바사를 장악하기 위해 말린디와 연합했는데 몸바사의 도시국가는 1505년부터 1529년까지 포르투갈인들에 완강히 저항했다. 포르투갈인들은 해안도시 국가들로부터 조공을 받아들이고 인도양의 해상무역에 대한 통제권을 장악함으로써 지배력을 확장해나갔고 이를 통해 막대한 이익을 챙겼다.

포르투갈이 점차로 지배력을 상실하면서 오만의 아랍인들이 19세기 후반까지 실질적으로 동아프리카 해안지방에 대한 지배권을 장악했다. 그 후 19세기 말 영국이 동인도회사를 통해 케냐를 사실상 지배하기 시작했다. 케냐 역시 다른 아프리카국가들과 마찬가지로 식민주의가 잉태한 정치적 실체이다. 19세기 말 영국의 보호령으로 선포되고 케냐의 몸바사와 우간다를 연결하는 철도가 1901년 완성되자 영국의 내륙진출이 본격화되고 식민주의적 수탈이 계속되자 케냐의 최대종족인 키쿠유족을 중심으로 영국의 식민정부에 대항하여 독립투쟁을 전개하기 시작했다. 20세기 초반부터 영국계와 유럽계 백인들이 비옥한 하이랜즈 지역의 토지를 불하받아 커피와 차 등 상업작물을 재배함으로써 부를 축적했다. 이러한 과정에서 토지를 수탈당한 키쿠유족을 중심으로 치열한 대영항쟁을 전개했다.

이 투쟁이 바로 마우마우투쟁인데 아프리카의 독립투쟁사에서 중요한 위치를 차지한다. 대영투쟁이 격화되면서 1952년부터

1959년까지 비상사태가 선포되었고 식민정부는 앤빌작전을 통해 마우마우전사들에 대한 무차별적 토벌작전을 펼쳤다. 마우마우투쟁이 본격적으로 전개되면서 수많은 케냐인이 희생되었으며 케냐의 초대 대통령인 조모 케냐타도 이 시기에 체포되고 구금된 바 있다. 이러한 투쟁을 통해 1963년 영국으로부터 독립한 이래 케냐는 신생독립국으로 새로운 출발을 했다.

신생독립국가로 출범하면서 초대 대통령 조모 케냐타와 그의 정치적 경쟁자였던 오깅가 오딩가와의 대립, 1982년 공군을 주축으로 시도된 쿠데타 기도, 다니엘 아랍 모이의 장기집권, 1989년 우간다와 일촉즉발의 긴장관계 조성, 오우코 외무장관의 의문사를 비롯한 일련의 정치적 테러 및 정적에 대한 국가기관의 탄압 등으로 정치적 불안정성과 긴장관계가 형성되기도 했지만 이러한 일련의 사건들이 정치적 격변이라는 결과로 귀결되지는 않았다.

3. 다양성의 나라

독립 이후 다양한 인종, 종족, 종교, 문화의 모자이크에서 '케냐인'이라는 동질적 민족정체성을 형성하는 작업이 정치적 안정을 위한 급선무였다. 그런데 케냐라는 국명이 얼핏 단일적 공동체 같은 인상을 주지만 케냐는 모든 면에서 볼 때 다양성으로 특징지어지는 나라이다. 케냐의 다양성은 자연환경, 종족구성, 문화, 삶의 방식 등 여러 가지 면에서 확연히 나타난다.

우선 지형과 기후 등 자연조건으로 볼 때 케냐는 단연 다양성의 보고이다. 인도양에 면한 해안지방의 고온다습한 기후, 북부의 건조한 반사막지대, 아프리카 최대의 호수인 빅토리아호, 커피와 차 등 상업작물을 대규모로 재배하는 하이랜즈 지역, 눈 덮인 케냐산, 동아프리카의 전형적인 풍경인 사바나지대 등 다채로운 지형과 기후가 집약되어 있다. 게다가 홍해에서 모잠비크에 걸쳐 형성된 대지구대가 케냐를 관통하고 적도가 국토의 심장에 걸쳐있다. 이러한 다양한 지형과 기후는 이에 적응해서 살아가는 사람들 삶의 양식에도 그대로 반영되고 있다.

급격한 변화가 진행되고 있음에도 여전히 일정한 범위 내에서 반유목생활을 지속하고 있는 마사이족은 목축에 의존하고 키큐유나 캄바족은 정착농경, 해안지방에 거주하는 종족들은 어업과 농업에 의존하는 등 종족에 따라 생존방식이 상이하다. 빅토리아호 연안에 주로 거주하는 루오족은 어업과 소규모의 정착농업에 의존하고 있다. 한편 케냐의 중심부에는 하이랜즈라고 하는 지역이 있어 식민지 시대부터 차를 비롯한 상업작물이 대규모로 재배되어 온 지역이 있는가 하면 비록 제한적이고 사라져가는 추세에 있지만 오키엑족의[3] 경우에는 아직도 수렵과 채집에 의존하는 생활을 영위하고 있는 실정이다.

케냐는 다양한 종족집단으로 구성된 국가이다. 대개 민족과 국가를 동일시하는 유럽이나 동아시아와는 달리 아프리카는 단일한 정치적 실체로서의 국가 내에 수많은 종족집단이 존재하는데 각각의 종족집단은 고유한 역사, 언어, 문화, 가치관을 가지고 있다. 대별해서 반투계, 나일로틱계, 쿠쉬틱계로 나뉘는 종족집단들이 공존한다. 인구를 기준으로 반투계가 최대의 종족집단을 형성하고 있는데 키쿠유, 루햐, 캄바, 메루, 키시, 엠부족이 대표적인 반투계의 종족집단들이다. 나일로틱계의 대표적 종족들로는 루오, 칼렌진,[4] 마사이, 투르카나, 삼부루족이 비교적 널리 알려져 있다. 반투계와 나일로틱계의 종족집단들이 케냐 전체인구의 70% 이상을 차지한다. 비록 인구구성에서 반투계나 나일로틱계에 비해 절대적으로 적지만 쿠쉬틱계의 소말리, 렌딜레,

보란, 사쿠예, 오르마족도 케냐의 종족적 다양성을 구성하고 있다. 쿠쉬틱계 종족들은 오늘날의 에디오피아에서 남하해서 현재의 케냐에 정착했다.

수도인 나이로비나 몸바사, 키수무, 나쿠루와 같은 도시지역을 제외하고 이들 종족집단의 구성원들은 아직도 특정지역에 집중적으로 분포한다. 케냐의 최대종족인 키쿠유족은 나이로비에 인접한 지역인 녜리, 무랑아, 씨카, 리무루 등지에, 루햐족은 부시아, 카카메가, 붕고마 등지에, 캄바족은 마차코스와 키투이를 중심으로 한 이스턴 지방에 주로 몰려 산다. 나일로틱계의 루오족은 키수무를 중심으로 한 냔자 지방에, 칼렌진족은 엘도레트를 중심으로 한 리프트 밸리 지방에 집중적으로 살아간다. 한편 마사이족은 케냐와 탄자니아의 국경에 인접한 지역에 대부분 거주하고 중북부 지역에는 소말리, 보란, 렌딜레족이 살아간다. 또 해안지방에는 스와힐리, 바준, 미지켄다족이[5] 삶을 영위하고 있다.

이들 종족 중에서 인구로 볼 때 소수집단이지만 동아프리카역사에서 독특한 위치를 점하고 있는 공동체가 스와힐리인들이다. 소말리아 남부에서 모잠비크에 걸친 동아프리카해안에 거주하는 스와힐리인들은 일찍부터 고도의 도시문명을 형성했다. 아라비아, 인도, 유럽 등 외부세계와의 교역으로 부를 축적해서 비교적 높은 수준의 도시문명을 유지해왔다.

한편 케냐의 여러 종족 중에서 외부세계에 단연 많이 알려진 종족이 마사이족인데 이는 관광 등 상품화된 이미지를 통해서 외부세계에 익히 알려졌기 때문이다. 널리 알려진 명성에 어울리지 않게 마사이족은 케냐 전체인구에서 차지하는 비중도 작고 정치, 경제 등 다양한 영역에서 주변부적 삶을 살아가고 있는 종족이다.

아프리카계의 종족들 이외에도 아랍계, 유럽계, 아시아계 인구도 적지 않은데 유럽계는 식민지시대에 정착한 영국계 백인들의 후손들이 다수를 차지한다. 아랍계는 인도양에 면한 항구도시 몸바사를 중심으로 거주하는 무슬림들인데 아라비아반도에서 동아프리카로 이주한 오만계나 예멘계의 후손들이다.

아시아계는 주로 인도와 파키스탄계 이주민들인데 영국의 식민통치 당시 동아프리카로 이주한 사람들이다. 인도계 이주민들은 주로 철도건설 노동자, 상인, 식민정부의 하급관리자로서 케냐에 정착했다. 이들은 비록 그 수가 많지 않음에도 불구하고 오늘날 케냐경제에서 중요한 비중을 차지한다. 인접한 우간다, 탄자니아에서와 마찬가지로 케냐사회의 주류인 아프리카계 케냐인들과 인도계 이주공동체 구성원들 간에는 반목과 질시가 존재한다. 유럽계 정착민들과 아랍계 케냐인들은 케냐사회의 다수 종족과 공통적인 부분도 존재하는 반면 아시아계 이주민들은 케냐인들과 잘 융화하는 모습을 보여주지 않는다. 예컨대 유럽계 정착민들과 내륙지역의 케냐인들은 기독교라는 공통의 종교를 바탕으로 교류하는 경우가 많다. 마찬가지로 아랍계 케냐인들도 해안지방을 중심으로 생활하는 무슬림들과 움마라는 이슬람공동체를 형성하기 때문에 공통적인 부분이 존재한다. 그러나 일반적으로 인도계 이주민들은 자신들만의 경계를 설정하여 살아가기 때문에 일반 케냐인들은 이들을 경원시하는 경향이 농후하다. 인도계 이주민들은 종교적으로 대다수가 힌두교, 시크교, 자이나교, 이슬람을 신봉하기 때문에 예배장소인 힌두사원, 구르드와라(시크사원), 자이나교 사원, 모스크에서 예배를 보고 일상생활에 있어서도 고용인과 피고용인, 집주인과 가내 고용원의 수직적 관계로서 접촉하기 때문에 진정한 의미에서의 평등하고 열린 상호관계를 보기가 어렵다. 1세기 이상의 이주 역사에도 불구하고 케냐인과 인도계 이주민들의 결혼도 무척 드물고 상호 간의 갈등과 반목도 뿌리 깊다. 더구나 많은 케냐인은 인도계 이주민들이 영국의 식민 통치 당시 식민주의와 공생하여 집단적 이익을 도모했을 뿐만 아니라 독립 이후에도 부패한 정치인들과 결탁하여 축재함으로써 케냐인들을 착취했다는 인식이 일반 케냐인들 사이에 널리 퍼져있다. 종족, 종교에 관련 없이 인도인들을 '와힌디(Wahindi)'라고 부르고 시크교도들을 '칼라싱가(Kalasinga)'라고 부르는데 이러한 명칭은 케냐사회에서 암묵적으로 부정적인 함의를 담고 있다.

이토록 다양한 종족, 인종집단이 한데 어울려 살아가면서 이따금 불협화음도 들린다. 외부사회와의 교류가 빈번하지 않은 전통사회에서는 다양성들이 상호 충돌하는 경우가 빈번하지는 않았다. 그러나 도시화가 급속도로 진행되고 있는 오늘날에는 타 종족 집단 구성원들과의 상호작용이나 접촉이 일상화되었다. 이러한 상황에서 가치관이나 정치적 이해관계가 충돌하는 경우가 종종 발생한다. 특히 종족적 역학관계가 정치적 이해를 관철하기 위한 수단으로 악용되어 종족 간의 전면적인 충돌로 악화된 사례도 있었다. 1990년대 초반 발생한 종족분쟁은 이러한 맥락에서 파악할 수 있다.

4. 다름이 배제와 차별의 이유가 아닌 다양성의 자양분으로

케냐의 종족집단들은 고유한 역사, 전통, 언어, 정체성, 문화를 갖고 있는데 이러한 상이한 문화의 형성배경에는 삶의 방식과 환경에 어느 정도 기인한다. 또한 인접한 종족집단과의 상호작용과 교류도 어느 정도 영향을 미침은 말할 나위 없다. 종족 간의 차이와 구분이 식민통치를 거쳐 더욱 명확해진 사실도 언급할 필요가 있다. 식민통치를 위한 편의상 종족적 경계를 명확히 설정하고 이에 적합한 역할을 부여함으로써 오히려 종족적 차이가 불거졌다. 예를 들면 키쿠유족은 식민통치를 위한 하급관리로, 캄바족이나 마사이족은 군이나 경찰에 동원함으로써 종족에 따른 역할을 명확히 규정했다.

케냐의 최대종족이자 반투계의 종족인 키쿠유족, 나일로틱계의 최대 종족인 루오족, 해안지방의 스와힐리인, 반유목생활을 영위하고 있는 마사이족을 중심으로 이들 종족집단의 문화를 개략적으로 살펴보자.

키쿠유족은 케냐 전체 인구의 약 22%를 차지하는 최대의 종족이다. 키쿠유족도 동남부아프리카의 다른 반투계 종족들과 마찬가지로 서부아프리카에서 동부아프리카로 이주한 것으로 추측된다. 오늘날 수도 나이로비와 케냐산을 중심으로 한 비옥한 지역에서 정착농경을 하는데 녜리, 키암부, 무랑아, 씨카, 리무루 등지에 주로 거주한다. 이들은 '키리냐가'라고[6] 알려진 케냐산의 정상에 '응가이(Ngai)'라고 하는 신이 있다고 믿는데 응가이가 땅을 만들어 사람들에게 주었다는 전설이 전해오고 있다. 이러한 전설에 따라 땅은 키쿠유족의 철학을 이해하는데 있어 가장 핵심적인 개념이다. 전통적으로 토지를 소중히 여기므로 도시에서 성공한 사람들도 고향에 땅을 소유하는 것을 당연한 것으로 여긴다. 즉 도시에서 경제적으로 아무리 성공하였다고 하더라도 토지를 소유하지 않으면 부를 이룬 것으로 여기지 않는 생각이 아직도 뿌리 깊다. 물론 이러한 생각들이 사회구조의 변화나 경제적 가치관의 변화에 따라 점차적으로 바뀌고 있지만 키쿠유족 사회에서 토지에 대한 애착은 특별히 강하다.

키쿠유족 사회에서 특히 중요한 개념의 하나가 '리이카(riika)'라는 연령집단인데[7] 동일한 연령대의 구성원들로서 같은 시기에

할례의식 등 다양한 의례를 함께 치른 사람들의 집단을 의미한다. '리이카(riika)'는 사회적 질서의 유지와 위계적 구조를 이해할 수 있는 핵심어이다. 예컨대 어떤 사람이 아버지의 부재 시에 중요한 의례를 치르고자 할 때 아버지와 같은 연령집단의 구성원을 초청해서 의례를 주관하도록 요청하는 것을 예절과 올바른 인간관계의 기본으로 간주한다. 또 아버지와 같은 연령집단의 사람들에겐 최대의 존경과 경의를 표하는 것이 사회적 덕목으로 장려된다. 키쿠유족의 이러한 풍습과 전통은 초대 대통령이었던 조모 케냐타가 집필한 노작 '케냐산을 바라보며(Facing Mount Kenya)'에 상세하게 묘사되어 있다.

전통적 키쿠유족 사회에서는 남녀의 통과의례, 즉 할례의식이 중요했다. 남녀 모두 공히 통과의례를 행하지 않은 사람이 결혼한다는 것은 상상할 수 없는 일이었다. 할례를 받지 않고 성행위를 한다는 것은 키쿠유족 사회에서는 절대적으로 불용되는 금기였다. 물론 여성들의 할례는 클리토리스 제거(clitoridectomy)였기 때문에 일찍부터 선교사들과 인권운동가들의 지탄의 대상이 되어 오늘날에는 많이 자취를 감추었지만 남성들의 할례의식은 여전히 중요성을 갖고 있다.

즉 전통사회에서 키쿠유족 남성과 여성은 공히 온갖 악을 제거하는 의례적 정화를 반드시 거쳐야만 할 과정으로 인식했다. 키쿠유어로 의례적 정화를 '고타히키오 메기로(gotahikio megiro)', 할례의식은 '이루아(irua)', 할례의식을 행할 때 준비하는 춤과 노래를 '맘부라(mambura)'라고 하는데 키쿠유족 사회에서 할례의식은 인생에서 가장 중요한 전환점이 되는 상징성을 갖고 있다.

한편 나일로틱계의 루오족은 본래 수단 남부에서 살다가 16세기경 오늘날의 케냐로 남하해서 정착한 것으로 전해진다. 12개의 하위종족(sub-tribes)으로 구성된 루오족은 케냐 전체인구 중 약

11%를 차지함으로써 키쿠유족, 루햐족에 이어 케냐의 3대 종족 집단이다. 서부 나일로틱언어인 루오어(Dholuo)를 사용하며 주로 케냐의 냔자 지방에 대부분 거주하지만 수도인 나이로비, 항구도시인 몸바사에도 거주하고 일부는 탄자니아에서도 살아간다. 그런데 키쿠유족이나 다른 종족집단들과는 달리 루오족은 할례의식을 행하지 않는다. 물론 통과의례로서 여섯 개의 아래 치아를 제거했으나 오늘날에는 행하지 않는다. 따라서 키쿠유족의 관점에서 보면 아무리 나이가 많은 루오족이라고 하더라도 할례를 치루지 않았기 때문에 성인이 아닌 것이다.

비록 오늘날 대다수의 루오족 구성원들은 기독교를 신봉하나 전통적으로 사후세계를 믿었고 인간과 우주의 절대적 창조주, 즉 '냐사예(Nyasaye)'의 존재를 믿었다. 루오족은 또한 조상숭배의 강한 전통을 갖고 있으며 질병이나 자연재해와 관련된 정령이 존재한다고 믿었는데 인간에게 해를 끼치는 악령을 쫓아내는 역할을 하는 사람이 주술사인 자빌로(jabilo)이다. 또한 오늘날까지도 취수제를 일부 행하고 있다. 취수제는 남편이 죽으면 시숙의 아내가 되는 풍습이다. 물론 도시화된 지역에서는 서서히 사라지고 있지만 농촌지역에서는 아직도 행해지고 있는데 에이즈 창궐의 직접적 원인이 되는 대표적인 악습으로 지탄받고 있다. 기독교의 영향으로 일부다처제의 풍습이 많이 자취를 감추었지만 전통적으로 루오족 사회는 일부다처제를 실시했다. 따라서 일부다처제와 관련된 어휘들이 많이 발달해 있는 것이 특징이다. 예컨대 일부다처제를 실시하는 남자의 첫째 부인은 '미카이(mikayi)', 둘째 부인은 '냐치라(nyachira)'로 불린다.

내륙에 거주하는 반투계의 키쿠유족과 나일로틱계의 루오족과는 달리 스와힐리인들은 7세기 후반과 8세기 초엽에 이미 무슬림 상인들과 교역을 시작했고 이를 바탕으로 고도의 번영을 누렸다.

이들은 당시 서각,[8] 상아, 귀갑, 금 등을 거래했다. 키쿠유족과 마찬가지로 반투계의 종족이지만 일찍부터 외래문물을 수용함으로써 동아프리카해안을 따라 고도로 융성한 도시국가를 구축한 바 있다. 오늘날에는 교역의 쇠퇴로 농경과 어업으로 생계를 유지하지만 스와힐리문명은 본질적으로 도시문명이다. 일찍부터 페르시아, 아랍과 교류한 결과 종교적으로 무슬림인 스와힐리인들은 의식주 등 여러 가지 면에서 내륙의 케냐인들과는 상당히 차이가 난다.

스와힐리인들의 삶의 방식이나 의식세계를 이해하기 위해서는 이슬람적 삶의 방식을 이해하는 것이 긴요하다. 결혼을 비롯한 다양한 의례행위들이 외래문화의 흔적을 보여준다. 결혼을 할 때 신랑은 신부의 부모에게 '마하리(mahari)'라고 하는 신부대를 지불해야만 한다. 이와 함께 결혼식이 끝나고 나서 신랑은 신부의 부모에게 '히다야(hidaya)'라고 하는 선물을 바치는데 신부가 초야에 숫처녀임이 증명되지 않는다면 선물을 철회할 수도 있다. 스와힐리사회에서는 신부의 동정을 무척 중요하게 여긴다. 이는 여성의 동정을 그다지 중요하게 여기지 않는 캄바족 사회와는 뚜렷하게 대비된다.

결혼할 여성은 헨나로 손과 발을 아름답게 장식하는데 흥미로운 것은 결혼적령기의 여성이 헨나를 이용해 손을 장식할 수 있지만 발을 장식하는 것은 금지되어 있다. 결혼하는 여성만이 손과 발을 동시에 장식할 수 있다. 즉 발은 거리에서 남자들의 시선에 쉽사리 노출되는 신체부분이기 때문에 미혼의 여성이 헨나를 이용해 발을 장식하는 것은 일종의 도발적이고 상례에 벗어난 행위로 인식하는 것이다. 이처럼 스와힐리 사회는 다양한 규율과 금기가 강하게 지배한다.

오늘날 케냐에 약 45만, 탄자니아 북부에 43만 정도 거주하는 것으로 추계되는 마사이족은 독특한 복장과 용맹성으로 인해 외부세계에도 널리 알려진 종족이다. 특히 케냐와 탄자니아의 주요 야생동물보호구역이 마사이종족이 거주하는 지역과 인접하고 있기 때문에 관광객들은 마사이족을 자주 마주친다. 더구나 마사이족의 삶의 모습은 상업화되어 거래 가능한 상품처럼 인식되고 있는 실정이다. 토지를 부의 척도로 인식하는 키쿠유족과는 달리 마사이족은 소를 부의 척도로 여긴다. 이는 반유목생활을 하는 이들의 삶에 연유하고 있는 것이다. 마사이족도 남녀 공히 할례를 행하는데 여성들의 할례는 클리토리스 절제의 형태로 실시된다. 여성할례는 여성들의 인권을 유린하고 공중보건에도 악영향을 미치기 때문에 케냐정부는 물론 인권단체, 비정부기구들이 근절에 나서고 있지만 아직도 행해지고 있는 실정이다. 여성할례는 의례적이고 상징적인 중요성 때문에 쉽사리 사라지지 않는다. 이는 할례를 성인의 세계로 진입하는 일종의 통과의례로 의미를 부여하기 때문이다. 여성할례가 외부의 강력한 반대에도 불구하고 계속되는 배경에는 가부장적 남성이데올로기와 오도된 담론과 가치의 맹신이 똬리를 틀고 있다. 즉 여성할례를 통해 여성의 성적욕망을 없앰으로써 여성을 통제하려는 남성의 지배욕을 나타내는 것이다.

5. 다름과 차이를 보편의 세계 속으로

입향순속(入鄕循俗), 다른 지방에 가면 그 지방의 풍속을 좇으라는 이 말을 로마에 가면 로마법을 따르라는 표현과 그 의도에 있어 일맥상통하는 것으로 이해된다. 그러나 이러한 표현에는 일종의 '마지못함' 혹은 정해진 규범과 관행에 대한 무조건적인 수용으로 이해되기도 한다. 그러나 좀 더 적극적인 자세로 다른 세계의 문화를 이해하고 그것을 보편의 틀 속으로 끌어들이려는 노력은 삶을 풍요롭게 하는 단초가 될 수도 있을 것이다.

케냐를 구성하는 종족집단들도 전통사회에서 현대사회로 이행하는 과정에서 많은 변화가 초래되었다. 사회가 현대사회로 이행되는 과정에서 사회구조의 변화는 불가피하고 가치관의 변화도 동반된다. 그리고 가족구조도 확대가족에서 핵가족으로 바뀌고 이에 따른 변화도 흔히 목격된다. 이러한 이행과정에서 불거지는 문제와 변화는 기실 정도의 차이가 있을 따름이지 대부분의 사회에서 목격되는 현상이다.

케냐사회에서 지켜야 할 에티켓은 케냐를 방문하는 외국인뿐만 아니라 케냐인들 사이에서도 준수해야 할 에티켓으로 보아도 무방하다. 왜냐하면 상이한 종족의 구성원들은 거의 외국인들과의 차이만큼이나 그 차이가 크기 때문이다. 케냐의 수많은 종족집단의 개별적 특성을 일반화하기는 어렵다. 그러나 내륙지방과 해안지방은 종교적, 문화적으로 뚜렷하게 차이가 있어 사람들의 일상에도 나타난다.

주로 해안지방과 내륙의 도시지역에 거주하는 무슬림들은 기독교를 신봉하는 케냐인들과 의식주, 행동방식, 가치관 등에서 상이하다. 해안지방의 무슬림 여인들은 집 밖으로 나설 때 얼굴과 몸을 가리는 부이부이를 착용한다. 또 해안지방에서는 여성들이 캉가라고 하는 천을 많이 사용하는데 흥미로운 점은 캉가에 교훈적인 내용이나 삶의 철학을 담은 속담 등이 담겨있다는 것이다. 이는 일종의 의사소통적 행위에 해당된다고 볼 수 있다. 세계의 다른 지역에 거주하는 무슬림들과 마찬가지로 케냐의 무슬림들도 돼지고기를 먹지 않는다. 무슬림들에게 있어 돼지고기를 먹는 행위는 금지되어(haramu) 있기 때문이다.

종교적 가치관이 인간관계를 규정하는 경우도 있는데 케냐에서는 동성애를 자연적 질서에 반하는 행위로 규정한다. 따라서 케냐의 형법은 동성애를 범죄행위로 규정하고 이를 위반하는 경우는 5년에서 14년 형에 처할 수 있도록 규정하고 있는데 특히 해안지방의 무슬림들은 동성애를 도덕적으로 용납할 수 없는 행위로 간주하고 있다. 동성애에 대한 이러한 사회적 차별과 편견은 기독교와 이슬람의 종교적 경직성에서 비롯된 것으로 보인다.

일상의 삶의 모습을 보면 대부분의 케냐인들, 특히 스와힐리문화권의 사람들은 인사를 주고받는 것에 커다란 의미를 부여하며 많은 시간을 할애한다. 인사를 주고받을 때 대화 상대방의 안부, 건강, 생활은 물론 가까운 친척이나 친구들의 안부까지 묻는 것이 예의 바르고 교양 있는 사람의 기본적 자세로 평가된다. 물론 이러한 삶의 모습들이 도시생활에서는 변화하고 있지만 아직도 중요한 의미를 지니고 있다. 삶의 여백이 느껴지는 모습이기도 하다.

한편, 스와힐리어에는 한국어나 일본어처럼 경어(敬語)가 발달되어 있지는 않으나 부모와 자식, 선생과 학생, 연장자와 연소자 등 비교적 수직적인 관계에서는 예의를 갖춰 인사를 주고받고 대화를 하는 것이 기본이다. 예컨대 스와힐리어에서 노인이나 사회적 지위가 높은 사람에게는 '쉬카모(Shikamoo)'라고 인사를 하는데 "저는 존경의 표시로 당신의 발을 잡습니다"라는 의미다. 이에 대한 대답은 '마라하바(Marahaba)'인데 이러한 예에서 알 수 있듯 연장자에 대한 예의와 공경을 중요한 사회적 덕목으로 여긴다.

서구문화권에서는 재채기를 하면 보통 "신이 당신께 은총내리시기를!"이라는 표현을 사용한다. 이를테면 영어에서는 "God bless you!"라고 말한다. 이러한 표현에서 짐작할 수 있듯이 언어에는 언어사용자들의 의식과 문화가 반영된다. 재채기를 하는 행위를 어떤 특정의 대상과 결부시키거나 상태를 드러내는 행위로 인식하는 것이다. 그런데 스와힐리어문화권에서는 상대방이 재채기를 하면 "Afya(건강)!" 혹은 "Kua(자라거라)!"라고 말한다. 어른이 재채기를 하는 것은 건강상의 변화가 있음을, 어린이가 재채기를 하는 것은 성장의 징후로 받아들이는 것이다. 특히 어린이가 재채기를 하면 "Kua kama mgomba(바나나 나무처럼 성장하거라)!"라고 말하는 것은 재채기를 성장의 징후로 받아들이는 것이다.

케냐에는 하람베(Harambee)라고 알려진 상호부조 전통이 있다. 케냐에 오랫동안 거주하는 외국인이라면 한 번 정도는 하람베에 초대받은 적이 있을 것이다. 학교나 병원 건립, 결혼과 장례 등 의례, 고아나 사회적 약자들을 위한 모금 등 공동체적 상호부조가 필요한 상황에서 십시일반의 혹은 과부의 연보의 정신으로 자신의 능력이 허용하는 범위 내에서 각출해서 대의를 위해 사용하는 것이 하람베이다. 비록 정치적인 수단으로 악용됨으로써 그 본래적 의미가 퇴색되고 악용되었지만 올바르게 기능할 경우 여전히 의미 있는 전통이다. 따라서 순수한 의도로 마련되는 하람베 행사에 참여하는 것도 케냐인들과의 연대감과 형제애를 드러내는 적극적 행위라고 볼 수 있다.

흔히 타 종족집단의 행동양식이나 관습을 기술할 때 편견이나 선입견이 작용하는데 마사이족에 대한 외부인들의 시선이 이러한 대표적인 사례라고 할 수 있다. 많은 사람들은 마사이족이 사진을 찍으면 영혼을 빼앗기기 때문에 사진을 찍는 것을 꺼린다는 그럴듯한 이유를 든다. 그러나 이런 이유보다는 상대방의 동의 없이 일방적으로 사진을 찍는 무례함 혹은 배려 부족에 기인하다고 보는 것이 보다 정확한 지적일 것이다. 그러므로 상대방의 동의를 구하거나 대가를 치르고 사진을 찍는 것이 중요하다. 역사적으로 서구는 바라보고 비서구는 보이는 관계가 지배해왔다. "찍힌다, 고로 나는 존재한다"가 상품화된 아프리카의 이미지에도 적용되는 것이다. 이제는 이러한 틀에서 벗어날 때가 되었다.

케냐인과 대화할 때나 인간관계를 맺을 때에는 문화적인 특징이나 전통에 대한 가치평가에 주의해야 할 필요가 있다. 특히 일부다처제, 취수제, 할례, 신부대 지불 등 문화적으로 우리와 다소 낯선 문제들에 대해 상대주의적 관점을 유지할 필요가 있다. 이들의 사회적 관행과 삶의 방식은 이들의 역사적 전통의 연장선상에서 이해되어져야 하고 이러한 상대주의적 관점은 편견과 선입견으로부터 벗어날 수 있는 길이기 때문이다.

6. 인습의 그림자 벗어나기

비교적 동질적인 전통사회에서 이질적이고 혼성적인 현대사회로 이행하는 과정에서 필연적으로 삶의 양식은 변화하고 공동체 구성원들이 지향하는 가치와 의식도 바뀐다. 동질적인 공동체의 구성원들이 특정 지역에 거주하며 삶을 영위하는 전통사회와는 달리 도시지역에는 다양한 종족, 언어, 문화가 혼재하기 때문에 이문화(異文化) 간 차이가 불거지고 이러한 차이가 정치적 이해관계나 종족적 역학관계를 설정하기 위한 도구로 동원될 때 갈등과 반목을 잉태한다.

다른 아프리카국가들과 마찬가지로 케냐의 경우도 전통과 근대성이 상충하면서 이따금 불협화음을 끊임없이 만들어내고 있다. 보다 조화롭고 관용적인 사회로 나아가기 위한 진통으로 이해된다.

물론 종족집단마다 전통과 근대성이 상충하는 문제들이 상이하지만 케냐 전체적으로 일부다처제, 신부대, 취수제, 여성할례가 공론의 도마 위에 자주 오르는 문제들이다. 흔히 일부다처제를 전근대적인 봉건사회나 원시사회의 대명사처럼 인식하는 경향이 있으나 일부다처제는 다양한 문화권에 존재했다. 케냐에서도 서구식 가치와 관행의 확산에도 불구하고 일부다처제(polygyny)는 비록 수그러지는 추세이긴 하지만 여전히 강고하게 뿌리를 내리고 있다. 이해를 달리하는 사람들 간의 갈등과 반목을 모두가 수긍할 수 있는 방식으로 조정해서 조화로운 질서를 창출해내는 지도자의 통치력과 일부다처제 하에서 여러 부인에게 사랑을 공평무사하게 분배함으로써 화목한 가정을 유지하는 남성의 자질과 능력은 종종 유사한 관점에서 비견되기도 했다. 물론 여성이 남성에게 수직적으로 종속되거나 여성과 남성의 경제적 불평등이 구조화된 전통사회에 적용되는 궤변에 가깝다.

아프리카대륙에 서구식민주의가 도래하면서 전통사회의 가치와 관습들은 뭉뚱그려 오명이 씌워졌고 낙인이 찍혔다. 일부다처제도 그 형성과정의 사회, 문화적 맥락이 전혀 고려되지 않은 채 전근대적이고 부도덕한 폐습으로 규정된 대표적인 사례이다. 기독교와 군대가 결합된 형태로 아프리카에 밀어닥친 식민주의는 서구사회의 역사적 산물인 일부일처제는 도덕적이고 윤리적인 결합의 형태로 이상화한 반면 일부다처제는 미분화된 전근대사회의 부끄러운 악습 정도로 치부함으로써 근절해야 할 대상으로 낙인찍혔다.

대부분의 아프리카 사회에서는 남성이 여성과 결혼할 기회를 잡기 위해 신부의 부모에게 가축이나 현금을 지불한다. 예전에는 가축으로 지불하는 것이 관례였으나 오늘날, 특히 도시지역에서는 현금으로 지불하는 것이 일반화되어 있다. 남부아프리카에서는 로볼라(lobola), 레소토에서는 마하디(mahadi), 동아프리카에서는 마하리(mahari)라고 부르는데 신랑이 신부의 부모에게 감사의 표시로 지불하기 때문에 상징적인 의미가 강하다. 또한 신부대는 결혼 당사자들의 양가를 상호존중과, 양가의 결합과 유대를 강화한다는 의미도 있기 때문에 신부대가 지불되지 않은 결혼은 성립되지 않은 결혼으로 간주하는 경향도 있을 정도이다. 그런데 신부대가 남성들이 여성을 마치 구입한 상품처럼 인식하게 하고 현대사회에서 왜곡, 오용, 여성에 대한 학대의 원인이 되기 때문에 상징적인 차원에서만 유지해야만 한다는 목소리가 높다.

한편, 케냐의 빅토리아호 연안 냔자지방에 주로 사는 루오족 사회에서는 형사처수제와 유사한 취수제(娶嫂制)가 아직도 온존하고 있어 이의 존폐를 놓고 여권론자들과 전통수호론자들 간의 논쟁이 끊이질 않고 있다. 남편이 죽으면 시숙 혹은 가까운 친척과 결혼하는 이러한 관습을 일부에서는 취수제(wife inheritance) 혹은 수혼(嫂婚, levirate)이라고 규정하는데 전통의 옹호자들은 호수제(護嫂制, wife guardianship)라는 그럴 듯한 용어로 둘러댐으로써 여권론자들의 예봉을 피해왔다.

취수제는 가족과 종족사회의 영역 안에서만 실시되는 일부다처제다. 미분화된 전통사회에서는 사회, 경제적 활동이 종족의 활동영역 안에만 국한되었고 남성에 대한 여성의 종속과 의존은 절대적이었다. 이러한 전통사회에서 남편을 잃는다는 것은 곧 경제적 능력의 상실로 이해되었고 죽음으로 초래된 공백을 채워 주는 것이야말로 가족과 사회구성원들의 의무로 인식되었다. 아내를 물려받은 형제는 남편으로서, 아버지로서의 의무를 충실히 이행함으로써 부족사회 내의 질서와 공동체의식을 유지해왔다. 개인의 존재는 언제나 공동체의 존재를 존립기반으로 하고 있기 때문에 어떤 개인의 죽음으로 초래된 공백을 채움으로써 상실감을 극복하고 존재의 지속성에 대한 믿음을 확보할 수 있었다. 따라서 삶과 죽음에 대한 철학, 취수제를 지탱해 온 맥락을 이해하지 못하면 취수제의 성격과 본질을 제대로 파악할 수 없다는 것이 옹호론자들의 주장이다.

그러나 철폐를 주장하는 여권론자들은 취수제는 가부장적 가족제도의 전형적 유물이며 변화하는 상황에 역행하는 시대착오적 악습이라고 질타하고 이의 철폐를 위한 역량을 결집하고 있다.[9] 또한 전통의 자의적이고 편협한 해석에 갇혀 여성의 권리와 존엄성을 유린하는 어리석음을 범하지 말아야 한다고 외친다. 여성의 사회참여가 점점 보편화되고 있는 현실을 고려하면 남편이 죽은 후 새로운 삶을 함께 꾸려나갈 남자를 자유의지에 따라서 선택할 수 있는 권리가 보장되어야 한다는 것이다. 특히 취수제를 존속시킴으로써 남편을 잃은 여성은 남편의 유산을 상속받을 권리를 박탈당하고 이는 결국 부계의 경제적 주도권을 지속시키려는 음험한 의도라고 파악하고 있다. 게다가 취수제가 에이즈 창궐의 주요한 요인으로 밝혀지면서 취수제 철폐논쟁은 가열되고 있다. 루오족이 주로 사는 냔자 지방이 케냐에서도 에이즈 바이러스 감염률이 가장 높은 지방의 하나로 성인 인구 4명당 한 명꼴로 감염된 것으로 보고되고 있다.

이른바 전통사회의 가치와 규범이라는 명분 하에 취수제는 계속되고 이를 거부하는 여성들에겐 공동체사회의 저주는 물론 집단적 차별과 소외라는 무거운 짐을 짊어져야 한다. 문제는 이러한 인습이 상당히 깊이 뿌리내려 있어 모든 부족을 보편적으로 아우를만한 중앙정부 차원의 법적, 제도적 규제가 어렵다는 점이다. 정치인들도 이러한 문제에 정면으로 나설 경우 따르는 정치적 이해득실 때문에 몸을 사린다. 그러나 법적, 제도적 장치의 마련과 규제보다 선행되어야 할 과제는 사회의 변화에 따라 전통사회의 풍습을 대체할만한 코드를 만들어내어 순조로운 이행을 촉진하는 것이다.

마지막으로 여성할례도 철폐되어야 할 대표적인 악습으로 지탄의 대상이 되어왔다. 세계보건기구는 전 세계적으로 1억 3천만 명 이상의 여성이 이른바 “소녀에서 성숙한 여인으로 거듭나는” 여성할례라는 의식을 통하여 성기를 절단당한 것으로 집계하고 있다. 케냐도 여성할례의 폐해가 심각한 나라 중의 하나이다. 인권운동가들은 문화적 함의를 지닌 여성할례라는 용어 대신에 여성생식기절단(Female Genital Mutilation, FGM)이라는 보다 정확한 용어를 사용한다. 남성에 대한 할례의식은 보통 포경수술이라는 의학적 조치로 이해되는데 반해 여성할례는 여성에 대한 기본적 인권침해의 대표적 사례로 지적되어 왔다. 여성할례는 연장자에 대한 공경, 여인으로서의 역할에 대한 사회적 가치와 의식의 습득을 통한 공동체적 사회화 과정으로 이해되기도 하나 남성주도의 사회에서 여성의 성적욕구를 억누르고 순결의 신화를 강요하기 위한 폐습으로 간주하는 것이 타당하다는 중론이다. 케냐의 경우에는 특히 키시, 마사이, 칼렌진, 타이타, 메루족 사회에서 아직도 여성할례가 강한 전통으로 남아 있다. 1982년 법으로 금지시켰으나 여성할례를 저지른 죄로 처벌된 실제적 사례가 거의 전무하며 법적, 제도적 명문화보다는 비정부기구나 인권단체, 여성단체들의 철폐노력이 오히려 가시적인 성과를 거두고 있는 실정이다. 교육받은 여성일수록 여성할례를 거부하는 경향이 뚜렷해지는데, 수 년 전 케냐 케이요 지역에서는 중등학교에 재학 중인 여학생이 여성할례를 치르도록 강제하려는 부모를 상대로 소송을 제기, 법원에서 중단시킨 바 있다. 따라서 교육을 통한 여성지위의 향상과 여성할례 철폐노력은 불가분의 관계를 이룬다. 케냐에서는 민초적 차원에서의 여성할례 근절노력이 최대의 여성조직인 여성개발단체(MYWO)의 주도로 이루어지고 있다. 소녀를 성숙한 여인으로 거듭나게 하는 것은 성기절단과 같은 시대착오적이고 역행적인 행위가 아니라 교육과 참다운 시민으로서의 자질을 함양하는 것이라고 주장하며 전통적인 할례의식 대신 공중

위생, 부족사회의 전통, 시민사회의 덕목을 가르치는 것으로 할례의식을 대신한다. 케냐인들은 이러한 대안적 할례의식을 지칭하여 "말로 행하는 할례의식"이라고 부른다. 전통사회의 문화적 코드가 그 존재가치를 상실할 때 그 문화적 코드가 차지하고 있던 공간을 메워주는 문화적 대안 모색은 비단 여성할례에 국한된 문제는 아닐 것이다.

전통사회에서 중요한 상징적 의미들이 현대사회로 이행하는 과정에서 재해석되고 대안적 상징성을 부여해주는 합의된 노력이 절실하다.

참고문헌

양철준(2004) *나이로비*. 서울 : 살림출판사.

Appiah, Kwame Anthony and Gates, Henry Louis, JR.(eds.)(1999) *AFRICANA: The Encyclopedia of the African and African American Experience*. New York: Basic Civitas Books.

Harden, Blaine(1990) *Africa : Dispatches from a Fragile Continent*. New York: Harper Collins Publishers.

Kenyatta, Jomo(1978) *Facing Mount Kenya*. Nairobi : Kenway Publications.

Knappert, Jan(1987) *East Africa : Kenya, Tanzania & Uganda*. New Delhi : Vikas Publishing House.

Mutahi, Wahome(1996) *How to be a Kenyan*. Nairobi : Kenway Publications.

Spear, Thomas(1981) *Kenya's Past: An Introduction to Historical Method in Africa*. London and New York: Longman.

Warah, Rasna(1998) *Triple Heritage: A Journey to Self Discovery*. Nairobi: Colour Print.

미 주

1) 말레와협곡(Malewa Gorge)에서 석기시대의 도구제작을 증명하는 유물이 출토되었다.
2) 킬와는 모로코 출신의 여행가 이븐 바투타의 여행기에도 언급되어 있는데 아직도 요새화된 성채(husuni)가 그대로 남아 있어 한때 융성했던 도시국가의 흔적을 고스란히 확인할 수 있다.
3) 마사이족은 오키엑족을 '일 토로보(il torobo)'로 부르는데 '가난한 사람'을 의미한다. 오키엑족에 대한 마사이족의 명칭이 스와힐리어에서는 '와은도로보(Wandorobo)'라는 명칭으로 사용된다.
4) 칼렌진족은 패러나일로틱계로 분류하기도 한다.
5) '미지켄다(Mijikenda)'는 스와힐리어로 '아홉 개의 도시'를 의미하는데 케냐, 소말리아, 탄자니아의 해안지방을 따라 거주하는 디고, 쵸뉘, 캄베, 두루마, 카우마, 리베, 라바이, 지바나, 기리아마 등 아홉 종족집단을 가리킨다. 이들은 스와힐리인들과 활발하게 교류해온 종족들이다.
6) 케냐라는 국명이 바로 키리냐가에서 유래했다고 전해온다.
7) 마사이족에서도 연령집단은 인간관계나 사회적 상호작용을 이해하는 핵심적인 개념이다. 연령집단을 의미하는 단어가 '올-포로르(ol-porror)'인데 복수형태는 '일-포로리(il-porori)'이다.
8) 서각(犀角)은 코뿔소의 뿔로 한방에서는 서각의 가루를 해열제로 사용하며 예멘을 비롯한 아랍문화권에서는 전통적으로 장식용 단도(dagger)의 손잡이를 만드는데 사용했다.
9) 특히 루오족 남성과 결혼한 다른 종족 출신의 여성들은 곤혹스러운 상황에 봉착한다. 오티에노(S. M. Otieno) 사건은 종족 간 문화적 차이가 공론화되어 사회적 논쟁 혹은 힘겨루기로 불거진 대표적인 사례이다. 루오족 출신으로 명성을 날리던 변호사였던 오티에노의 사후 키쿠유족 출신 부인과 오티에노의 친가 가족들 간의 지루한 법정 공방으로 수개월이 지나서야 비로소 장례식을 치룰 수 있었다.

악수보다 포옹하는 러시아인의 에티켓

악수보다 포옹하는 러시아인의 에티켓

황 성 우

1. 러시아: 수난과 단절의 천년 역사

오늘날 국제사회가 하나의 지구촌으로 변모해가면서 국제사회의 일원으로 살아가는 우리는 안팎으로 지켜야 할 기본적인 예의범절을 따르며 살아간다. 그 이유는 국제사회가 하나의 단일한 사회가 되어감에 따라, 민족과 언어가 다르다 할지라도 세계 공동체의 구성원으로서 문화적 상대주의에 입각하여 이문화(異文化)를 이해하며 서로를 존중하고 협력하는 분위기 속에서 살아가기 때문이다. 그래서 문화적 차이에서 발생하는 이문화에 대해 관심을 가져야 할 뿐만 아니라, 오늘날 지구촌을 살아가는 모든 이들이 상대방에 대한 배려 차원에서 지켜야 할 기본적인 공중도덕이 있는 것이다. 물론 문화적 상대주의에 바탕을 둔 이문화를 이해하는 것은 단순히 금지된 단어를 암기하거나 터부로 알려진 금기사항을 지킨다고 해결될 사안이 아니다. 외연적으로 나타나는 타인의 문화코드를 근본적으로 읽어내기 위해서는 그들의 오랜 역사와 문화 속에 뿌리 깊게 간직되어 온 의식구조와 문화행태, 그리고 의사소통 방식을 이해하는 것이 필수적이다. 러시아의 경우도 마찬가지이다. 천년의 역사를 지닌 러시아인들의 문화코드를 살피는 것은 곧 그들의 삶의 역사를 살피는 것과 동일하다. 어느 나라에서나 공통으로 나타나는 기본적인 예의범절이 있는가 하면 러시아 사회에서만 볼 수 있는 독특한 문화양식도 존재하기 때문이다. 이러한 맥락에서 본고에서는 보편성과 특수성에 입각하여 러시아인들의 기본적인 에티켓을 살펴보고자 한다.

지구 육지면적의 1/8을 차지하는 광활한 영토를 가진 러시아. 인류 최초로 인공위성을 발사하고 우주인을 배출시킨 소비에트 시기의 화려한 영광, 그리고 이후 붕괴와 해체라는 영욕의 역사를 동시에 경험한 러시아는 오늘날 자원과 에너지 안보를 무기로 다시 한 번 세계무대의 주연으로 비상하고 있다. 소련이라는 초강대국의 이미지와 오늘날 새롭게 웅비하는 강대국 러시아의 이미지 때문에, 러시아가 다른 민족의 침략을 받고 그들의 지배를 받았다는 사실을 일반인들이 받아들이기는 쉽지 않다. 러시아는 국가형성 이전부터 9세기 중반 국가형성 시기, 그리고 현재에 이르기까지 끊임없이 수많은 이민족의 침입을 받아 다른 민족에 비해 훨씬 강도 높은 민족 수난의 질곡의 역사를 가지고 있다.

유럽과 아시아 대륙에 걸쳐 광활한 영토를 가지고 있음에도 불구하고 초기 러시아인들의 주요 활동무대였던 '동유럽평원'[1]은 높은 산이나 넓은 강과 같이 외부의 위협으로부터 자신들을 보호해줄 자연적 경계선이 부재하였기 때문에, 러시아인들은 국가형성 이전부터 주로 동쪽에서 밀려온 아시아 유목민들에게 1,000회가 넘는 침략을 당하였고, 몽골민족에게는 240년(1240~1480)이라는 엄청난 기간을 피지배민족으로서 억압과 착취를 당하였으며, 16세기 말과 17세기 초 이른바 '혼란의 시기'(Time of Trouble: 1584-1613)에는 폴란드인이 러시아의 왕권을 장악하기도 하였다. 19세기에는 나폴레옹의 침략(조국전쟁: 1812-1815)과 크림전쟁(1853-1856)의 소용돌이 속에서 러시아인들은 조국을 지켜내기 위해 많은 피를 흘려야 했으며, 20세기에 들어서도 러일전쟁(1904-1905), 제1차 세계대전 참전과 두 차례의 혁명(1917년 2월 혁명, 1917년 10월 혁명), 제2차 세계대전 시기 히틀러의 소련 침략(大조국전쟁: 1941-1945) 등등 러시아인이 지금까지 겪어왔던 고통과 인내의 역사는 헤아릴 수 없을 만큼 길고 암울하였다. 이러한 끊임없는 민족수난의 역사로 인해 러시아인의 의식구조 속에는 '대외혐오증'(Xenophobia)이라는 우리가 아닌 그들, 즉 타민족에 대한 두려움이 내재되었으며, '방어적 팽창주의'라는 안보개념이 형성되었다. 그래서 외부의 낯선 이민족으로부터 거대한 영토를 방어하고 자신들을 지켜주고 보호할 절대 권력자에 대한 순종과 복종 개념이 러시아인들의 마음속에 자연스럽게 형성되었고, 그 결과 러시아에는 전제권력을 가진 절대자, 즉 하느님의 '작은 아버지'(Little Father)로서 차르(tsar: 러시아황제)의 출현이 가능하였던 것이다.

단절의 역사 또한 러시아를 특징지을 수 있는 핵심 키워드이다. 988년 로마 가톨릭교가 아닌 콘스탄티노플 관할의 기독교(그리스 정교)를 수용한 사실은 러시아인들이 유럽인들과 다른 세계관을 형성하게 되는 단초를 제공하였고, 이로 말미암아 18세기 이후 러시아 지도자가 적극적으로 유럽지향적 정책을 추진하였음에도 불구하고 근본적으로 러시아가 유럽문화와 단절되는 1차적 계기가 되었으며, 몽골의 240년간 지배 역시 러시아가 당시의 유럽 문화와 공유하지 못하고 유럽과 분리되는 결정적 원인으로 작용하였다. 17세기 중반 그리스 정교의 원리에 충실하고자 했던 니콘의 종교관련 개혁정책으로 인해, 구교에 반대하여 신교도가 분리해 나가는 서유럽 국가들의 종교개혁과 다르게, 그때까지 지켜왔던 전통의식을 고수하려는 구교도가 분리되는 교회분열을 러시아는 경험하였다.

18세기 초 러시아를 서유럽 강대국의 일원으로 등장시켜 유럽 사회에 편입시킨 표트르 대제(1682~1725)의 위로부터의 개혁 역시 과거의 러시아를 어둡고 무지몽매한 사회로 평가하고, 후진적인 러시아를 근대화시키기 위해 과거를 완전히 무시하는 방향으로 진행되었다. 표트르 대제의 후계자를 자처한 예카테리나 2세(1762~1796)의 유럽지향 정책 역시 외연상 화려한 귀족문화의 황금기를 꽃피웠지만, 반면에 러시아 사회의 다수를 차지하고 있던 농민들의 삶은 더욱 비참하고 초라해졌을 뿐이었다.

표트르 대제와 예카테리나 2세가 남긴 부정적 유산으로 인해 발생하였다고 볼 수 있는 1917년 2월 혁명과 1917년 10월 사회주의 혁명 역시 과거 러시아와 단절된 사건이었다. 21세기 최대의 사건으로서 세계사의 대전환점이자, 인류 최초로 노동자, 농민, 병사에 의해 소비에트 사회가 건설되었다는 사실은 인류 역사의 새로운 실험으로 평가받을 수 있으며, 비록 그 실험무대와 실천공간이었던 소련이 해체됨으로써 러시아 혁명이 우리에게 시사했던 함축된 의미와 유토피아를 갈망하는 많은 사람의 이상(理想)은 빛을 잃었지만, 러시아 혁명이 시사하는 정치적, 경제적, 사상적 영향력은 지금까지도 논쟁의 대상이 되고 있다. 그리고 소련이 해체되면서 다시 자본주의 길로 들어선 러시아는 70여 년 소비에트의 경험과 또다시 단절됨으로써, 완전히 다른 모습으로 우리에게 다가오고 있다.

2. 만남의 시작: 악수보다는 포옹

보통의 경우, 러시아인들은 친척이나 친한 친구를 만났을 때, 공 공장소라 할지라도 서로 포옹하고 볼에 키스하면서 반가움을 표시한다. 그러나 처음보는 사람이나 친하지 않은 사람을 만날 때는 극히 예외적인 경우를 제외하고 악수를 한다. 일반적으로 악수할 때는 자신의 이름을 말하면서 하고, '처음 뵙겠습니다,' '만나서 반갑습니다'라는 점잖고 일상적인 인사는 그 다음에 이루어진다.

러시아인의 이름은 이름(first name)이 먼저 오고 성(family name)이 나중에 오지만, 러시아어에는 이름과 성 중간에 부칭(아버지 이름)이 있다. 예를 들어 '표도르 니콜라예비치 메드베제프'라는 이름을 가진 사람이 있다면, 그의 이름은 표도르이며, 성은 메드베제프, 그의 아버지의 이름은 니콜라이가 되는 것이다. 윗사람에게는 이름과 부칭을 함께 부르는 것이 예의이다. 시상식이나 언론매체 등 공식적인 경우를 제외하고 성을 부르지 않는다. 전문적인 직업을 가진 사람에게는 직업명과 함께 성을 불러줘도 괜찮다.

기억해야 할 사실은 친구 사이나 사적인 모임에서도 단순히 이름을 부르지는 않는다는 것이다. 러시아어에는 이름과 관련하여 많은 지소형과 애칭이 있다. 블라지미르는 '발로쟈,' 세르게이는 '시료쟈,' 알렉산드르는 '사샤'로 부른다. 여자의 경우도 마찬가지이다. 올가는 '올랴,' 율리야는 '율랴,' 류드밀라는 '류다'로 부른다. 이처럼 해당되는 모든 이름에 애칭이 있기 때문에, 러시아에서 단순히 이름을 부르는 경우는 없다고 보면 된다.

3. 누구나 지켜야 할 공중도덕[2)]

내용	허용	허용하지 않음	금지, 범죄행위	비고
공공장소 흡연	○			
공공장소 식사	○			
非수세식 공중화장실		○		

내용	허용	허용하지 않음	금지, 범죄행위	비고
공공장소에서 침 뱉기		○		
공공장소에서 새 및 동물에게 먹이주기	○			
공공장소에서 휘파람 불기		○		
공공장소에서 음주행위		○		
공공장소에서 입맞춤		○		
공공장소에서 모유 수유		○		
공공장소에서 취중행위		○		
공공장소에서 욕설		○		
공공장소에서 종교 설교		○		
공공장소에서 구걸행위	○			
공공장소에서 자선행위	○			
공공장소에서 음식, 혹은 음료 기부행위		○		
공공장소에서 양치질(화장실 제외)		○		
공공장소에서 애완동물과 산책하기	○			
공공장소에서 껌 씹기	○			
공공장소에서 손톱 손질하기		○		
공공장소에서 큰소리로 웃기		○		
공공장소에서 종교책자 배포	○			
나체 목욕			○	
쓰레기 무단 방기			○	
히치하이킹	○			
음주운전			○	
무단횡단			○	
과속운전			○	
카지노 출입(내국인 포함)	○			
허락 없이 인물사진 찍기		○		
공항, 기차역, 버스터미널에서 사진 찍기			○	
공항사진 찍기			○	
종교관련 건물 및 집회 사진 찍기	○			
과도한 서비스 팁		○		
동성연애	○			
신체 문신	○			
공공장소에서 코풀기		○		

내용	허용	허용하지 않음	금지, 범죄행위	비고
사람들 앞에서 코풀기		○		
첫 만남에서 여성과 악수하기		○		
상대방 부인에 대해 물어보기	○			
상대방 남편에 대해 물어보기	○			
상대방 나이 물어보기		○		
외모에 대한 칭찬	○			
옷차림새에 대한 칭찬	○			
악수할 때 양손 사용하기	○			
현금으로 선물하기		○		
꽃 선물하기(특히 여성에게 좋음)	○			
선물하기(주인/여주인)	○			
국기 모욕(찢기, 태우기 등)		○		
정치 및 종교관련 대화, 토론	○			
일상적인 스킨십(신체의 일부: 등, 머리)	○			
일상적인 스킨십(엉덩이)		○		
손가락으로 사람 가리키기		○		
대화할 때 근접한 거리에서 말하기	○			
휘파람 불기(무언가 요청하고자 할 때)		○		
남성 화장(손톱, 입술 등)		○		
약물, 혹은 불법약품 소지			○	

내용	허용 여부
운전벨트 착용의무	○
국제운전면허증 허용	○
자국 운전면허증 허용(단, 현지대사관 공증 시 사용가능)	×
공공장소에서 하품하기	×
국가연주동안 제자리 서있기	○
이륜차 운전할 때 헬멧 착용	×
초대받은 집에서 남김없이 음식 먹기	○
가볍게 고개 숙이는 행위는 '예' 의미	○
고개를 숙이지 않고 악수하는 행위는 '아니오' 의미	○
교회입장 및 기도할 때 탈모 의무	○
애완동물과 함께 공공기관(식당 포함)으로 들어가기	×
군사시설에 대한 사진 촬영	×

4. 고대부터 이어 온 러시아인의 금기사항

988년 러시아가 기독교를 수용하여 국교로 정한지 1000년이 지났지만, 러시아인 중에는 아직도 과거 민간신앙의 풍습에 따라 사고하고 행동하는 경우가 있다. 물론 러시아인들은 이것이 교회에서 말하는 미신인지 아닌지 모른 채 행동하고 있다. 흔히 러시아인들의 기독교를 외형만 기독교이고, 내용은 민간신앙에 입각한 '이중신앙'이라고 말하는 경우도 있으나, 이 용어는 잘못된 것이다. 기독교와 민간신앙이 서로 융합한 현상은 비단 러시아만의 독특한 현상은 아니다. 어느 나라에서나 이와 같은 민간신앙과 기독교의 혼합된 형태가 나타나기 때문이다.

예를 들어 집을 떠날 때나 여행 중에 갑자기 일정을 변경하면, 바로 출발하지 말고 몇 분 동안 자리에 그냥 앉아 있어야 한다. 혹시 일정이 변경되어 액운이 낄 수 있기 때문이다. 액운을 방지하기 위해 '나무'로 만든 탁자를 세 번 두드리거나 어깨너머로 침을 뱉는다.

집에 들어가기 전에 무언가 잃어버린 것이 생각나면, 들어가기 전에 다른 사람에게 잃어버린 물건을 찾을 수 있느냐고 먼저 물어봐야 한다. 그래야만 잃어버린 물건을 찾을 수 있다고 생각한다. 만일 그렇게 하지 않으면 잃어버린 물건을 영영 찾지 못한다고 믿고 있다.

그밖에 러시아인들이 오늘날까지도 의식적, 무의식적으로 받아들이는 고대의 전통풍습과 금기사항은 다음과 같다.

1) 문지방 앞에서 절대로 악수하지 마라(문지방을 밟지 마라)

러시아인들이 고대부터 오늘날까지 간직해온 세계관 중에서

'공간' 개념에 대한 재미난 사실들이 있다. '하늘과 땅,' '위와 아래'와 같은 성(聖)과 속(俗)을 구분하는 수직적 공간개념뿐만 아니라, '오른쪽과 왼쪽,' '안과 밖,' '집과 숲(외부세계),' '나(우리)와 그들'을 구분하는 수평적 공간개념이 러시아인들의 의식구조 속에 자리 잡고 있는데, 안과 밖, 집과 숲과 같은 수평적으로 대립된 공간의 경계가 되는 곳이 바로 문지방이다. 그래서 러시아인들은 우리와 같이 문지방에 걸쳐 앉거나, 문지방을 밟는 행위를 절대로 해서는 안 되는 금기사항으로 여기고 있다. 그 이유는 문지방이 외부의 사악한 힘이나 불길한 액운이 집안으로 들어오는 것을 막아주는 일종의 보호막이고, 나(우리)와 그들을 구분하는 경계라고 생각했기 때문이다. 그래서 그 경계인 문지방에 서서 마주보며 악수하거나 인사를 나누는 행위 역시 해서는 안 되는 금기사항인 것이다.

2) 액운을 떨쳐버리기 위해서는 왼쪽에 침을 뱉어라

러시아인들이 간직하고 있는 '좌-우' 방향에 대한 개념 역시 에티켓과 상관관계를 맺고 있다. 왼쪽과 오른쪽을 나타내는 좌우 방향에 관한 개념은 항상 이항 대립적 가치체계와 연결되는데, 좌와 우는 불행과 행복, 죽음과 삶, 옳고 그름의 의미를 간직하고 있다. 오른쪽을 뜻하는 러시아어 단어(правый, pravyj)가 옳고, 정당한, 죄가 없는 의미를 가진 반면에, 왼쪽을 뜻하는 단어(левый, levyj)는 그릇된, 정당하지 못한 사악한 의미를 가지고 있기 때문이다. 그래서 길을 걷다가 갈림길이 나왔을 때에도 오른쪽 길은 행운을 가져다주지만, 왼쪽 길로 접어들면 불행이 찾아온다고 러시아인들은 믿고 있는 것이다. 동일한 의미로 러시아인들은 삶이 오른쪽에 있고, 불행과 죽음은 왼쪽에 있으며, 오른쪽에는 자신의 보호자 및 수호자가 있고, 왼쪽에는 액운과 죽음이 자리 잡고 있으니, 특정한 행동을 하기 전에 액운을 떨쳐 버리기 위해 왼쪽으로 침을 뱉거나 왼쪽 어깨를 세 번 흔들면서 불행을 막는다고 한다.

3) 테이블의 모퉁이에 앉지 말아야 한다

우리나라에서도 동일한 경우가 있지만, 러시아에서도 테이블에 앉을 때, 모퉁이에 앉아서는 안 된다. 각이 지지 않은 원형의 테이블이라면 상관없지만, 직사각형이나 정사각형 모양의 테이블에서는 절대 모퉁이에 앉지 않는다. 혹여 미혼인 경우에 테이블 모퉁이에 앉는다면, 향후 7년 동안 결혼하지 못하고 싱글로 남아 있어야 한다고 러시아인들은 믿고 있다. 혹은 결혼한 사람이 모퉁이에 앉게 되면 그 사람에게 가정불화가 일어나 이혼을 많이 하게 된다고 믿고 있다. 이래저래 모퉁이에 앉는 경우는 절대 피해야 한다. 반대로 사람이 많아 자리배치를 다시 할 경우에도 타인에 대한 배려차원에서 절대 모퉁이 자리는 만들지 말아야 한다.

4) 자신이 착용한 반지는 타인의 손에 직접 건네주지 않는다

혹여 러시아 사람과 이야기하다가 반지를 구경하고, 그 반지를 끼어 볼 때 그 반지를 손으로 받아 직접 자신의 손에 끼면 안 된다. 이 경우 러시아인들은 반드시 탁자 위에 반지를 올려놓아 전달하거나, 혹은 다른 물건을 통해 반지를 건네줄 것이다. 직접 손으로 받는 행위는 반지를 통해 그 사람의 영혼이 그대로 전달된다고 믿기 때문에 러시아에서는 해서는 안 되는 행위이다. 반대로 러시아인에게 반지를 전달할 때도 직접 주지 말고, 탁자 위에 올려놓거나, 다른 물건 위에 올려놓고 전달해주어야 한다. 물론 사랑하는 사람에게 건내주는 반지는 직접 끼워줘야 한다.

5. 알아두면 편리한 기본 예의범절

1) 건배사는 되도록 길게 하라

우리나라에서는 음식을 앞에 두고 많은 이야기를 하면 실례가 된다. 이야기가 길어지면 차려놓은 음식이 식기 때문에 음식을 준비한 집주인 혹은 요리사의 정성을 무시하는 것이 되어 버리기 때문이다. 그래서 되도록 건배사는 짧게, 혹은 대표로 한 두 사람만 건배사를 제의하고 나머지 사람들은 그냥 식사를 하게 된다.

그러나 러시아에서는 짧게 건배사를 하는 것이 오히려 예의에 어긋난다. 사전에 간단하게 식사하는 것을 알리지 않았다면, 보통 식사초대의 자리에서 러시아 사람들의 식사시간은 3시간이 넘는다. 요리가 그만큼 많이 나올 수도 있지만, 식사 시간이 길어지는 이유는 긴 건배사 때문이다. 러시아 사람들은 식사할 때 술 한 잔 마실 때마다 건배사(тост, tost)를 한다. 한 사람씩 일어나 먼저 집주인의 건강과 그 가족의 안부를 물어보고, 초대된 사람들을 일일이 거명하며 그들의 일상에 관해 물어보고 행운을 빌어준다. 또한 식자들은 자신의 삶의 철학을 압축적으로 표현하며 은근히 지적 수준을 자랑하기도 한다. 그래서 보통 한 사람이 최소 5분 이상의 건배사를 하게 된다. 참석한 모든 사람들이 반드시 건배사를 하기 때문에, 러시아인에게 처음으로 초대받아 식사자리에 갔다면 미리 건배사를 준비하는 것이 좋다. 쑥스러운 마음에 우리나라에서와 같이 간단하게 한 두 마디만 하고 자리에 앉는다면 오히려 분위기를 망칠 수도 있기 때문이다.

그리고 식사 중에 조심해야 할 것은 술 예의이다. 보통 러시아인이라면 식사 중에 보드카를 마시는데, 건배사가 끝나면, '다드나'(건배라는 의미: 끝까지 다 마시자는 러시아어)를 외친다. 이때 술을 잘 마시는 사람이라면 잔을 비워도 되지만, 술이 약한 사람이라면 조금씩 나누어 마셔도 좋다. 첫 잔은 바로 비우는 것이 예의지만, 그다음부터는 조금씩 나누어 마셔도 무방하다. 물론 가능하면 첫 3잔까지는 같이 마셔주는 것이 좋다. 러시아 사람들은 술을 못 마시는 사람보다도 술을 먹고 자신을 주체하지 못한 채 주사를 부리는 사람들을 더 혐오한다. 특히 술에 취한 후에 길거리를 걸어가는 것은 매우 위험하다. 그리고 상대방이 술을 따를 때 술잔에 손을 대지 않는다. 술잔을 탁자에 두고 기다린다. 상대방이 잔을 채우면 감사하다는 말을 하면 된다.

혹시 러시아어를 모르는 사람이라면 건배할 때 사용하는 러시아어를 몇 마디 준비하는 것도 중요하다. 주로 사용되는 건배사는 '건강을 위하여(за здоровье, za zdorovie),' '사랑을 위하여(за любовь, za liubofi) '우리를 위하여(за нас, za nas),' '우리의 만남을 위하여(за встречи, za vstrechi)' 등이다.

2) 차 한 잔의 초대에도 식사 준비하는 러시아인

혹여 러시아인이 차 한 잔 하자고 집으로 초대했을 경우에, 우리나라 같으면, 차 한 잔 하자는 소리에 가벼운 마음으로 초대에 응할 수 있으나, 보통의 경우 러시아인들은 우리의 식사량과 맞먹는 음식을 내놓을 때가 잦다. 그래서 초대를 받았을 경우에 미리 많은 음식을 먹고 가는 일이 없도록 해야 한다. 방금 식사를 마쳤다고 음식을 사양하는 것은 주인에 대한 예의가 아니기 때문이다.

러시아인들이 손님 접대하는 방식은 '빵과 소금'이라는 단어로 대표된다. 빵과 소금은 '손님 접대'를 뜻하는 러시아어를 의미하는데, 이 용어는 고대부터 현재에 이르기까지 러시아인들이 삶을 영위하기 위해 생산 활동에 기울였던 경제행위의 상징적 의미를 갖는다. 즉 경작과 채집이라는 고대의 전형적 경제활동에서 각각 빵과 소금이라는 단어가 파생되었는데, 러시아인들은 바로 자신들이 생산한 음식으로 손님들을 극진하게 대접하기 때문이다. 지금도 대통령이나 고위관리가 지방을 방문할 경우, 공항에 그 지역의 전통의상을 입은 여인들이 손에 빵과 소금을 들고 환영하는 모습을 흔히 볼 수 있는데, 이 경우 반드시 '손으로' 빵을 떼어내어 위에 놓여있는 소금을 찍어 먹어야 한다.

공식적인 만남이 아닌 사적인 경우에도 마찬가지이다. 집으로 초대를 받았을 경우나, 고급 음식점에 들어가면 테이블 위에 빵과 소금이 놓여있는 경우를 볼 수 있는데, 이 경우 자신의 집을 찾아온 손님들을 정성스럽게 환대하겠다는 주인, 혹은 음식점 주인의 마음이 담겨 있는 것이다. 고대 러시아에서도 주인이 오랜 시간 집을 비워둘 경우에 식탁 위에 약간의 음식을 놓아두는데, 이유는 혹시 주인이 집에 없을 때 손님이 찾아왔을 경우, 그 손님에게도 음식을 대접하고자 하는 주인의 정성과 마음을 보여주기 위함이다.

어찌 되었건 러시아인들의 식사초대를 받은 경우에는 주인이 해놓은 음식을 모두 먹는다는 생각으로 초대에 응해야 한다. 사전에 먼저 식사를 하고 가는 결례를 범하지 말아야 한다. 어느 나라나 마찬가지겠지만, 음식 종류의 많고 적음을 떠나, 혹은 고급 음식이 아닐지라도 주인의 정성이 듬뿍 담긴 음식을 맛있게 먹는 손님은 어디에서든 환영받기 마련이기 때문이다. 특히 대식가들이 즐비한 러시아에서는 더더욱 그렇다.

3) 아이가 예쁘다고 절대 손으로 만지면 안 된다

러시아에서 거리를 걸을 때면, 아이를 유모차에 태워 산책하는 러시아 여인의 모습을 자주 볼 수 있다. 더욱이 우리와 달리 돌을 갓 지난 아이라 할지라도 추운 날씨에 유모차의 덮개를 씌우지 않는다. 서양 아이들은 특히 어릴 때 무척이나 예쁘다고 알려져 있다. 그런데 전혀 모르는 아이라 할지라도 우리나라 사람들은 아주 예쁜 아이를 거리에서 볼 경우, 아이를 만지면서 예쁘고 귀엽다는 말을 하곤 한다. 이 경우 부모들도 낯선 이들의 행동을 말리기보다는 자식이 예쁘다는 소리에 흐뭇해하며 어느 정도 묵인하기도 한다. 하지만, 러시아에서는 이러한 행동은 금물이다. 비록 아이가 예쁘다고 하더라도 한두 마디 말로 끝내야지 아이의 신체를 만지거나 안아주거나 하면 아이의 부모에게 큰 결례를 범하는 것이다. 낯선 이의 과도한 행동이 자칫 아이에게 피해를 준다고 생각하기 때문이다.

어느 부모나 마찬가지이지만, 러시아인들의 아동보호 역시 남다른 면이 있다. 소비에트 초기에는 사회주의 혁명 성공의 여파로 '낙태허용'과 같은 당시로는 매우 진보적인 조치들이 취해지기도 하였으나, 스탈린 시대에 접어들면서 가족의 중요성이 강조되어 낙태가 불법화되고, 이혼절차가 복잡해지고 어려워지는 등 가족의 소중함이 강조되었다. 산모와 아이들을 위한 보육시설은 국가 차원에서 제공되었고, 다자녀 여성에게 '위대한 어머니'라는 칭호가 붙여지기도 하였다. 소련 붕괴 이후 오늘날 러시아에는 비싼 물가와 교육비 부담으로 인해 아이를 적게 낳아 인구가 감소하고, 그 결과 저 출산이 심각한 사회적 현상으로 대두되고 있다. 러시아 정부는 갖가지 출산장려금을 지급하여 이에 대응하고 있으나, 여성의 사회진출이 활발한 서구화된 러시아에서 이 문제가 쉽사리 해결될지는 아직 미지수이다.

4) 꽃을 선물할 때는 반드시 홀수로 해야 한다

러시아인들의 꽃 사랑은 참으로 유별나다. 특히 러시아에서 추위가 아직 끝나지 않을 무렵인 3월 8일 '여성의 날'에는 사랑하는 사람과 존경하는 어른, 친한 친구에게 밤늦게까지 꽃을 선물하는 모습을 종종 볼 수 있다. 혹시 맘에 드는 러시아 친구가 있다면 이날 반드시 꽃을 선물해야 한다. 공휴일인 여성의 날에 여자친구에게 꽃을 선물하지 않는 것은 거의 절교한다는 의미로 받아들여진다. 시기를 놓쳐 소중한 사랑을 잃어버려서는 안되지 않는가.

친구의 생일이나 친척집을 방문할 때, 각종 행사에 초대를 받았을 경우에 꽃을 선물로 준비하면 크게 환영받을 것이다. 사랑의 고백을 뜻하는 장미나 순수하고 깨끗함의 상징인 백합 등 어떤 꽃이든 환영받지만, 노란색 계통의 꽃은 선물하지 말아야 한다. 노란색은 이별의 색으로 인식하고 있기 때문에, 노란색 계통의 꽃을 선물하는 것은 큰 결례가 된다. 그리고 반드시 기억해야 할 사실은 꽃을 선물할 때는 반드시 홀수로 해야 한다는 사실이다. 짝수로 해야 하는 경우는 조문할 때이다. 초대를 받아 짝수로 꽃을 선물하는 것은 큰 실례이다.

5) 지갑을 선물할 때는 돈을 넣어 선물한다

우리나라에서도 마찬가지 경우가 있지만, 누군가에게 지갑을 선물할 때는 지갑만 선물하는 것이 아니라, 금액이 적어도 상관없으니 돈을 넣어 건네주어야 한다. 그래야 부자가 될 수 있다고 믿는다. 물론 신권을 준비하면 더욱 좋다. 또 한 가지 기억해야 할 사실은 러시아인들의 동물 보호가 남다르다는 것이다. 길거리에서 개를 데리고 산책하는 러시아인들의 모습을 자주 목격할 수 있는데, 러시아인들은 자기가 기르는 애완동물이 새끼를 낳을 경우 친척이나 친한 친구들에게 새끼를 선물하기도 한다. 우리에게도 흔한 일이지만, 주의해야 할 사항은 형식적으로라도 약간의 돈을 주고 구매해야 한다는 것이다. 물론 감사의 표시를 담을 수 있는 적당한 금액이면 충분하다.

6. 결 론

다양한 민족의 전시장과 같은 러시아에서 모든 개별민족의 에티켓을 정리하고 기술하는 것은 사실상 불가능하다. 지켜야 할 금기사항이나 에티켓이 너무 많기 때문이다. 오히려 러시아에서 생활하면서 러시아 친구들에게 물어보아 기록하는 것이 더 현명한 방법이 될는지 모른다. 이곳에서 정리한 사항들은 주로 러시아인들의 에티켓을 중심으로 그들이 고대로부터 현재에 이르기까지 삶을 영위하면서 지켜온 대표적인 예의범절들을 정리한 것이다. 다양성의 조화, 혹은 다양성의 통일 차원에서 러시아 사회의 주된 구성원인 러시아인들의 기본적인 예의범절을 아는 것이 필요했기 때문이다. 오늘날 산업화와 세계화가 진행되면서 과거의 전통으로부터 파생된 기본적인 격식들이 많이 사라지기는 했으나, 격식이 필요한 곳에서는 반드시 지켜야 할 에티켓이 여전히 중요하다는 사실을 고려할 때, 러시아인이 누구인지, 러시아인의 문화행태가 무엇인지를 알기 위해서는 그들 정체성의 근간이 되는 문화코드나 에티켓을 이해하는 것이 필수적이라 하겠다.

기본적인 문화적 이해가 충족되었을 경우, 광활한 영토와 민족적 수난, 척박한 토양과 매서운 기후와 같은 자연환경으로부터 발생한 절대자에 대한 순종과 인내, 타인에 대한 배려, 감성적인 여유와 같은 러시아인들의 문화의식을 자연스럽게 이해할 수 있을 것이다.

참고문헌

기연수. “러시아인의 문화코드와 의사소통방식.” 『슬라브연구』. 제19권, 제1호, 2004.

박상남 외. 『푸틴의 러시아: 권력과 시장 그리고 비즈니스』. 서울: 한울아카데미, 2007.

이덕형. 『천년의 울림: 러시아 문학과 예술』. 서울: 성균관대학교 출판부, 2001.

Забылин, М. *Русский Народ.* Москва: Русская Книга, 1996.

Коринфский, А. А. *Народная Русь.* Смоленск: Русич, 1995.

Morrison, Terri, Conaway, Wayne, A and Borden, George A. *Kiss, Bow, or Shake Hands: How to do Business in Sixty Countries.* Avon, Massachusetts: Adams Media Corporation, 1994.

Nwanna, Gladson I. *Do's and Don't Around the World: A Country Guide to Cultural and Social Taboos and Etiquette: Russia and the Independent States.* Baltimore and Maryland: World Travel Institute, 1998.

Webber, Stephen and Webber Tatyana. *Russian language: Life and Culture.* London Hodder Headline Plc., 2002.

Willson Drew and Donaldson Lloyd. *Russian Etiquette & Ethics in Business.* Illinois, NTC Business Books, 1996.

미 주

1) 이 지역은 동쪽으로 우랄산맥과 서쪽으로 카르파티아 산맥, 남쪽으로 카스피해와 흑해, 북쪽으로 발트해와 북극해에 둘러싸인 약 400만㎢에 해당하는 광활한 지역으로 한반도 면적의 약 20배에 이르고 있다. 지리적으로 아시아와 유럽의 경계선인 우랄산맥은 평균 해발고도가 500m에 지나지 않아 이민족의 침입으로부터 러시아를 보호하는 방어선 역할을 하지 못했다.

2) 이 내용은 기본적으로 Gladson I. Nwanna, *Do's and Don't Around the World: A Country Guide to Cultural and Social Taboos and Etiquette: Russia and the Independent States* (Baltimore and Maryland: World Travel Institute, 1998), pp. 79-87 참조.(※ 몇몇 사항들은 오늘날 사회적으로 묵인되는 경우도 있음)

체코인의 에티켓: 체코에 가면 체코 사람처럼 행동하라!

체코인의 에티켓: 체코에 가면 체코 사람처럼 행동하라!

김 규 진

1. 예절은 기본

예절은 아무리 강조해도 지나침이 없다. 사람 사는 곳이라면 반드시 그곳의 전통과 풍습에 따른 예의범절이 있기 마련이다. 로마에 가면 로마 사람처럼 행동하고 "프라하에 가면 프라하 사람처럼 행동하라!"라는 말은 바로 이 낯선 곳의 인간생활 기본인 예절을 갖추고 살아야 한다는 뜻이다. 우리는 오늘날 지구촌이라는 거대한 개념을 사용하듯 세계가 넓고도 좁은 의미가 있지만 가는 곳마다 다른 전통과 풍습, 예절 등을 알고 있어야 한다. 우리 속담에 '가난은 죄가 아니지만 모르는 것은 죄가 될 수도 있다' 는 말이 있다. 그래서 사람들은 일정 기간 사회생활에 필요한 교육을 받는다. 가정에서는 집안의 풍습을, 사회에서는 사회의 전통을 알고 지켜야 할 규범, 즉 예의범절이 있다. 필자는 어릴 때 한국 양반 사회의 전통을 지나치게 숭상하는 영주 무섬이라는 한 농촌 유교 마을에서 자랐다. 6살에 천자문(千字文)과 동몽선습(童蒙先習)을 배우기 전부터 벌써 어른들 앞에 무릎을 꿇고 앉아서 말씀을 늘 경청하여야 했고 시중을 들어야 했다. 이제는 케케묵은 전설이 되다시피 한 남녀칠세부동석(男女七世不同席)이니 하는 말도 자주 들었다. 서당 할아버지는 공자(孔子)의 "항상 겸손해라, 겸양과 친절은 예의 기본이다."라는 말을 늘 강조하셨다.

그 후 초등학교부터 대학까지 학교 교육을 기반으로 한 동료, 선후배, 스승에 대한 태도와 사회생활에 대한 준비단계의 여러 예절을 배웠고 군대와 잠시 경험한 일반 회사에서는 엄격한 상하관계의 규율을 배웠다. 그 후 미국 유학생활에서는 색다른 에티켓을 경험했다. 이때의 미국인들의 예의범절은 우리보다는 체코와 유사하다는 것을 체코에 여러 번 가보고 나서 알게 되었다. 미국은 수많은 인종이 모여 만들어진 이민국가여서 여러 풍습의 조화때문인지 교수, 학생, 아이, 어른 할 것 없이 알고 지내면 다 이름을 부르고 말을 놓고 지내는 것이 가장 인상적이었다. 미국 가정에 초대받아갔을 때 오른손에는 나이프를, 왼손에는 포크를 들고 식사하는 등 처음에는 약간 복잡하고 혼란스러웠으나 그들이 하는 대로 따라하면 별 실례가 안 된다는 것을 곧 알게 되었다. 미국사회에도 젊은이들의 자유분방한 진보사상과 청교도적 기독교의 전통에 기반을 둔 보수적인 어른들의 윤리가 자주 충돌하지만 역시 근본은 비슷했다. 10여 년 만에 미국 유학 후 돌아온 한국 사회는 필자가 이제 중년의 나이에 들어섰음에도 불구하고 생소하고 복잡하게 느껴지는 것이 있는데 특히 남의 일을 챙기고 신경을 쓰며 생활하여야 하는 체면문화가 고정되어 버린 사회라서 답답함을 느끼게 하였다. 이처럼 자기 나라도 오랜만에 보면 관습과 예절이 새롭다는 것을 느낄 수 있는데 외국의 경우는 더 말할 것도 없다. 체코는 이처럼 체면 문화는 많지 않지만 기본적으로 남에게 폐를 끼치지 않은 생활태도를 유지한다.

1989년 11월 소위 벨벳 혁명(피 흘리지 않고 평화적인 정권교체의 상징)으로 공산주의 체제가 붕괴 된 이듬해인 1990년 여름 그토록 가보고 싶었던 체코(당시 체코슬로바키아)의 수도 프라하에 한

달간 체류했다. 미국 시카고 대학에서 체코 할아버지 교수가 그토록 자랑하던 문화와 역사 유적의 도시를 느낄 수 있었다. 옛 사회주의 통치의 잔해가 사회 곳곳에 남아 있는 회색문화의 거리는 호기심과 의혹으로 나를 맞이했다. 이방인에 대한 체코인들의 무표정과 불친절함은 미국인들이나 서유럽인들의 미소, 친절과는 너무 대조적이어서 당혹하고 경악하지 않을 수 없었다. 미소를 좀처럼 보이지 않는 굳은 표정의 프라하 시민들과 재빠른 걸음으로 지나치는 모습에 당황하며 고독감과 소외감을 다룬 카프카의 소설들의 주인공들을 이해할 수 있었다. 1990년 이래 거의 해마다 여름이면 체코에서 한 달가량 보내고 2000년에서 2001년까지 1년간 프라하에서 생활하며 체코인들의 삶의 모습을 관찰하였다.

자유화된 이후 이러한 체코인들의 태도는 해가 갈수록 달라지고 있다. 이제는 미소도 자주 볼 수 있고 대중레스토랑에서의 서비스도 변화되었다. EU에 가입한 어엿한 유럽인의 한 일원으로써 자본주의 경쟁의식을 생활화하며 생겨난 서비스 개념 덕택인 것 같다.

체코에서 지켜야 할 에티켓은 우리가 지켜야 할 에티켓과 별반 차이가 없다. 체코인들과 비슷한 에티켓은 이웃나라인 슬로바키아, 오스트리아, 독일, 헝가리, 폴란드 등에서 찾아볼 수 있다. 한마디로 체코사회는 남에게 가능한 불쾌감이나 폐를 끼치지 않으려고 무척 애를 쓰는 사회이다. 그래서 거리에서나 건물 내에서나 서로 부딪치지 않도록 조심하는데, 만일 접촉이 있을 경우에는 "Pardon!(빠르돈)"이라고 하는 것을 잊지 않으며 "실례합니다"에 해당하는 "S dovolením(즈도볼레님)" 혹은 "Prosím(쁘로심)"이란 말을 자주 사용한다. 체코의 대중교통인 버스, 전차, 지하철 칸에는 꼭 임산부나 노약자의 지정석이 있는데 차안이 복잡해도 해당되지 않으면 잘 앉지 않는다. 앉았다가도 노인이나 임산부가 올라오면 자리를 비켜준다. 젊은이가 앉아서 비켜주지 않으면 일어서라고 요구하기도 한다. 체코는 남에 대한 기본적인 예의범절을 잘 지키는 나라이다. 체코를 방문하는 사람들은 이런 점을 알고 가면 도움이 되리라 본다. 그래서인지 체코의 한 교수가 일본에서 몇 년 가르친 후 일본인들의 예의범절을 극구 찬양하는 것을 읽은 적이 있는데 두 나라가 비슷한 것 같다.

체코는 민족적 언어적으로는 폴란드, 슬로바키아, 러시아 등 슬라브권이지만 지리적, 문화적, 역사적으로는 독일, 오스트리아 등 중부유럽 전통에 속하고 일반적으로 폴란드, 슬로바키아, 독일, 헝가리, 프랑스, 영국 등의 예의범절과 비슷하다.

우리 속담에 "가는 말이 고와야 오는 말이 곱다."는 어머님이 늘 하시던 말씀대로 체코에도 이는 보편적으로 통한다. 필자의 경험에 의하면 한국에 찾아온 체코인들에게 대접하면, 체코에서도 꼭 대접을 하고자 하고 선물을 주면 반드시 답례를 한다.

그들이 평소 유념하는 일상적인 에티켓을 소개하면 다음과 같다.

2. 체코의 인사 예법

일반적으로 처음 만나는 인사는 공식적이며 반드시 지켜야만 한다. 처음 만나는 인사로는 악수, 눈인사 등이 있다. 이름을 부르거나 친밀한 인사는 친구가 된다는 뜻이므로 여자나 윗사람이 제의할 때까지 기다려야하고 이러한 순서를 지키지 않으면 모욕을 의미하니 조심해야 한다.

우리나라처럼 다른 사람을 소개받을 경우에는 나이가 어리거나 혹은 사회적 지위가 낮은 사람이 연장자나 혹은 지위가 높은 사람에게 먼저 자신을 소개하는 것이 일반적이다. 이 경우 여자, 연장. 자나 사회적 지위가 높은 사람은 반갑다는 의미로 인사하며 손을 먼저 내밀어 악수를 청한다. 상대방이 악수를 청할 경우 이를 거부하는 것도 큰 결례이며, 손을 세게 잡아 무례하게 흔드는 것도 피해야 한다. 친한 사이에는 가벼운 포옹과 함께 뺨을 서로 맞대거나 가볍게 입맞춤한다. 조금 친해진 이성 사이에는 처음에 여성의 선택에 따르게 되어 있는데, 여성이 악수하며 몸을 접근시키면 악수보다 친한 표현의 인사를 하겠다는 의사를 표현하는 것이다. 다른 사람에게 자신을 소개할 경우, 이름과 학위 혹은 직책 등을 정확하게 전달해야 하는데 이런 의미에서 명함을 준비하는 것도 좋다. 체코는 대학생들도 명함을 가지고 다니는 경우가 종종 있다.

상대방을 알게 된 후에는 그의 이름을 부르기보다는 성을 부른다. 이때 일반적으로 성 앞에 영국이나 미국의 'Mr.'에 해당하는 'pan(빤)'이 라는 존칭어를 붙여 '~씨' 혹은 '~임'으로 부른다. 여성의 경우에는 'Miss'에 해당하는 'slečna(슬레츠나)'나 'Mrs.'에 해당하는 'paní'(빠니)를 붙인다. 상대방이 의사라면, 'pane doktore(빠네 독또레; Mr. Doctor, 의사선생님)' 혹은 여성의 경우 'paní doktorko(빠니 똑또르꼬; 의사선생님)'라고 부르며, 그가 사장이라면 'pane řediteli(빠네 르제지뗄리; Mr. Director, 사장님)' 또는 'pane šefe(빠네 쉐페; 사장님)'라는 것도 있는데 이는 공식적으로는 사용하지 않고 친구끼리 장난삼아 쓰기도 한다. 여사장인 경우 'paní ředitelko(빠니 르제질뗄꼬; 사장님)', 그가 교수이면 'pane profesore(빠네 쁘로페소레; Mr. Professor, 교수님)', 여자교수이면 '빠니 프로페소르꼬; 여교수님)'라고 부른다. 상대방을 호칭할 때, 이렇게 그 사람의 학위이라든가 직위를 부르는 것이 일반적이다. 그러나 상대방과 친해진 후에는 이름을 부른다. 이때도 이름을 정확히 불러야 하는데, 이름을 기억하지 못하거나 다르게 발음해 부르는 것은 결례이다. 아주 친한 겨우 대개 애칭을 부른다. 체코 이름의 애칭은 수십 가지가 넘고 체코어 발음이 어렵기 때문에 사전에 어떻게 발음하는지 묻는 것도 좋은 방법이다. 예컨대 마리에(Marie)에 해당되는 체코 애칭은 마린까, 마르슈까, 마젠까 등 200여 가지나 된다고 한다. 우리나라 간호사(원)에 해당하는 체코어의 호칭은 '세스트로(sestro)'인데 애칭으로는 '세스트르지츠코(sestřičko)'이다.

체코에서 지켜야 할 기본적인 에티켓 중 하나는 '인사하기'이다. 인사하기는 마치 하나의 공식처럼 지켜지는데, 흔히 어색하기 쉬운 엘리베이터에서도 서로 인사를 함으로써 어색한 분위기를 없애곤 한다. 그러나 원래 체코 사회에서는 모르는 사람한테 공공장소에서 인사하지 않은 게 관습이다. 상대방을 만날 때 가장 일상적인 인사말은 "Dobrý den!(도브리 덴)"이라는 말이다. 문자 그대로는 '좋은 날(Good day)'이라는 말이지만, "안녕하세요!" 쯤으로 보면 된다. 이 말은 하루의 어느 때라도 사용할 수 있지만, 이를 구분해 아침에는 "Dobré ráno!(도브레 라노: 좋은 아침입니다!)" 오후에는 "Dobré odpoledne!(도브레 오뜨뽈레드네: 좋은 오후입니다!)" 등을 사용하기도 한다. 친한 사이에는 "Nazdar!"(나즈다르;Hello)이나 "Ahoj!(아호이;Hi)" 혹은 "Čau!(차우;Bye!)" 등과 같은 인사말을 한다. 특히 "차우"는 헤어질 때도 자주 사용한다.

이 인사말을 들었을 경우에는 똑같이 반복해 상대방에게 인사하며, 이와 더불어 "Jak se máte?(약 세마떼: 어떻게 지내세요? How do you do?)" 라든가 가까운 사이에는 "Jak se máš?(약 세마쉬; How are you?)" 혹은 "Jak to jde?(약 또이데;어떻게 지내니?)" 나 "Jak se daří?(약 세다르지;어떻게 지내니?)" 혹은 "Tak co (je nového)?(딱 쪼예 노베호;뭐 새로눈 소식 있니?)"와 같은 인사말을 건넨다.

헤어질 때도 역시 "Na shledanou!(나스흘레다노'See you again)" 라는 인사말을 건네는데, 문자 그대로는 "다시 만날 때까지!"이지만 "안녕히 가세요(계세요)!"의 의미이다. 친한 사이일 경우에는 만날 때 사용했던 "Ahoj" 혹은 "Čau"를 사용한다. 이런 인사말 뒤에 "Mějte se hezky!(므네이떼 세 헤스끼;잘 지내세요!)" 라고 한다.

다른 사람들과 대화를 할 때는 상대방의 눈을 응시하고 조용한 목소리로 이야기해야 하며, 중간에 말을 끊어서는 안 된다. 물론 다른 사람의 주위를 끌기 위해 휘파람을 불거나 야유를 하는 등의 행동도 눈살을 찌푸리게 만든다. 대화의 주제는 다양하지만, 일반적으로 정치나 종교에 관한 주제는 삼가는 것이 좋다. 종교나 정치가 그들에게 남겨준 상처가 아직도 치유되지 않았기 때문인데, 흔히 체코인들과 이야기할 때, 정치나 종교에 관한 주제가 나오면 얼른 다른 주제로 돌리려고 한다. 특히 체코인들을 러시아인들과 비슷하다느니 하는 발언은 절대로 삼가야 한다. 누군가 우리나라 사람한테 일본인과 비슷하다는 말을 할 때 느끼는 감정과 비슷하다. 이들이 가장 선호하는 주제 중 하나는 문화인데, 체코인들은 자신들의 문화와 예술을 자랑하고 싶어 하며, 동시에 이국적인 문화에 대한 관심도 대단히 높다. 참고로 체코사람들은 같은 아파트에 살아도 모르는 사이면 대개 승강기나 현관 등에서 만나도 서로 인사를 하지 않는 게 필자에게는 이상하게 보였다. 물론 대중레스토랑, 술집, 극장 로비, 또는 길거리에서 모르는 사람끼리는 인사하지 않는다. 미국의 경우는 서로 친절하게 인사하는데 반해, 독일 등 유럽의 나라들은 조금 다른 것 같다.

3. 체코 가정에서의 에티켓

프라하에서 카렐대학교의 어느 교수댁에, 그리고 또 친하게 지내던 할아버지 별장에, 교수님의 시골 친척 집 등에 초대받아 간적이 몇 번 있다. 또 미국에서 나에게 처음으로 체코어를 가르쳐 주었던 젊은 여자 교수님의 부친댁에도 간 적이 있다.

집으로 초대를 받은 경우 꼭 유의해야 할 점은 초대시간보다 너무 일찍 가지 말아야 하며 약간 늦는 것은 괜찮다. 이는 미국이나 유럽 어디든지 비슷한데, 손님 초대 준비가 조금이라도 덜 되었을 때 가면 주인이 당황스럽기 때문이다.

옷차림은 수수하고 깨끗한 차림이 적당하고, 음식준비를 돕거나 식사 후 설거지를 하는 것은 피해야 한다. 음식 맛이 형편없기 때문에 미리 가서 그것을 방지하겠다는 의미인 동시에, 밥을 얻어먹었으니 밥값을 하고 나온다는 의미로 비칠 수 있기 때문이다.

체코에서 집에 초대받는 경우는 상당히 드물다. 체코인들이 자신의 집에 누군가를 초대한다는 것은 그를 이미 친구로 여기고 있다는 의미이기 때문이다. 어지간히 오랫동안 친분을 맺은 사이가 아니면 집에 초대하지 않는다. 또 도시의 초라한 가정환경인 경우 집안을 청소하고 정돈해야하는 이유로 더더욱 집으로 초대하는 걸 꺼린다. 초대 받았을 경우, 흔쾌히 응하며 조그만 선물을 준비하는 것이 좋다. 식사 초대에는 대개 포도주 한 병이면 되고 더 고급술인 샴페인이나 위스키, 또는 체코 독주 슬리보비쩨나 벡헤로프카도 무난하다. 초대받았을 경우 여주인을 위해서는 반드시 꽃다발이나 초콜릿을 사 가야 한다고 동행하는 체코인이 귀띔해준다. 그러나 35살 이상 중년이 넘은 여자들에게 꽃은 로맨틱한 추억의 상징이니 상황에 따라 고려해야 한다. 꽃다발인 경우 꽃송이는 홀수가 좋다. 물론 서양인들처럼 13송이의 꽃은 피하며 우리나라와 마찬가지로 과일이나 주스는 삼간다고 한다. 생일파티나 결혼기념일 등 특별한 날의 초대에는 다른 선물도 가능한지만 선물로는 값비싼 것을 준비하지 말아야 하는데, 이미 친한 친구로 여긴 사람으로부터 비싼 선물을 받을 경우 이를 언젠가 되돌려

주어야 하는 것이 미덕인 체코인들에게는 여간 부담이 아닐 수 없다. 특히 우리가 하듯이 어린이나 노인에게 돈(현금)을 주는 것은 아주 실례이다. 체코인들은 선물을 받으면 대개 즉시 개봉한다. 이는 우리와 다른 점이니 체코에 가서 선물을 받으면 준 사람 앞에서 개봉하고 고마움을 표현하는 것이 좋다.

가정에서도 아는 사람들끼리는 위의 인사말 정도면 충분하고 모르는 사람을 소개 받으면 우리말에 "만나 반갑습니다."에 해당하는 "뗴시므네(Těší mě=Nice meet you)"하면 된다. 거실로 들어가기 전 코트나 가방 등은 마치 식당이나 공연장에 들어갈 때처럼 반드시 현관에 걸거나 놓고 들어간다. 초대받은 집에서는 실내화를 신는 것이 일반적이다. 실내화에 익숙지 않은 우리에게는 약간 어색하지만 이미 실내화를 준비해 둘 것이 확실하기 때문에 현관에서 구두를 벗고 이들의 권유에 따르면 된다. 또한 체코나 유럽의 경우, 실내에서 신발을 벗지 않고 지내는 사람들이 꽤 있으며 초대를 받아 가는 경우 신을 벗지 말고 들어오라고 권유하는 경우가 종종 있다. 실내에서 신을 벗는 것을 당연하게 여기는 한국인들은 당황하는 경우가 있는데 그냥 동의하며 가볍게 신을 털고 안으로 들어가면 된다. 구태여 신을 벗으면 주인이 오히려 당황하는 경우도 많다. 거실로 들어가면서 예술품이나 장식 등 특이한 것이 있으면 그것을 수집하는 취미를 가져서 좋겠다고 하며 아름다운 분위기를 살짝 칭찬하는 것도 기본적인 에티켓이다.

1) 가정에서 식사매너

식사 전 초대한 손님들과 소파 주위에 앉아 위장에 좋기로 유명한 백헤로프카, 또는 자두 등의 과일 증류주인 슬리보비쩨와 같은 독주를 식욕 돋우기 위해 소주잔 크기 정도의 작은 잔으로 한 잔씩 입맛을 돋운다. 특히 여자를 초대했을 때는 분위기를 돋우기 위해 전주로 독주나 캄파리 등을 준비해두는 것도 좋다. 식사를 시작할 때 우리는 대개 "차린 게 없지만 많이 드세요!" 하지만 체코에서는 우리말 "맛있게 드세요!"에 해당하는 "도브로우 후찌(Dobrou chut')"라고 한다.

식사 중에는 음식에 대한 칭찬도 빼놓지 말아야 하며, 식사가 끝난 뒤에 권하는 술이나 커피 등의 음료를 거부하지 말아야 한다. 술을 마시지 못하거나 커피를 싫어한다면 차나 물이라도 마시는 것이 좋다. 식사 후에 권하는 술이나 음료를 마다하는 것은 어서 빨리 이 집에서 나가고 싶다는 의미로 해석될 수 있기 때문이다. 그리고 안주인이 특별한 요리라고 말하는 요리에 대해서는 칭찬을 아끼지 말고 어떤 특정한 음식을 먹고 난 후에 그 요리법을 묻는 것은 최고의 찬사로 통한다.

식탁에서는 맥주의 안주 격인 전채요리에 해당하는 찬요리의 치즈, 살라미, 소시지 등을 먹는다. 그다음 수프가 나온다. 주요리로 생선이 나오면 백포도주를, 육식이 나오면 적포도주를 대접한다. 후식으로는 커피나 차를 마시면서 체코 콜라치(과일케이크)나 각종 과자를 먹는다. 또 애주가들은 헤어지기 전에 위스키나 코냑으로 입가심하는데, 이는 고급양주의 좋은 향기를 입안에 간직한 채 이별의 키스를 할 때 달콤한 인상을 남기기 위해서다. 만날 때나 헤어질 때 대개 가벼운 포옹을 한 채 양 볼에다가 서로 뽀뽀를 해준다.

헤어질 때는 대개 "Na shledanou(나스흘레다노우; See you again)"라고 하나, 밤에는 "Good night"에 해당하는 "Dobrou noc(도브로우 노쯔)"라고 한다. 일반적으로 친하면 "čau!(차우)"라고 한다.

술은 대개 '주인(hostinec 호스티네쯔)'이 '손님(host 호스트)'에게 따라준다. 이때 손님은 "고맙습니다!"에 해당하는 "Děkuji(데

꾸이; Thank you)"하면 된다.

식탁에서는 서양의 식사 예법과 비슷하다.

테이블매너는 아주 공식적이다. 주인이 자리를 정해줄 때까지 서서 기다린다. 대사관저 같이 열 명 이상 초청할 경우 대개 이름 카드를 테이블에 정해놓고 자리를 가리킨다.

다른 유럽처럼 칼은 오른손에 포크는 왼손에 잡는다. 여러 가지 칼과 여러 가지 포크가 있을 경우 가까운 것부터 사용한다. 작은 칼은 빵에 버터를 바를 때 사용한다. (그림 참조)

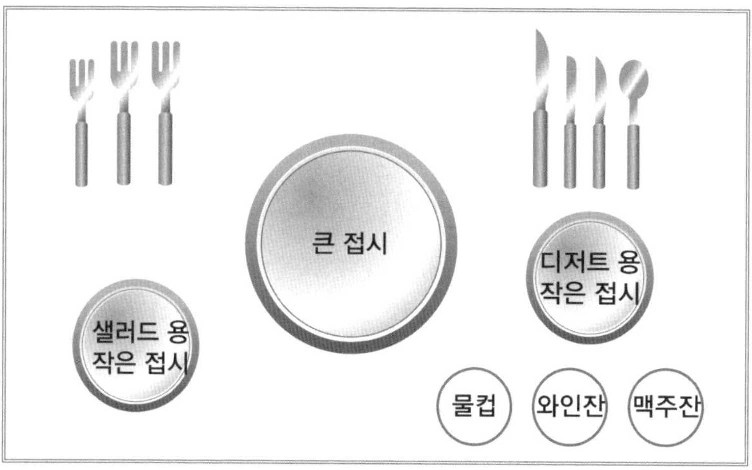

식사는 주인이 먼저 시작하면 따라서 한다.

음식이 개시되지 않으면 냅킨을 접시 옆에 접은 채로 두지만, 식사가 개시되면 냅킨을 펴서 무릎 위에 놓는다.

가장 나이 많은 여자나 가장 귀중한 손님에게 맨 먼저 음식을 서브한다.

더 먹으라고 두 번째 그릇을 제의받으면 한 번 정도는 사양하고 주인이 약간 강요할 때까지 기다린다.

음식을 다 먹으면 칼과 포크를 나란히 접시 오른쪽에 놓는다.

식사 도중 우리와는 달리 입에 음식을 넣은 채 말을 한다거나 수프를 먹을 때 후루룩 소리를 내서는 안 되고 음식을 씹을 때도 가능하면 소리가 안 나게 입을 다문 채 조심해서 먹는다. 또 트림은 절대 금물이지만 우리와는 달리 코를 푸는 것은 허용된다. 입안에 음식이 없을 때는 즐거운 대화를 나눌 수 있다. 대화는 가능하면 정치적인 문제나 일에 관한 것은 피하며 공적인 일과 사적인 일을 엄격히 구분한다. 식사 중에 자리를 뜨는 것도 좋지 않지만 부득이한 경우에는 양해의 말을 하고 자리를 뜬다. 식당이나 가정에서 우리나라처럼 아이들이 식탁 주위를 배회하며 소리치는 것은 절대 허용하지 않는다. 그러니 혹 아이들을 동반하면 조심해야 하고, 아울러 교육을 철저히 시켜야 한다. 체코인들은 아이들로 인해 남에게 실례를 할까봐 무척 조심한다. 한국에 있는 체코 대사관저에 몇 번 초대받아 간 적이 있는데 공식적인 모임이면 아예 아이들이 거실에 나타나지 못하게 한다.

체코는 가정이나 식당에서 대개 남는 음식이 없이 필요한 양만큼 차리고 먹는다. 심지어 접시에 붙은 소스까지 빵 조각 등으로 말끔히 닦아 먹어버릴 정도로 절약정신이 강하고 이러한 알뜰 정신이 체코인들의 전통이다. 깔끔하고 깨끗한 가정은 정말 본받을 만하다. 이러한 점이 일본과 비슷하다는 것을 느꼈다. 영국과 미국의 실용정신과 합리정신이 체코에서도 비슷하다.

2) 식당에서의 에티켓

체코는 예약문화가 잘 발달된 나라이고 또 현재는 관광객이 너무나 많아 식당이나 선술집에 갈 때도 예약은 필수다. 선술집이나 식당에 들어가면 가정에서처럼 코트는 대개 맡긴다. 빈자리가 보이면 손짓을 하고 앉을 수도 있지만 웨이터가 자리를 안내할 때까지 문설주에서 기다리는 게 보통이다. 특히 고급 레스토랑일수록 이는 철저히 지킨다. 일단 앉으면 메뉴판을 가지고 올 때까지 주위를 살피며 여유를 가지고 기다리고 혹, 자리가 마음에 안 들면 웨이터에게 다른 자리를 구해달라고 부탁한다. 이는 레스토랑이나 카페, 술집에서 흔히 경험하는 일이다. 간혹, 바로 옆 테이블에서 주문을 하고 있는 웨이터를 보면 곧바로 그를 불러 주문을 하고 싶어진다. 이들이 다른 테이블에서 주문을 받고 난 뒤 사라지면, 언제 다시 올지 알 수 없기 때문이다. 배고픔을 참으며 "옆 테이블에서 주문을 받고 곧바로 이쪽의 주문을 받으면 훨씬 더 빠르고 힘도 덜 들 텐데…"라고 생각하면서 기다려야 한다. 웨이터는 옆 테이블의 주문을 받아 이를 주방에 전달하고 나이프와 포크를 그 테이블에 가져다 두고 나서야 이쪽으로 온다. 그리고 다시 주문을 받아 이를 전달하기를 반복한다.

일견 참 답답하다. 함께 주문을 받고 이를 전달하면 훨씬 더 빠르게 식사를 준비할 수 있을 것이라는 말을 해주고도 싶다. 수십 번 체코에 갔지만, 옆 테이블과 함께 동시에 주문을 받는 경우는 단 한 번도 없었다. 이미 체코인들의 이런 주문 방법에 익숙해져 있는데, 이젠 오히려 "한 테이블씩 주문을 받으면 주문한 내용을 틀리지 않고 정확히 전달할 수 있겠다."라는 생각을 하고 또 "먼저 온 순서대로 주문하고 식사하는 것이 당연하다."라는 간단한 진리를 깨달았다. 체코인들의 정확성을 다시 한 번 실감할 수 있었다.

레스토랑에서는 다른 사람의 식사를 방해할 정도로 큰 소리로 이야기하지 말아야 한다. 웨이터를 부르기 위해 손을 흔들거나 소리치지 말아야 하고 그저 눈짓이나 수신호를 가볍게 하든지 옆으로 올 때까지 기다리는 게 최상이다. 다른 사람과 같이 식사할 경우, 내 음식이 먼저 나와도 상대방이 주문한 음식이 나올 때까지 기다려 주어야 한다. 뜨거운 음식을 식히기 위해 입으로 부는 것 역시 좋은 행동이 아니며, 식사 중간에 담배를 피우는 것도 상대방이나 식당의 다른 사람들에게 결례된다. 하지만 요즈음 공공장소처럼 금연하는 레스토랑이 늘어가고 있다. 또한 팔꿈치를 테이블에 대거나 턱을 괴고 식사를 하는 것도 피해야 하며, 입에 음식을 가득 넣은 채 이야기하지 말아야 하고 오른손에 든 칼을 휘둘러서는 안 된다. 겨울철에는 코를 풀 수 있지만, 방귀를 뀌거나 트림을 해서는 안 된다. 혹 포크나 칼을 떨어드릴 경우 웨이터에게 다른 것으로 바꿔달라고 하고 가능하면 본인이 떨어진 것을 직접 줍지 말아야한다. 특히 포도주는 주문한 사람(주로 초대한 사람)이 먼저 맛을 보는 것이 좋다. 식사가 끝난 후에 계산은 자리에 앉아서 하는데, 웨이터에게 "Zaplatím(자쁠라찜; 계산 하겠습니다)"라고 말하던가 아니면 "učet, prosím!(우첫, 쁘로심; bill please!)"이라고 하면 되고, 계산서를 가져오면 지불을 하게 되는데 몇몇 레스토랑을 제외하고는 팁이 포함되어있지 않으므로 약간의 팁을 놓는 것을 잊지 않는다. 미국에서는 25센트 이하의 동전은 팁으로 금하지만, 체코에서의 팁은 거스름돈으로 남은 동전으로 충분하다.

4. 선술집 분위기

프라하 카렐 대학교 교수와 선술집에 들렀다. 기숙사 옆 서민들이 득실대는 곳이다. "맥주가 있는 곳이라면 인생은 즐겁다."라는 체코 속담대로 질 좋은 흑맥주나 황금빛 맥주 한 잔이면 주위 사람들을 더 친근하게 하는 마술적 요소가 있다. 한 잔을 주고받기 전 낮 인사로는 "도브리덴!(Dobrý den;Good day)", 저녁 인사로는

“도브리 베체르!(Dobrý večer; Good evening)” 또는 아무 때나 “Nazdar!(나즈다르;Hello)”, 친구끼리라면 “Ahoj!(아호이; Hi)” 등의 인사말을 주고받는다. 술잔을 건배할 때는 건배(乾杯)에 해당하는 “Na zdraví(나즈드라비; To your health)” 또는 원샷에 해당하는 “Do dna(도드나; Bottom up)”라고 외치며 잔을 부딪친다. 그러나 체코는 우리 폭탄주처럼 맥주에 독주를 섞어 마시지 않는다. 가끔가다가 학기가 끝나거나 어려운 시험을 치르고 학생들이 맥주에 위스키나 럼주를 타 마시는 경우가 있는데 주위의 보는 사람들이 ‘야만족(barbaři)’이라고 욕한다.

거리의 행인들과 선술집의 손님들은 다 똑같은 체코인들이지만 너무나 달랐다. 체코인들의 일인당 맥주 소비량(하루 평균 500cc 한 잔 정도)이 세계에서 제일 많다는 이유를 알 것만 같다. 유쾌함과 걸쭉한 농담이 넘쳐나는 맥주 선술집은 과연 체코의 또 다른 풍습을 볼 수 있는 곳이다. 그러나 일반적으로 유럽의 십자로에 위치하여 역사상 수많은 강국의 침략을 경험하여서인지 외국인에 대한 기본적인 경계심은 체코인 누구에게나 있는 것 같다. 이는 또 해마다 체코 땅을 밟고 지나가는 관광객 등이 1억인이 넘는다니 이로 인한 외화 수입은 있을지언정 일반인들의 불편함을 고려하면 이방인들에 대한 태도를 이해할 것 같다.

5. 대중교통 이용 시 에티켓

전차나 버스, 지하철을 타고 내릴 때, 사람들이 내린 후에 타야 하며, 지하철 정거장이나 대형 쇼핑센터의 에스컬레이터의 왼편은 바쁜 사람들을 위해 비워두어야 한다. 바쁜 사람들은 에스컬레이터 왼쪽으로 빠른 걸음으로 오르내리는 것이 보통이다. 유모차를 끄는 아주머니를 위해 전차나 버스 등에 유모차 싣는 것을 도와주어야 하고, 노약자들에게는 자리를 양보해야 한다. 비좁은 지하철 안에서 신문을 펼치고 보는 사람은 공중도덕을 모르는 사람이다. 핸드폰 사용도 가능한 한 피한다.

차량이나 건물에 들어갈 때나 나올 때, 임신한 여성이나 노약자에게 먼저 양보해야 함은 물론이고, 다른 사람이 들어가거나 나올 때까지 문이 닫히지 않도록 잡고 있어야 한다. 우리와 다르게 길을 걸을 때는 다른 사람과 부딪치지 않도록 오른쪽으로 통행해야 하며, 뒷사람에게 방해되지 않도록 여러 명이 나란히 걸어서도 안 된다. 특히 프라하는 관광의 명소답게 유럽에서 소매치기가 악명 높다. 보통 4-5명이 한 조가 되어 전광석화처럼 복잡한 지하철이나 전차, 버스를 타고 내릴 때 표적으로 삼은 사람을 에워싸거나 밀치고 하면서 소매치기를 하니 조심해야 한다. 이들 소매치기단은 현지인과 외국인(루마니아와 불가리인들)이 조를 짜기도 한다. 누군가가 세게 밀치고 주머니를 뒤질 때는 소리를 크게 외치면 이들은 대개 도망간다.

6. 결혼식, 명명일 또는 생일파티와 장례식 에티켓

결혼식은 시청이나 교회, 성당에서 행하고 아주 가까운 친척과 친구들을 초대한다. 결혼식에 갈 때는 우리나라처럼 돈으로 부조하지 않고 우리나라 옛 시골처럼 간단한 선물을 준비한다. 피로연 파티는 주로 식당에서 하는데 소박하게 즐긴다. 명명일이나 생일 파티에 초대받아 갈 때는 가정에서 하면 위에서 논한 가정에 초대받아갈 때의 에티켓을 지키면 된다. 장례식은 대개 성당이나 교회에서 하는데 친척이나 가까운 친구들을 부고를 통해서 초대한다. 필자가 일 년 간 프라하에 체류할 때 가까이 사귀던 비텔(Bytel) 교수가 갑자기 세상을 떠나 장례식에 부고를 받아 간 적이 있다. 먼저 집안에서 잘 차려 놓은 술상과 안주 또는 음료수를 간단히 들었다. 이때는 20여 명의 친척과 평소에 고인과 가까운 분들을 초대했다. 고인이 살던 집과 유품들을 볼 수 있는 기회가 있어서 뜻 깊었다. 그다음 성당으로 가서 장례의식을 한다. 이때는 교인들 등 200여 명이 참여했다. 성당에서 의식 후 한 줄로 늘어서서 열려진 관속에 누워있는 고인에게 마지막 목례를 한다. 공원 가족 묘지로 가서 안장한 후 식사는 레스토랑에서 하는데 이때도 앞서 집에 초대했던 손님 20여 명을 초대했다. 상주인 아들이 술잔을 들고 고인을 위해 건배를 하는 것이 특이했다. 장례식에 갈 때도 물론 돈으로 하는 부조문화는 없다. 조화를 가져갈 수는 있지만 되도록 '칼라 백합(cala lilies)'은 피한다.

7. 비즈니스 에티켓과 프로토콜

약속은 의무이며 미리 정해야한다. 시간과 날짜는 철저히 지킨다.

공문은 개인보다는 회사나 기관 앞으로 보낸다. 개인한테 보내면 그 사람이 회사를 떠나 있을 경우 공식적으로 알려지지 않기 때문이다. 대개 체코인의 주말은 가족과 더불어 별장에서 보내므로 금요일 오후 약속은 가능하면 피한다. 또, 체코는 8월이면 휴가철이라 대개 비즈니스가 정지되고 대학교 또한 9월에는 거의 문을 닫는다.

첫 만남은 대개 서로 믿을 수 있는지 알아볼 정도로 가볍게 만난다. 비즈니스를 논의하기 전에 가볍게 이것저것 이야기를 나눈다. 이때도 상대방의 시선을 계속 주시하고 상관이 윗옷을 벗기 전에 먼저 벗으면 안 된다.

필요한 공개 설명은 정확하고 자세히 해야 하며 요구와 주장을 위해서는 차트와 숫자를 정확히 제시한다.

1) 대화의 요령

체코인들은 대화할 때 공식적이며 간접적으로 표현한다. 고의로 상대방의 심기를 건드리는 말을 피하며, 비즈니스 거래는 간접적으로 접근하기를 좋아한다. 체코인들이 시선을 떨어뜨리거나 침묵하면 상대방이 말한 것에 불편한 심기를 의미한다.

2) 협의 시 유의사항

비즈니스로 몇 번 만나면 친숙해지고 친밀해진다. 정중한 예의는 체코인들로 하여금 절대적으로 '거부(no)'하는 것을 방지한다. 그러나 "그건 어려운데요." "두고 봅시다." 등은 자주 부정적인 의미로 해석된다. 체코인들의 비즈니스는 신중하고 천천히 진행된다. 그러니 협약대로 밀어부쳐서는 안 되고 때가 무르익을 때까지 기다려야 한다.

비즈니스는 위계질서가 강하다. 결재는 회사의 고위층에서 내리고 천천히 도착한다. 결재가 나기까지는 몇 번의 방문을 요구하지만 압박감을 주는 것을 피한다. 체코인들은 종종 반대급부를 주지 않고 그들이 무엇을 받을까를 기대하면서 준다.

8. 공연장 갈 때의 에티켓

체코사람들은 여가활동을 어떻게 보낼 것인가를 일하는 만큼이나 중요하게 생각한다. 그래서 주말을 잘 보내기 위하여 일주일 내내 계획을 짜고 몇 달 전부터 여름휴가를 계획하며 그 시간을 에너지 축적 시간으로 효율적으로 사용한다. 위에서 이미 언급했듯이 주말에는 주말 별장에 가서 자연 속에서 호흡하고 일상에서 벗어나 휴식을 취한다. 이런 주기적인 휴식 말고도 여유시간에 문화생활 하는 것을 자주 볼 수 있다. 프라하에 가본 사람은 느낄 수 있겠지만 음악공연, 전시회 등 다양한 이벤트가 있다.

여기서는 클래식 공연 관람을 위하여 극장에 가는 경우에 대해 언급하려고 한다. 전통이 오래된 극장에는 우리가 평소에 접하지 않은 에티켓들이 있기 때문이다.

1) 공연가기 전 준비사항

공연 티켓은 예약이 필수다. 체코는 예약문화가 잘 자리 잡은 나라이기 때문에 일 년의 공연 계획을 세우고 미리미리 예약을 하지 않으면 좋은 공연을 놓치기 쉽다. 공연을 감상하기 전에 가장 먼저 해야 할 일은 그 내용을 잘 아는 것이다. "뭘 보게 될까?"에 대한 기대가 없다면 공연장에서 느끼고 오는 것도 줄어든다. 그러므로 낯선 오페라나 뮤지컬, 연극, 교향곡 같은 것은 공연장에 가기 전에 먼저 그 내용을 파악해 두는 것이 공연을 잘 감상할 수 있는 방법이다. 또한, 조용히 공연에 몰두해야 하는 공연장에서 부스럭거리며 프로그램을 펴 보는 것은 공연장의 에티켓이 아니므로 프로그램은 가급적 공연 중에 뒤적이기보다 쉬는 틈이나 공연 전에 살펴보도록 한다.

극장에 갈 때에는 공연 시작 시각보다 약 30분 정도 미리 가는 것이 좋다. 특별한 사정이 있는 경우가 아니라면 허겁지겁 뛰어서 극장에 달려오는 사람은 관람의 준비가 되어 있지 않는 것처럼 보인다. 그리고 시작하면 문을 열어주지 않으므로 공연을 놓칠 수도 있다. 극장에 들어가면 줄을 서서 코트 등 겉옷을 맡기고 들어가는 경우가 대부분이므로 시간의 여유가 필요하며 어린이 동반이 가능한지, 몇 살까지 허용하는지 미리 알아두어야 한다.

2) 공연장에서의 옷차림

대부분의 공연장은 정장 출입을 원칙으로 하고 있지만 여름 같은 휴가철에는 너무 튀지 않는 수수한 옷차림도 허용된다. 하지만, 정장이라고 해서 폭이 넓은 드레스를 입고 옆 사람의 자리까지 차지하고 앉거나, 너무 불편한 옷은 입지 않는 것이 좋다. 간편하고도 예의에 맞는 옷차림을 준비하자. 이것은 공연장에 가는 본인에게도 옆 사람에게도 공연을 감상하기 위한 옷차림의 예의이다.

극장에 들어가는 입구에서 직원들이 표를 확인하며 자리가 어딘지를 가르쳐주는 것이 보통이고 안내에 따라 지정 좌석으로 이동하는데, 겨울철이나 드레스를 입어서 겉옷이 있을 경우에는 옷을 맡겨야 한다. 한 장소에 옷 맡기는 곳이 있는가 하면 층마다 다른 곳에 위치한 경우가 있으므로 미리 확인하는 것이 좋다. 옷을 맡길 때나 찾을 때 일하는 사람에게 약간의 봉사료(10~20 꼬루나 정도)를 놓는 것도 에티켓이다.

공연은 대부분 두 시간을 넘는 경우가 많아서 중간에 쉬는 시간이 있다. 쉬는 시간에 자리에 앉아있어도 상관없지만, 대부분의 체코인들은 샴페인이나 화이트 와인 혹은 가벼운 음료를 마시면서 함께 온 사람들과 담소를 나누는 것이 관례이므로, 음료를 마시며 쉬는 시간의 분위기를 느껴보는 것도 좋은 경험일 것이다. 만일을 대비하여 화장실에 미리 가는 것이 좋다.

3) 늦어도 10분 전에 입장하고 입장시 안내의 지시에 따를 것

늦게 와서 다른 사람의 시야를 가리고, 다른 사람에게 지나가게 비켜달라고 하는 것만큼 짜증이 나는 일은 없다. 공연이 시작된 후엔 원칙적으로 입장금지다. 30분 전에 도착해서 좌석을 확인하고 10분 전에는 자기 자리에 앉아 프로그램을 읽어보는 등 좋은 공연을 즐길 준비를 하도록 한다. 대부분의 공연장은 공연자와 관객이 공연에 집중할 수 있도록 시작 이후엔 출입금지다. 그러나 늦게 와서도 입장할 수 있었다면, 뒤쪽 빈자리에 앉았다가 휴식시간에 자신의 자리로 이동해야 한다. 특히 보다 나은 빈자리가 있다고 해서 공연 시작 후에 여기저기로 이동하는 경우가 있는데, 이것은 꼴불견이고 공연자와 관객에 대한 모욕이므로 특히 주의해야 한다.

4) 공연장에서의 금기사항

공연을 즐기려면 무대에 시선을 집중해야 한다. 이것은 자신에게도 필요하지만 남이 공연에 열중할 수 있게 해주는 데도 필요하다. 공연의 절정에서 후루룩, 쩝쩝과 같은 음식물 소리가 들린다면, 무대 위도 엉망이 되고 객석의 관객들도 짜증이 난다. 공연장에 음식물 반입은 절대금지 사항이고 또한 먹어서도 안 되고, 먹을 수도 없다. 배가 많이 고프다면, 미리 휴게실에서 먹고 들어가야 한다. 아니면 중간 쉬는 시간을 이용하자.

소리가 많이 나는 비닐 쇼핑백이나 알람 장치가 되어 있는 시계, 휴대전화는 당연히 반입 금지다. 공연장은 모든 사람들이 귀와 눈을 한껏 열어놓고 있는 자리이므로 이때, 공연의 흐름을 끊는 휴대폰의 진동소리나 벨소리는 집중적으로 비난의 시선을 모은다. 생각만 해도 식은땀 나는 상황이다. 소리가 날만한 물건은 공연장에 가져가지 않거나 전원을 꺼 놓는 것이 가장 기본적인 예절이다. 참고로 체코인들은 남에게 피해를 끼치지 않는 것을 철칙으로 삼고 있다. 필자가 프라하 카렐대학에서 일 년 간 교환교수로 있을 때 교실에서 휴대폰이 울리는 일은 한 번도 없었다. 미리 휴대폰의 전원을 끄고 수업에 임하는 학생들의 자세는 교수와 동료학생에 대한 기본적인 예의이다.

9. 기다림의 문화

체코도 오늘날 우리의 관공서나 은행, 우체국, 극장, 기차역, 버스 역 등과 같이 번호표를 받고 앉아서 자신의 순서를 기다리는 것이 보통이지만, 번호표가 없는 경우 창구 앞에 줄을 서서 기다려야 한다. 이러한 기다림의 문화는 우리보다 더 관습화되어 있다. 이는 미국이나 유럽 어느 나라를 가더라도 비슷하다. 체코인들은 아직도 하염없이 기다리는 줄에 '분노'를 표출하지는 않는다. 물론 자본주의가 도입된 이후 체코인들도 줄을 서서 기다리는 것에 짜증을 내기는 하지만 우리처럼 조급해 하지 않고 책이나 신문을 읽고 기다리는 모습이 대견스럽다. 이는 사실 과거 공산국가들의 공통된 상황이었다. 어쨌든 이렇게 줄을 서서 기다리는 경우 앞 뒤 사람에게 몸이 닿지 않게 조심하여야 한다.

은행보다 더 긴 줄을 서서 기다려야 하는 패스트푸드점에서는 매우 답답한 상황이 벌어진다. 어서 빨리 음식을 들고 자리에 앉아 시장함을 달래고 싶지만, 긴 줄은 줄어들지 않는다. 빨리 주문하고 싶은 마음에 앞 사람과의 거리를 점점 더 좁히고 마침내는 앞 사람의 등이 코앞에 닿는다.

이 경우 체코인들은 십중팔구 뒷사람을 소매치기라고 생각한다. 일 년에 1억이 넘는 관광객이 드나드는 프라하에서의 소매치기는 심각하기 때문이다. 외국인들을 대상으로 한 소매치기가 극성이지만, 소매치기는 현지인들에게도 자비를 베풀지 않고 바로 뒤에 바짝 붙어서 앞 사람의 배낭을 뒤지거나 호주머니의 지갑을 훔쳐간다. 대중교통 이용 시 소매치기는 관광객뿐만 아니라 체코 현지인들에게도 가장 골치 아픈 일이다.

이런 일 때문에 체코에서는 줄을 설 때, 앞사람에게 너무 바짝 달라붙지 말아야 한다. 바짝 달라붙으면, 앞에 있는 체코인은 뒤를 흘끗거리며 자신의 가방을 앞으로 돌려 멜 것이다. 졸지에 소매치기로 오해받는 일이 생긴다. 이런 예는 관광객을 대상으로 한 각종 범죄가 기승을 부리기 때문에 나타나는 현상이기도 하지만, 동시에 예전부터 내려오는 체코인들의 습관 때문이기도 하다. 친한 관계가 아니면 약간의 거리를 두려는 체코인들의 의식적인 행동이 무의식적 행동으로 자리 잡았기 때문이다.

10. 다문화의 나라 체코

체코인들과의 관계에서 가장 유념해야 할 측면은 그들의 생활방식을 이해하고 다문화적인 태도를 취해야 한다는 점이다. 이런 다문화주의는 일상의 에티켓을 아우르며 이들을 더욱 잘 이해할 수 있는 방법이기도 하다. 이런 시각을 갖고 있다면 사소한 에티켓을 지키지 않는다 해도 큰 문제가 되지는 않는다.

흔히 주재원들이나 현지에서 사업하는 사람들 중에는 "체코인들이 게으르며, 일에 대한 책임감이 없다."라고 평가하고 심지어는 현지인들에게 이런 말을 하는 경우도 있다. 이렇게 평가하는 사람들은 체코인들의 부정적인 측면을 강조하면서 아직도 체코인들의 삶에는 공산주의 잔재가 남아있다고 주장한다.

체코에서 공산정권이 무너진 지 17년 정도가 지났다. 아직까지 이들의 생활습관이나 태도에는 여전히 사회주의 유산이 남아있으며, 그런 잔재가 쉽게 사라질 것 같지도 않다. 그러나 게으름과 무책임에 대한 기준이 무엇인지를 반문해보면 그 사람은 쉽게 대답하지 못한다. 다른 직원보다 일찍 출근하고 늦게 퇴근하며, 점심시간을 쪼개서 일에 몰두하고 자신이 맡은 일을 끝냈을 경우 다른 일을 찾아서라도 해야 하는 한국식의 부지런함이나 책임감을 체코인들에게 적용한다면, 물론 체코인들은 게으르고 책임감이 없다.

그러나 체코인들의 입장에서 볼 때, 어떤 사람이 일찍 출근하고 늦게 퇴근한다는 것은 그 사람이 부지런하고 책임감이 있는 것이 아니라, 업무능력이 떨어진다는 것을 의미한다. 오죽했으면 업무시간에 일을 다 끝내지 못하고 일에 붙들려 있느냐는 것이 바로 이들의 시각이다. 이들에게는 정해진 규정 속에서 자신에게 부여된 대로 그리고 자신들이 계약서에 서명한 바에 의해 그 업무 내용만큼 일을 하는 것이 부지런하고 책임감 있는 것이다. 체코인들의 입장에서는 업무시간 이외에 일을 한다면 그것은 초과근무를 하는 것이고 그러면 당연히 초과근무 수당을 받아야 한다. 그런데 수당도 받지 않고 초과근무를 한다면 그것은 그 사람이 무능하기 때문이라는 것이다. 물론 체코에서는 초과근무 시간도 법으로 정해져 있어 일정시간 이상을 근무할 수도 없다.

한국식의 근면함과 책임감을 다른 나라 사람들에게 일괄적으로 적용해서는 안 된다. 이는 비단 체코인들만이 아니라 서유럽 사람들의 경우에도 마찬가지인데, 외국인들에게 우리의 상명하복식 기업문화는 아주 낯설고 비합리적인 것으로 비친다. 이들은 초과근무를 하지 않고도 주어진 업무를 원활히 수행한다면 그것이 바로 높은 노동 생산성을 의미하는 것이고 합리적인 작업수행이 아니겠느냐고 반문한다.

또 다른 주재원은 "체코인들은 한 번에 몇 가지의 일을 수행하는 능력이 없다"고 불평한다. 가게나 사무실에서 체코인들은 한 번에 두 가지를 하려고 하지 않는다. 이는 하던 일을 완벽하게 하고 다른 일을 시작하는 그들만의 철저성 때문일 것이다. 소위 멀티-플레이어를 요구하는 우리나라의 기업문화에 비추어 보면 분명 체코인들의 업무 수행능력은 떨어져 보이는 것 같다.

또 체코인들은 대개 금요일 늦은 오후에 일찍이 퇴근하여 주말을 보내기 위하여 자동차에 식구대로 자전거를 싣고 숲으로 산으로 떠난다. 그래서 금요일 오후부터 주말 동안은 대개 약속을 하지 않는다. 체코인들은 가족과 함께 시간을 보내는 것을 소중히 여긴다는 것을 알아둘 필요가 있다. 잘 사귀면 별장으로 초대받아 갈 수도 있다. 필자도 국립극장 성악 담당 스타넥(Stanek) 교수와 몇몇 체코인들의 별장에 초대받아 간 적이 있다. 그들은 도시의 초라한 아파트보다 여유 있는 별장의 야외 테이블에서 맥주와 간단한 안주를 해놓고 여유 있게 담소하거나 산책, 낚시를 즐긴다. 우리보다 한결 여유 있는 주말 별장 생활은 언제 초대 받아가도 즐겁다. A텐트 같은 작은 나무집이거나, 여유가 있으면 농가 주택 같은 별장 주위의 조그만 밭에 온갖 채소와 과일나무를 심어 놓고 즐기고 버섯을 따거나 산딸기를 따는 등 체코인들은 자연과 더불어 사는 것을 무척 소중히 여긴다.

프랑스인의 에티켓

프랑스인의 에티켓

이 종 오

프랑스는 전통적 관례와 예절을 중요시하는 세련된 문화를 가진 나라로 인식되어왔다. 이러한 관례나 예절은 한국과 매우 다르기에 한국인으로서 프랑스인의 에티켓의 근원이 되는 정신세계나 생활의식들을 제대로 이해하기란 쉬운 일이 아니다. 최근 들어 급속도로 변하고 있는 삶의 문화에서 프랑스의 에티켓도 옛 전통을 많이 잃어가고 있기는 하다. 그렇지만 프랑스인들은 격식이 필요한 곳에서는 에티켓을 잃지 않으려고 노력하고 있으며, 세계가 하나로 통합되어가는 과정에서도 대다수 프랑스인은 자신들의 고유한 정체성과 특징 있는 지역문화를 여전히 잘 지켜나가고 있다. 프랑스인들의 정신세계 속에서 생생하게 살아 숨 쉬고 있는 프랑스적인 정체성, 격식과 생활예절들을 잘 보존하고 지키는 일, 타문화를 수용하고 인정하는 일들이 바로 '다름'의 문화를 받아들이는 프랑스적인 삶인 것이다.

1. 프랑스는 '다양성'이라 불린다

프랑스는 서로 다른 인종과 민족들이 함께 어우러져 사회를 구성하고 있으며, 동시에 다양한 지리적 환경과 기후, 다양한 이념과 사고방식, 다양한 생활문화를 형성하고 있는 다민족, 다문화 국가이다. 지리, 역사, 이념, 문화에서 비롯되는 다원적 구별을 서로 인정하고 대립을 통합해왔던 프랑스의 유산은 태생적으로 많은 약점과 이점을 동시에 가질 수 있는 나라이기도 하다. 이러한 그들만의 다양성이 조화롭게 어우러져 '다양성 속의 조화'와 '다양성 속의 통일성'으로 발전해 온 프랑스적 삶의 모습을 우리는 어떻게 통합적으로 이해하고 설명할 수 있을지, 이러한 프랑스에 살고 있는 프랑스인들은 과연 어떤 사람들이고, 그들의 성향과 기질은 무엇인지, 그리고 프랑스적 삶의 주요 요소인 그들의 삶과 가치, 그들의 관례나 예절, 의사소통에는 어떠한 것들이 있는지를 아는 것이 매우 중요하다.

2. 천혜의 특혜를 누리는 '자연의 나라'

지리학적으로 많은 자연적 특혜를 가진 프랑스 본토는 약간 찌그러진 육각형 단괴모양을 띠며, 면적은 약 54만 평방킬로미터로 유럽의 기준으로 보면 EU 회원국 전체 면적의 1/6을 차지할 정도로 상당히 넓은 편이다(한반도의 약 2.5배).[1] 지리적으로 북반구의 온대지방에 속해있고 대서양과 지중해의 다리 역할을 하기 때문에 여러 가지 기후조건[2]과 농업형태들을 고루 가지고 있다. 지세는 알프스의 산악고원지대로부터 대초원과 비슷한 목초지, 그리고 남쪽으로는 온화한 지중해 연안에 이르기까지 다양하다. 프랑스는 전체 국토 면적의 2/3 이상이 완만한 평야와 낮은 구릉지대, 즉 평원이며, 유럽에서는 유일하게 국토의 3면이 대서양과 지중해에 면해 있는 나라이다.

프랑스는 한국에 비해 높은 위도의 영향으로 일조량이 한국보다 생물활동에 필요한 에너지를 적게 공급받는 영토를 가지고 있다. 따라서 생태적으로 한국에 비해 광합성이 낮아 식물생장이 느리며, 종의 구조도 다양하지 않아 동물 혹은 식물의 종류가 한국의 3분의 1정도 밖에 되지 않는다. 이러한 지형의 영향으로 농작물의 생장속도가 비교적 느리고, 잡초가 잘 자라지 않아 넓은 경작지를 필요로 하는 '조방[粗放]농업'을 하고 있으며, 유축농업, 낙농업이 발달되어 있다.

프랑스의 육지국경은 북쪽으로는 벨기에, 룩셈부르크, 독일, 동쪽으로는 스위스, 남쪽으로는 이탈리아 및 스페인과 맞닿아 있으며 이러한 국가들과 도보나 자동차로 자유롭게 넘나들 수 있는, 이른바 '자연적 국경'을 갖추고 있다. 해상으로는 북서쪽의 북해, 영불해협, 대서양 그리고 남쪽의 지중해에 둘러싸여 축복받은 자연환경을 가지고 있다. 또한 프랑스는 유럽의 다른 어느 나라보다 사람이 살기에 풍요롭고 좋은 자연적 입지조건을 갖고 있다. 1평방킬로미터 당 약 110명의 인구밀도는 대부분의 주변국들보다 낮아(주요 유럽연합국가의 인구밀도 : 스페인 80명, 이탈리아 190명, 영국 230명, 독일 220명) 삶이 쾌적한 편이다.

3. 다양하고 복잡한 혈통의 프랑스인

프랑스 국적을 취득하는 조건은 많지만 법률적으로 프랑스인이 되는 조건은 '프랑스 땅에서 태어났을 때'(이를 쥐 솔리[jus soli]규정의 적용이라 한다)라는 속지주의에 따른다. 프랑스 축구팀에서도 볼 수 있듯이 오늘날 프랑스를 일컬어 다양한 풍토의 문화와 인종들이 모여 사는 국가라고 한다. 한국이 '단일민족 한

국가'인데 반해, 프랑스는 '다민족 한 국가'의 형태를 이루고 있다. 이 말은 우리가 '나'란 존재를 국가가 '흡수'하는 의식을 중시한다면, 프랑스는 '나'를 중심으로 '전체'를 강조하는 국가임을 의미한다. 즉, 프랑스는 전체의 획일화보다는 개인의 의견이나 특수성을 인정하는 국가이다. 약 6008만 명(해외 영토를 포함한 2003년 통계)에 이르는 프랑스인의 민족적 구성을 살펴보면 그 누구도 간단하게 대답할 수 없는 매우 복잡한 역사를 가지고 있다.

프랑스인의 기원을 이루는 무명의 정착민은 50만 년 전 프랑스의 남서부 도르도뉴[Dordogne]지방의 라스코[Lascaux] 동굴벽화에서 최초로 발견된다. 유럽에서도 프랑스는 일찍부터 인간이 정착한 곳으로 주요 두 인종은 크로마뇽인과 샹스라드 인종이며, 그들의 예술은 이집트 문명보다 몇 천 년 앞선 것으로 추측되고 있기도 하다. 프랑스인들의 기원은 매우 복잡한 혈통을 가지고 있다. 흔히 말하고 있는 프랑스인들의 조상은 이른바 '골루아[Gaulois]'라는 켈트족의 한 부족에 기반하고 있다. 골루아 혹은 골족은 프랑스 남쪽 골[Gaule]지방에 살았던 민족을 뜻하는데, 당시 골은 단일국가의 형태가 아닌 각각 고유한 부족장과 신을 가진 여러 부족이었다. 이러한 유럽의 북방계 켈트족은 프랑스의 북쪽에 자리를 잡았고, 이미 프랑스 남쪽에 거주하고 있었던 리구르족과 이베리아족과 섞이게 된다. 기원전 6세기에는 그리스인이 프랑스 남쪽 마르세이유에 들어와 도시를 세우기도 하였고, 로마시대에 로마인들은 프랑스 남쪽지역의 나르본느[Narbonne]를 수도로 정하고 자리를 잡는다. 이 지역을 통치하였던 로마의 장군 세자르의 역사적 기록에는 당시의 골지역과 골루아인들의 생활상이 잘 드러나 있는데, 골지역은 로마제국에게 귀속되어, 골족의 운명은 로마인의 운명에 따르게 되었다. 프랑스에서의 인종의 혼합은 이후에도 끊임없이 계속되었다. 20세기까지 인종 혼합을 거듭하여 다양하고 복잡한 혈통이 현재의 프랑스인이 되었다고 볼 수 있다. 특히 프랑스 본토 이외에도 19세기에서 20세기 초 식민지화 시대에 이루었던 해외영토에 살고 있는 원주민들도 프랑스인이라는 점은 주목할 만하다.

프랑스의 역사와 지리적 배경을 통해 본 프랑스인의 구성은 서로 공통점이 없는 인종 혹은 민족들로 이루어져있다. 그럼에도 불구하고 타 유럽 국가에 비해 매우 이질적인 인종이 혼합된 프랑스는 유럽 내에서도 가장 개방된 국가이면서도 국가적 '연대감'이 매우 강하게 나타나는 나라이다. 따라서 프랑스에서 '프랑스인'이란 말은 언어나 종족과 같은 객관적 요소에 근거를 두기보다는 주관적 요소, 즉 공동체적 삶에 대한 의지, 국가 구성원으로의 자발적 참여와 같은 정신적이고 정서적인 특징으로 정의할 수 있다. 이처럼 프랑스는 인종적 다원주의의 분위기가 살아 숨 쉬는 곳이다.

4. 철학자 프랑스인 : 데카르트의 후예들

프랑스인들의 존재와 행동양식에 관한 이미지는 역사와 전통에 따라 민족적 혹은 문화적 보완관계로 혹은 분리관계로 결합되어 있다. 따라서 프랑스인들의 정신 또는 국민성을 프랑스가 이루고 있는 다양하고 복합적인 지리적 환경이나 뿌리가 다른 민족이니만큼 한 마디로 규정짓기가 매우 어렵다. 예를 들어 남쪽에 사는 프랑스인은 성격이 매우 급하고 쾌활하며 매우 관대한 편이나, 기후의 탓으로 약간 낙천적이고 사교적인 경향을 띠고 있고, 반대로 북쪽의 프랑스인들은 남쪽의 프랑스인에 비해 어두운 편이고, 신중하며 엄격한 편이라 쉽게 접근하기가 어렵다. 이러한 프랑스인들의 정신적 이질성은 해외 영토를 제외하더라도 매우 심하게 나타나는 편이다. 그래서 '프랑스는 한 명의 대통령과 6000만 명의 왕이 사는 나라이다', '400여 가지의 치즈를 입맛에 따라 다르게 먹는 프랑스인들을 내가 어떻게 다스릴 수 있겠는가?'라는 격언이 생기기도 한다.

이처럼 각자 다른 개성을 가지고 있는 프랑스인은 수많은 이념과 사상들이 혼합되어 있어 자신과 생각이 다른 상대방을 설득하려는 노력이 필요했고, 이 과정 속에서 자신의 의견을 고집스럽게 주장하는 성향이 매우 강하게 나타났다. 따라서 프랑스인은 어떤 사안을 가지고 대화나 토론에 들어가면 늘 자신의 생각을 논리적으로 해명하거나 설득하는 능력이 뛰어나고, 분명한 자기주장과 견해를 가지고 있기 때문에 자신의 논리만 맞으면 자신의 잘못을 잘 인정하지 않으려는 독선적 경향을 띠고 있기도 하다. 그들은 '너도 옳고 나도 옳다'라는 양시론을 싫어하는 편이기 때문에 상대방에게 너무 가혹할 정도로 빈정대는 기질을 가지고 있으며, 상대방의 약점을 풍자하는 재치도 그들의 중요한 기질이 된다. 이러한 17세기 프랑스 철학의 바탕이 되는 '데카르트 정신'(합리주의)의 후계자로 불리는 프랑스인은 비판적 사유에 대한 선호도가 높고, 이론중심주의와 엄격한 논리성을 가진 국민으로 인식된다. 따라서 일반적으로 프랑스인들은 말과 글에 매우 뚜렷한 표현과 설득력 있는 논증을 좋아하며, '행동하는 인간'보다 추상적 논쟁을 즐기는 '사유하는 인간'을 더 선호하고 존중한다. 그들은 타인에게 깊은 지적 사고를 가진 인간, 대화에서 뛰어난 식견을 가진 인간으로 보이는 것을 상당히 중요하게 여긴다.

5. 지식인 선언 : '앙가주망' 정신

프랑스인들은 감성보다 이성에 호소할 줄 아는 자세, 어릴 때부터 열린 토론이나 논리적 사고에 익숙한 교육을 받았으며, '진리'를 위해서는 양심의 목소리에 충실해야 한다는 정신을 가지고 있다. 프랑스에서 지식인이란 말은 사회참여라는 말과 일맥상통한다. 불관용[不寬容], 부정의[不正義]에 저항한 앙가주망 정신, 즉 참여정신을 실천하는 지식인들이 진정한 프랑스인의 정신세계를 대변한다는 자부심을 가지고 있으며, 그들을 존경의 대상으로 삼고 있다. 알제리 독립운동 때 독립자금의 전달 책으로 나섰던 20세기 최고의 사상가 사르트르, 이러한 사르트르에 대한 행동이 많은 프랑스인 중에서 또 다른 관점을 가진 한 사람일 뿐이라며 대수롭지 않게 여겼던 민족주의자 드골 대통령, 드레퓌스 사건 때 막강한 권력을 발휘했던 기득권층의 여론에 대항했던 졸라의 '나는 고발 한다', 가톨릭 국가에서 단지 신교도라는 이유로 아무런 증거 없이 살인자로 몰려 형장의 이슬로 사라질 때까지 3년을 변호하면서 '나는 당신의 행위에는 반대하지만 내 목숨을 걸고 당신이 말할 권리만은 지켜주겠다'던 프랑스 최고의 지성인 볼테르 등 프랑스의 지식인들은 지식만 축적하는 기능적 지식인이 아닌, 전형적인 프랑스적인 사유, 즉 사회문제에 대해 적극적으로 개입하여 비판하고, '불관용에 침묵하면 안 된다', '개인의 권리를 지켜야 한다'는 의무와 사회참여의 전통을 가진 지식인들이다. 프랑스인들은 이러한 지식인들의 기질을 바탕으로 자유와 권리를 억압하는 전체정치에 대한 저항으로 이어지는 계몽사상을 발전시켰고, 프랑스 혁명, 68운동[3]의 바탕이 되기도 하였다.

6. 타인과의 차이를 인정 : ‘톨레랑스’ 정신

다양성의 나라, 개인주의 사회, 삼색기의 의미(자유, 평등, 박애)를 지닌 프랑스의 특징은 ‘관용’정신이다. 관용의 의미를 갖는 프랑스어의 ‘톨레랑스[tolérance]’는 개인의 의사와 신념을 자유롭게 표현하도록 허용하는 것, 즉 개인 자신의 견해나 관점들이 인정받기 위해서는 타인의 그것들도 인정해야 하는 것이다. 이러한 관용은 타인의 자유에 대한 존중이고, 타인과의 ‘다름’의 이해 혹은 인정이다. 프랑스의 관용정신은 타인과 적절한 선에서 타협하거나, 포기하는 것이 아니라, 공동체에서 구성원인 개인들의 차이를 드러내고 다양성을 받아들여야 한다는 원리이며, 각 개인을 평등한 하나로 통합하는데 절대적으로 필요한 원칙이다. 사회적 불평등, 가난, 배고픔, 사회적 약자에 대한 탄압 등과 같은 불관용에 반대하기 위해 나타난 이러한 관용정신은 시민연대협약[PACS] 법안의 통과(1999년)로 동성부부들도 법적 권리를 누릴 수 있도록 했을 만큼 사회적 편견이나 차별을 없앴고, 미국, 캐나다만큼이나 다민족의 이질적인 문화요소들을 인정하면서 공화국이라는 통일성을 지켰으며, 세계의 어느 나라보다 많은 소외된 망명객들을 받아들이는 요소로 작용하였다. 또한 프랑스인들이 파업으로 인한 피해나 불편을 감내하면서도 그들만의 강한 연대의식이 발휘되는 것은 프랑스 사회 전반에 걸쳐 퍼져있는 ‘내가 침묵하는 한 나는 아무것도 지킬 수 없다’라는 권리의식과 관용정신이 바탕에 깔려 있기 때문이다.

7. 성숙한 개인주의, 절대적 자유 : '나'라는 자아는 공동체의 중심

유럽국가 중에서 프랑스는 제일 먼저 혁명을 통해 개인의 자유를 쟁취했으며, 이러한 자유 안에서 '강한 개인주의'가 발전했다. 프랑스인들은 대체로 자신들이 피해를 입지 않는 선에서 타인의 행위를 간섭하지 않는다. 그들은 부부라도 각자의 통장을 따로 가지고 있으며 심지어는 생활비도 각자 분담하고 있으며, 특히 대도시의 아파트의 경우에는 바로 옆집에 누가 살고 있는지조차도 전혀 모른다. 이러한 개인주의 지수에 관한 예를 들어보면, 그들은 '나와는 아무런 관계가 없어'란 말을 즐겨 쓴다. 이 말은 나를 제외한 타인이 무엇을 하든, 어떻게 되든 '나'와 아무런 관련이 없거나 '나'의 이익에 해가 되지 않는다면 전혀 관심도 없다는 프랑스인의 개인주의에 관한 상징적 표현이다. 그들은 '나'와 내 조국의 정체성, '나'와 내 가족의 이익과 명예가 관련된 상황에서만 애국자요 민족주의자가 되는 것이다.

이러한 그들의 개인주의는 성문화에도 그대로 적용이 되어 상당히 개방되어 있다. 길거리에서 아무런 의식도 하지 않는 채 입맞춤을 하는 모습, 그 모습을 바라보는 행인들이 방해가 될까봐 슬쩍 피해주는 배려에서 프랑스인들은 이기주의를 경멸할 줄 아는 개인주의, 이른바 '타인의 자유를 전혀 침해하지 않는 선에서 누리는 나의 자유'로 비춰지는 것이다. 또한 프랑스에서는 사회조직에 대한 인정과 개인주의가 동시에 존재한다. 사회적 존재로서의 성숙한 개인주의, 즉 '나'를 중심으로 '전체'를 강조하는 프랑스인들의 개인주의는 자기방어를 위한 집단행동들(즉, 연대의식)과 사회-직업적 단체와 지역주의의 이익을 위한 집단행동들을 만들어낸다.

심지어 이러한 그들의 개인주의는 '자신에게 유리한' 법, 이른바 '절대적 자유'의 개념과 같다. 따라서 그들은 '가까운 곳에 쓰레기통이 없으면 어디엔가는 버려야 하기 때문에 휴지나 쓰레기를 아무 데나 버리며', '약속시간에 너무 일찍 도착할까봐 약속시간보다 늦게 나타나는' 등의 모순적 행동들을 자주 행한다. 그렇지만 이러한 평범하지 않은 모순적 행동, 즉 프랑스식 패러독스적(역설적) 행동[4]은 프랑스 사회에서 갈등과 분란을 야기하지 않고, 자연스럽게 관용, 박애 등의 개념과 합류하여 프랑스 사회를 풍요롭게 만들고 있다는 사실이다. 그들은 그러한 모순적 행위들을 시민의식이나 양심의 부재로 생각하기보다는, 국가나 사회에서 보호해주지 못하는 구조나 제도의 문제라고 보기 때문에 개인을 파렴치범이나 의식이 없는 사람으로 보지 말아야 한다고 생각한다. 왜냐하면 개인의 의식이나 양심 등이 사회적 전통이나 관습 혹은 구조적 모순 앞에서 굴복해서는 안 된다고 강하게 주장하는 이들이 프랑스인들이기 때문이다. 그렇지만 이러한 개인주의는 그들의 삶에 고립과 단절, 은밀함, 고독 등의 가치들을 가져다주기도 한다.

8. 구멍 뚫린 이민자 통합 정책 : '톨레랑스 제로'

최근 들어 프랑스가 겪고 있는 사회적 갈등 문제로는 우선 동거와 이혼의 급등에 의한 결손가정의 문제아, 지난 10여 년에 걸친 세계화, 경제침체, 예산부족에서 오는 축소우선정책, 인플레이션, 신자유주의 물결의 득세에 따른 극빈자 발생, 20%가 넘는 청년층의 실업 문제('로스트 제너레이션') 등이 있다. 현재 프랑스 내에서 가장 심각한 사회문제는 소외계층인 이민자의 통합정책 문제이다.

프랑스 사회에서 소외계층으로 인식되어 온 이민자 문제는 매우 심각하다. 특히 1945년 제2차 세계대전이 끝난 시기의 이후와 프랑스가 고도의 성장을 꾀하던 시기(1960~1970)에 유입된 외국인 노동자들이 이민자 대부분을 차지하고 있다. 현재 프랑스의 주변국에서 뿐만 아니라, 아프리카, 아시아에서 온 이민자는 전체 인구의 약 25% 이상(약 1500만 명)에 육박하고 있다. 최근 들어 프랑스 사회는 '자유, 평등. 박애'라는 국가적 이념, '피부색깔에 따른 차별은 범죄이다'라는 표어가 무색할 정도로 점점 인종차별적 성향이 높아만 가고 있다. 실제 프랑스에서는 이민자들의 실업률이 원적 프랑스인의 실업률보다 훨씬 높은데도, 자신들의 일자리를 이민자들이 뺏어간다는 생각이 팽배해져 있으며, 전체 이민자들의 절반 이상을 차지하고 있는 이슬람교도인 마그레브인[Maghreb]들(1945년 이후 알제리, 모로코, 튀니지 등 과거 식민지였던 북아프리카국가에서 온 가족이민자)이 프랑스사회에 통합되지 못하고 많은 사회문제를 일으킨다고 생각하고 있다. 게다가 많은 프랑스인은 이민자들이 프랑스 사회에 동화되지 못한 채 2등 국민으로 살아가고 있으며, 그들만의 '게토'를 이루고 살고 있는 현실을 보면서 이제는 톨레랑스의 한계에 이르렀다고 생각한다.

프랑스인들은 이민자들의 문제를 자신들의 이민자 통합모형의 실패라기보다는, 이민자들의 차별과 불평등에서 찾으려 하고 있다. 특히 마그레브인의 집단적인 사회부적응과 좌절, 학교에서의 비종교주의(쥘 페리Jules Ferry법)에 반하여 제기된 이슬람 여학생의 히잡[Hijab]착용금지 사건(1989년) 등으로 인하여 톨레랑스의 나라 프랑스도 종교적 갈등을 겪고 있다. 이러한 갈등은 프랑스가 항상 다양성을 내세우면서 프랑스화를 요구하는 잣대가 이중적이기 때문일 수도 있다. 그들은 '종교적 상징물 착용금지법(2004년 3월)을 입법화하여 정교분리원칙은 절대 타협의 대상이 아님을 내세우면서 프랑스 공화국의 단호함을 보여주고 있지만, 정교

분리원칙은 공립학교에만 적용되고 있고, 사실상 의견의 일치가 이루어지고 있지 않다. 실제로 이 원칙은 프랑스에 존재하는 대부분의 사립 가톨릭학교에 대해서는 별다른 이의를 제기하고 있지 않으며(기독교도들의 십자가 착용), 통합유대사회기금에 의한 학교(유대인들의 똬리모양의 테 없는 모자인 키파[Kippah]착용)에 대해서도 아무런 종교적 정체성 논쟁을 불러일으키지 않고 있다. 프랑스 사회에는 여전히 존재하는 이슬람과의 문화전쟁, 이슬람 혐오주의의 그늘이 드리워져 있는 것이다.

또한, 유럽국가들 가운데 이슬람 인구비율(8%로써 약 500만 명)이 가장 높은 프랑스에서의 사회적 갈등은 아직도 프랑스 사회로 동화되지 않은 대부분의 이슬람 이민자들에 연유한다. 프랑스는 '다름'을 인정하지만, 다문화가 사회 전체에 흡수하는 것을 원하지 않으며 사회통합을 이끌어내기 위해 외국인 이민자들에게 프랑스 법을 따르고 프랑스 사회로 동화할 것을 요구하고 있다. 그러나 비교적 자기의 종교문화에 강한 집착력을 갖고 있는 이슬람 이민자들은 동화를 거부하고 자기들만의 공동조직을 형성함으로써 사회통합을 어렵게 하고 있다. 이민 2~3세에 해당하는 마그레브인의 젊은이들은 범죄, 실업, 마약복용 등 많은 사회문제를 야기하고 있으며, 이슬람 이민자들의 전통적인 다산문화로 인한 급격한 수적 증가는 프랑스의 적극적인 출산장려책에 일조하기도 하지만, 원적 프랑스인과 이민 온 프랑스인 간의 인구학적 불균형을 초래할 수 있다는 우려를 낳기도 한다. 그 결과 프랑스에서는 외국인 혐오증과 인종차별주의의 움직임이 빠르게 일어나기 시작했으며, 현재 각종 사회보조금을 받는 최대 수혜자가 외국인 이민자라는 사실은 반외국인 감정을 더욱 확대시키고 있다. 어쩌면 오늘날의 프랑스 사회가 이민자들의 이질성을 수용하는 데에 어느 정도 한계를 느껴 이른바 '톨레랑스 제로'로 가고 있는지도 모른다.

9. 보편적이고 개방적인 성의식 : '코아비타시옹' (반혼동거)

프랑스의 가족형태에서 부부[menages], 사실혼[concubinage](미혼자들이 잠자리 같이 하기)이란 말은 1950년대까지 주로 사용되었다. 1980년대에 들어 프랑스인들의 새로운 결혼관에는 가장 프랑스적인 삶의 형태, 즉 '반혼동거[cohabitation]'가 있다. 프랑스에서도 1970년대 이전까지는 동거에 대하여 상당히 부정적인 의미를 지녔었지만 '결혼은 커다란 책임이 뒤따르기 때문에 부담스럽고, 동거는 괜찮다'는 프랑스인들의 동거는 실제 결혼관계의 80%(2003년 프랑스 국립통계청)에 이르게 되었다.

프랑스에서 동거문화가 유행처럼 사회의 한 흐름으로 들어선 것은 약 40년 전이다. 동거문화가 프랑스에 생겨난 이유는 크게 두 가지, 즉 제2차 세계대전과 1968년 5월 운동을 들 수가 있다. 제2차 세계대전에는 여성들이 전쟁터에 나간 남성의 역할을 해야 했기 때문에 여성들이 경제권을 쥘 수 있었기 때문이었고, 1968년 5월 운동에는 가부장적인 제도인 결혼은 여성의 지위를 하락시킨다고 하여 결혼을 부정적으로 생각했기 때문이었다. 이렇게 두 시기에 걸쳐 일어난 사회적 경향은 결국 남성에 대한 구속성을 거부하는 형태로 나타나 동거문화가 등장한 것이다. 게다가 프랑스 정부는 '고독한 사람들'의 사회적 결혼관에 발맞추어 '시민연대협약'[5)]제도를 도입하여 법률혼은 아니더라도, 이성 혹은 동성 간의 결합, 즉 사실상의 동거 부부에게 합법적인 부부에 준하는 법적, 사회적 권리를 부여함으로써 동거문화가 더욱 촉진되는 계기를 제공하였다.

오늘날 프랑스인들의 동거문화는 18세 성인이 되어 부모로부터 독립하는 젊은 세대에서는 생활비용의 절감이라는 경제적 이유 때문에 혼전동거를 시작하며, 중장년층에서는 결혼제도를 불신하는 이들, 즉 제도에 속박당하기를 싫어하는 지식인, 결혼에 실패한 이, 독립된 영역을 자유롭게 유지하고 싶지만 생각을 공유하고 고독을 대처하는 동반자가 필요한 이 등이 이러한 코아비타시옹을 선택하고 있다. 프랑스인들은 동거를 '불순한 것', '감추고 싶은 것'이라는 부정적 시각으로 생각하지 않으며, 오히려 동거를 공동생활의 지속, 서로의 욕구에 동의, 남녀의 평등한 역할차이를 인정 등 인간이 누려야 할 행복추구권으로 여기기 때문에 긍정적이고 보편적인 결혼문화의 하나로 자리 매김하고 있다. 그들은 동거를 단순히 쾌락을 좇고, 고독과 외로움만을 달래기 위해 이루어지는 것이 아니라, 오직 현재에 존재하는 것, 현실에 충실한 자유로운 삶이라고 생각하고 있다. 현재 프랑스인들의 동거비율은 성인은 거의 80%이며, 25세 미만의 성인도 약 50%에 이르는 만큼, 결혼비율보다 상당히 높은 실정이다. 프랑스인들은 개방적인 성문화의 영향으로 동거를 바라보는 시각은 후한 편이며, 이제 프랑스에서 동거는 매우 보편적인 가족 형태로 자리 잡고 있다고 할 수 있다. 그렇지만 프랑스 사회에서 동거라는 이러한 개방적인 성의식의 경향에 반대하는 가족중심의 절제된 성의식, 혼전관계 거부운동 등과 같은 '폐쇄적 성의식(가톨릭 정신)'도 매우 중요한 성문화로 자리 잡고 있다는 점을 가볍게 여겨서는 안 된다.

10. 생활예절과 의사소통방식[6)]

1) 대화

침묵이 영국인에게 미덕이지만 프랑스인에게는 절대 미덕이 아니다. 언어의 기능을 무색하게 만들어 버리고 있는 동양의 '선' 개념조차 프랑스 사람들에 의해 합리적으로 설명되어져 있다. 우리 쪽의 서구에 대한 이해가 그다지 심층적이지 못하듯이, 서구인의 눈을 통해 본 동양의 문화 역시 추상적이며 신비적 색채가 지나치게 부여된 경우가 많다. 타인에게 침묵으로 예절을 갖추고 고통스러워도 고통을 감수하는 우리식의 방식이 프랑스 사회 안에서는 종종 의미 없을 때가 많다.

프랑스인들과 대화를 할 경우에는 가벼운 주제에서 무거운 주제로 옮겨가면서 대화의 내용을 바꾸는 방식은 좋지 않다. 예를 들어 부탁하기 어렵거나 거북한 일로 만났을 때에는 처음부터 진지하게 대화의 내용에 임해야지, 괜히 너스레를 떨면서 직접적이지 않은 가벼운 대화로 시작한다면 낭패를 볼 수 있다. 그들에게는 가벼운 대화의 시작자체가 더 이상 진지한 대화를 하고 싶지 않다는 것을 의미하기 때문이다. 또한 모임이나 비지니스에서 대화를 하거나, 회의를 할 때 호감을 얻고 싶거나 관심을 끌고 싶으면 동상처럼 가만히 듣고만 있지 말고 약간의 재치와 유머를 미리 준비하는 것이 좋다. 물론 재치와 유머와 더불어 필수적으로 갖춰야 할 덕목은 '진지함'과 '지적능력'이다. 프랑스인들은 늘 합리적이고 논리적 인간을 지향하기 때문에 그들이 선호하는 사람의 유형은 터프한 사람보다, 깊은 사고와 지적능력이 뛰어난 사람이다. 프랑스에서는 용감한 사람이 미인을 얻는 것이 아니라, 지적이고 지성적인 사람이 미인을 얻는다는 말이 있을 정도이다. 그들의 기질에는 물질이나 사태의 외형적 가치보다는 정신의 내면적 가치를 중시하는 경향이 있기 때문이다. 또한 프랑스인들이 가장 높이 평가하는 것 중의 하나가 '자신(개인)의 주장을 확실히 밝히는 것'인 만큼 "예" 와 "아니오"를 확실히 사용하는 것이 좋다. “당신 좋으실 대로”라는 식의 애매모호한 대답은 때때로 상대방에게 좋지 않은 인상을 심을 수가 있으니 조심해야 한다.

프랑스인들과의 대화에서 피해야 할 주제가 있는데 그것은 나이, 수입 그리고 직업과 같은 사생활에 관한 주제들이다. 프랑스인은 세계 정치라든가 역사, 예술, 문화현상 등을 주제로 이야기하는 것이 좋다. 프랑스에서 대화 중간에 끼어드는 것도 무방하다. 상대방이 이야기하는 도중에 불쑥 끼는 것은 무례한 행동이 아니며 오히려 능동적으로 대화에 참여하는 방식으로 여겨진다. 특히 프랑스인들은 타인에 대한 배려로 공공장소에서 매우 낮은 목소리로 말을 한다. 따라서 목소리를 적절히 조절하는 것이 대화에서 지켜야 할 황금 규칙이다.

2) 잘못이나 실수했을 때

대부분의 프랑스인은 형식을 극도로 중요시한다. 우리가 어떤 의미에서는 거추장스럽게 여기는 형식들이 이 나라에서는 별 불편 없이 받아들여진다. 지나가는 행인과 부딪치는 것을 프랑스인은 아주 싫어하므로 옷깃이 스치는 것에도 주의를 해야 한다. 특히 공중 예절에 대해서는 조심하고, 길이나 버스 등 어디에서든지, 상대방과 부딪쳤거나, 상대방에게 조금이라도 방해가 되었다면 누구의 잘잘못을 따지지 말고 파르동Pardon! (미안합니다!)이라고 먼저 말해야한다. 이것은 마치 그들이 어떤 특별한 목적이나 의미 없이도 서로 마주 쳤을 때나 상점에 들어가서 물건을 사려할 때 의례적으로 Bonjour! 봉쥬르(안녕하세요!)라고 인사하는 것처럼 자신이나 상대방의 존재를 인정하는 의례적인 의사소통방식의 하나이다. 또한 실수 혹은 잘못했을 때 불어에 자신이 없다고 해서 절대 소극적인 태도로 침묵하지 마라. 그들에게 침묵은 오히려 자신이 잘못을 했다는 것을 인정하는 꼴이 된다. 나중엔 어떻게 되더라도 결과가 나오기 전까지는 '옳다, 그르다', '싫다, 좋다'와 같은 자기(개인)의 의사표현과 주장을 적극적으로 우선 밝히는 것이 중요하다. 비록 대화가 통하지 않더라도 한국말이든 영어이든, 신체언어body language이든 자신의 의사를 분명히 밝혀야한다. 비록 그것이 제대로 된 의사소통이 아닐지라도, 그들에게 있어 행위의 결과에 대한 시시비비를 가리는 것은 차 순위에 해당된다. 프랑스인은 외국인이 침묵한다고 해서 무조건 이해하거나 용서해주지는 않고, 오히려 그 침묵을 책임회피 또는 잘못으로 여기는 경우가 많다. 그들에게 침묵은 약이 아니라 독이 되는 것이다. 표현이 미덕'인 셈이다. 프랑스에서는 즐거우면 즐겁다고 적극적으로 표현하고 화났을 땐 화난다고 강하게 이야기해야 한다. 이렇듯 자신의 감정을 숨기거나 혹시라도 그로 인해 상대방과의 거리가 생길 것이라는 생각이 든다고 해도 자신의 의사표현은 확실히 해야 한다. 프랑스인이 싫어하는 것 중 하나는 누명을 쓰는 것이다. 실수하거나 잘못을 지적받는 일에 대해서는 그리 신경 쓰지 않지만, 타인의 잘못을 뒤집어쓰고 싶어 하지는 않는다.

3) 초대 받았을 때

프랑스인은 자신의 집에 초대를 하는 것이 드물다. 만일 초대받지 않은 경우, 집을 방문하고 싶다고 말하면 안 된다. 불가피하게 잠시라도 들려야 할 경우에는 반드시 미리 전화로 연락을 해야 한다. 초대를 받았다면 절대로 일찍 방문해서도 안 된다. 장소가 집일 경우 30분정도 늦는 것은 무방하나 레스토랑이라면 시간을 정확히 하는 것이 중요하다. 집을 방문할 시에 꽃 같은 작은 선물을 들고 가는 것이 좋으며 그 수는 홀수가 좋지만(독일인들은 속이 훤히 보이는 간단한 포장을 선호하고, 네덜란드인에게 선물을 할 경우 포장을 잘해야 되며 고상하고 새로운 물건이 좋다) 장례식에 쓰이는 국화, 연인이나 아주 친한 사이에만 주고받는 붉은 장미는 피하는 것이 좋다.(프랑스에서 피해야 할 선물로는 대표적으로 두 가지가 있는데, 향수는 헛수고라는 의미이고, 카네이션은 장례식에 많이 쓰는 꽃으로 불길하다고 느낌). 또한 와인과 직접 관련된 직종에 종사하지 않는다면 와인을 들고 가지 않는 것이 좋다. 식사는 주인의 취향과 환대를 의미하는 것이기 때문에 손님이 와인을 들고 오면 당혹스러워하기 때문이다. 본격적인 식사는 1시간 정도 후에 시작되는데 식사를 하기 전에 집 구경을 부탁해서는 안 된다.

식사초대를 받았을 경우, 대개 10-15분 정도 늦게 도착하는 것이 예의이다. 그것은 음식을 준비하는 사람에게 시간적인 여유를 주려는 배려이기도 하다. 식사에 초대를 받아서 식탁에 앉을 때 그 집의 안주인이 정해주는 자리에 앉아야 한다. 또한 프랑스에서는 사생활이 철저하게 보장되어있기 때문에 손님을 맞이하는 거실 외에는 외부인에게 자기 집을 공개하는 경우가 드물다. 또한 대부분의 프랑스 안주인들은 자기 부엌에 다른 사람이 들어오는 것을 별로 환영하지 않는다. 부엌은 엄연히 주부의 개인적인 영역이기 때문이다. 또한 집주인이 집을 구경시켜주기 전까지 두리번거리는 일도 삼가야한다. 프랑스에서는 식탁에서의 깔끔한 매너도 상당히 중요하다. 만약 식탁에서 잘못된 매너를 선보인다면, 프랑스인은 당신을 '야만적'이거나 '무지'한 사람으로 간주할 것이다.

4) 식사할 때

프랑스인은 음식에, 이탈리아인은 옷에, 독일인은 집에 평생을 바친다는 얘기가 있다. 프랑스인은 식탁 위에서 오고가는 명석하고 빛나는 대화를 찬미한다. '프랑스인의 정신을 상징하는 프랑스 특유의 재기발랄함은 매우 조소적이며, 때때로 상대방에게는 모욕적이다. 왜냐하면 소위 프랑스인의 정신은 상대가 공격해 오기 전에 미리 그를 제압하기 위한 수단으로 사용되기 때문이다. 프랑스인은 아침식사 때 대화하거나 상담하는 것을 별로 좋아하지 않는 습성이 있다.

프랑스에서의 식사예절은 무척 까다롭고 상대방의 인격을 가름하는데 중요하다. 주의해야 할 식사 예절을 나열하면 다음과 같다.

- 수프를 먹을 때 그릇을 기울이는 방향이다. 거의 다 먹고 몇 스푼이 남았을 때에는 그릇 안쪽을 살짝 들어올려 그릇 바깥쪽에 스프가 고이게 만들어 떠먹어야 한다. 보통 먹기 쉽게 자신의 몸 쪽으로 그릇을 기울이면 된다고 생각하기 쉽지만 사실을 그 반대인 몸 바깥쪽으로 그릇을 기울여야 한다. 이는 옛날 선원들이 식사를 할 때 자신의 몸 쪽으로 그릇을 기울이면 국물이 쏟아질 우려가 있었던 것에서 유래한다.
- 생선요리를 먹을 때 생선의 한 쪽 면을 다 먹었으면 생선을 뒤집어서는 안 되고 포크 등으로 뼈를 들어내고 반대편을 먹어야 한다.
- 주위의 양해를 구하지 않은 채 닭고기를 손에 들고 먹으면 안 된다.
- 식사를 할 때 양 팔이 항상 식탁 위에 올라가 있어야 한다. (하지만 영국에서는 고기를 썰 때를 제외하고는 오른팔을 식탁 아래로 내려놓아야 한다).

- 아무리 목이 말라도 포도주를 자기 손으로 직접 따라 마시면 예의에 어긋나며, 주인에게 포도주를 줄 수 있냐고 물어도 안 된다. 반드시 주인이 따라 줄 때 까지 기다려야 한다.
- 디저트를 먹을 때 대개 타르트나 케이크, 아이스크림 등 단 음식과 샴페인이 나오지만 과일을 먹기도 한다. 이때 수분이 많거나 무른 과일은 스푼으로 떠먹도록 한다. 그리고 씨는 입속에서 발라내서 스푼에 뱉어 접시에 놓아야 한다.
- 빵을 먹을 때는 반드시 칼이나 포크를 사용하지 말고 손만을 사용한다.
- 야채샐러드를 먹을 때에는 나이프로 잘라 먹어서는 안 되고 포크로만 먹어야 한다. 샐러드를 먹을 때는 왼손에 포크를 쥐지만, 파스타를 먹을 때는 오른손에 포크를 쥔다
- 치즈나 케익은 1조각 이상 가져가지 않는다.
- 고기를 미리 썰어놓지 않는다.
- 음식을 권하기 전까지 더 가져다 먹지 않는다.

5) 사업상 약속할 때

프랑스인들은 사업이야기는 절대 전화로 하지 않고 약속을 한 후 직접 만나 해결하는 습관을 가지고 있다. 이때 그들과 약속을 하면 대부분은 제시간에 잘 나오지 않는 경우가 많다. 따라서 약속시간은 약 15분 정도는 기다려주는 것이 흔한 일이다. 그들은 설사 늦었다고 해도 늦은 사실에 아주 미안해하거나 급하게 서두르지도 않으며, 스스로를 약속을 잘 지키지 않는 사람, 또는 의식이 없는 사람이라고 생각하지 않는다. 특히 식사약속은 프랑스인들과 사업상의 이야기를 할 때 매우 좋은 기회가 될 수 있다. 식사시간이 조금은 지루할 수도 있지만 오랜 시간 먹는 만큼 오래 동안 대화도 할 수 있기 때문이다. 식당에서 약속을 하였을 때 상대방이 도착하기 전에 어떤 마실 것을 미리 주문한 것도 상당히 예의에 어긋나는 행동임을 잊지 말아야한다.

프랑스도 사람간의 관계에 있어서 학연/지연과 같은 어떤 연줄에 의해 일이 잘 풀리는 경우가 많다. 예를 들면, 관공서에 무엇을 부탁할 때 그냥 공식적인 창구로 찾아가 물어보면 형식적인 정보만 얻게 된다. 진짜 알맹이 있는 정보를 얻기 위해서는 가급적 아는 사람을 통해야만 가능한 경우가 많다. 특히 프랑스인은 보수성이 강하면서도 개인주의가 두드러진 국민으로 최종 주요 결정은 최고 경영층에서 이루어지나 실무진의 자존심을 거스르는 지나친 행동은 도리어 불리한 결과를 초래할 소지가 많으므로, 실무는 실무진과 추진하되 최고 경영진과도 별도의 로비활동을 병행하는 것이 무난하다.

6) 돈을 계산하거나 인출할 때

식당에서 돈을 계산할 때는 반드시 자리에 앉아 계산서를 요구하고 그 자리에서 지불해야한다. 상점에서 카드로 돈을 지불하려고 줄을 서거나, 혹은 자동현금 인출기(ATM)에서 돈을 꺼낼 때 다른 손님들로부터 한 걸음이나 두 걸음 정도 멀리 떨어져 기다리고 있어야한다. 혹시 계산상의 어떤 문제가 생겼거나, 기계의 고장으로 예정시간보다 오래 걸려도 친절하게 도와주려는 마음에서 다가서서 간섭하지 않는 것이 관례이다. 이런 경우 괜히 가깝게 다가가 도와주려고 하면 상당히 불쾌해 하며 경계의 눈초리를 보내기도 한다. 프랑스인들은 그러한 행동을 도움이라고 생각하지 않고, 오히려 자신들이 중요하게 여기는 사생활을 침해당한다는 오해를 하기 쉽다.

7) 인사할 때

프랑스의 인사법은 대체로 '형식'을 중요시한다. 가령 일상생활에서 의무적인 악수(그러나 악수는 개인의 친분이 없는 상인, 택시기사, 웨이터 등과는 하지 않는다)나 '비주bisou'라고 불리는 상대방의 뺨에 하는 키스, 직장상사나 이방인에게 친숙한 의미의 '너(tu)'보다는 '당신(vous)'이라는 존대어를 사용하고 상대방을 직함이나 성으로 부르는 것 등을 예로 들 수 있다.

이웃이나 친구들 사이의 인사법으로는 남녀노소를 불문하고 프랑스인의 스킨십의 일종인 비주를 한다. 비주는 서로의 뺨을 가볍게 스치는 인사로서 보통은 왼쪽 뺨(어떤 이는 오른쪽)부터 하는 것이 보통이다. 비주의 횟수는 흔히 좌우 1번씩 1회를 하는 것이 보통이나, 친한 정도나 지역에 따라 좌우 2번씩 2회를 하는 경우도 있다(대부분 유럽인들은 2번이나, 네덜란드 사람들은 이를 세 번 한다. 오른쪽 볼, 왼쪽 볼, 다시 오른쪽 볼을 대며 입으로는 "쪽쪽" 소리를 내야 한다). 이 인사는 일상적으로 하는 것이기 때문에 거부하는 것은 오히려 상대방에게 무안을 주는 행동이 되거나, 인사법 예의에 벗어나는 행동이 되기도 한다. 사람에 따라 조금의 차이는 있지만 비주는 아무에게나 하는 것이 아니고, 여러 번 만나 상당히 친해졌다고 생각되거나, 첫 만남이라 해도 상대방이 원할 때 당황하지 말고 편하고 자연스럽게 응하면 된다. 특히 잘 모르는 사람과 아는 사람이 섞여 있을 때는 모두와 하는 것이 좋다. 그러나 아직은 낯선 사람들이어서 비주를 하지 않을 때는 가벼운 악수를 청하는 것이 보통이다. 집을 방문할 때에는 윗사람에게 먼저 손을 내밀어 악수를 하지 않는다. 프랑스 인들은 손이 더럽다거나, 젖어있을 때에는 팔목을 내밀기도 하기 때문에 이런 경우 당황해 하지 말아야한다.

8) 공공 화장실에서

공공 화장실 문을 노크하는 것은 실례이다. 화장실이 잠겨있으면 용무가 급하지 않은 이상 그냥 기다린다고 한다. 우리는 안에 사람이 있는지 확인하려고 두드리지만, 프랑스에서는 함부로 노크했다가는 안에 있는 사람이 화를 낸다. 화장실 사용자의 프라이버시를 우선적으로 존중하는 것으로 생각하면 무난하다.

9) 버스나 지하철에서

프랑스의 지하철은 좌석이 한 줄로만 벽 쪽으로 나란히 붙어 있어 뒤로 머리를 기대어도 별 문제가 없지만, 버스의 경우는 머리를 뒤쪽으로 제치면 앞좌석과 뒷좌석의 간격이 좁아 뒷좌석에 앉은 사람의 얼굴 가깝게 머리가 다가가기 때문에 뒷좌석에 앉은 사람은 불쾌하거나 방해가 된다. 그러므로 머리를 뒤쪽으로 제치지 않아야 한다.

11. 프랑스의 미래 : 현존하는 정체성 문제와 가치의 위기

전통적으로 프랑스에서 인지되어온 자유, 평등, 박애라는 프랑스의 대원칙과 다양성, 관용정신 등은 오늘날의 프랑스 정체성의 문제에서 커다란 딜레마에 빠져 있으며 이 때문에 프랑스 사회는 거대한 위기를 겪고 있다. 프랑스도 세계화의 물결에 맞서 싸워나가고는 있지만, 최근 들어 프랑스 사회와 문화에 밀려들어오는 대세는 피할 수 없는지 모든 분야에서 아주 빠른 속도로 변화해 가고 있다. 프랑스인이 자부심으로 갖고 있는 인권의 나라 프랑스가 '국익'과 우파의 '신자유주의' 정책으로 인하여 그들만의 고유한 수용[受容]정책과 관용정신이 점점 사라져 가고 있는 것이다.

1) 국민통합과 이민문제

점차적으로 증가하고 있는 프랑스인과 이주민 간의 인종차별주의의 시각은 다른 생활양식, 다른 종교라는 일상의 차원을 넘어 두려운 분위기가 확산되고 있으며, 국가적 논쟁거리가 되고 있다. 계절노동자들의 이동이 프랑스 경제운영에 필수적이고 한정된 기간만의 체류로 환영을 받았으나, 실업자 증가, 경제악화 등의 이유로 외국인 혐오증의 대상이 되고 있다. 최근 프랑스는 유럽통합에 맞물려 공동체 내에서의 자유왕래, 정착의 자유보장 등의 확대정책에 주저함을 보이고 있으며, 향후 몇 십 년 후에 프랑스 땅에 살고 있는 사람들이 '유럽인이 아닌 외국인'의 상황의 도래를 심히 경계하고 있다. 또한 민족공동체 의식이 없이 소외자로 살아가고 있는 아프리카, 아시아인들의 정착지역의 집중화(게토), 즉 격리된 소수민족 거주지는 '사회적 인종차별주의'로도 지칭되기도 한다. 이러한 점은 프랑스인들의 정체성 문제와 관련이 있으며, 그들이 추구하는 국민통합정책은 개인들의 정체성을 존중하는 화합이라는 점에서 심각한 문제로 남는다. 따라서 새로운 사회, 문화적 도전, '유럽의 모험' 속에 뛰어든 프랑스는 유럽연합의 주도국으로서 도래할 많은 불가피한 장애물을 극복해야하며, 새로운 적응의 길을 모색할 시점에 접어들고 있다.

2) 프랑스어의 문제

프랑스어는 17세기(1635년 아카데미 프랑세즈 창설)에 확고한 위치를 차지하기 시작하여 18세기 (혁명 이후 언어를 통한 국가의 통합정책), 19세기(1874년 리바롤의 프랑스어의 보편성 : '분명하지 않은 것은 프랑스어가 아니다')에 이르러 세계어 속에서 절대적인 우위를 점하고 있었으나, 20세기 후반부터 오늘날까지 프랑스어의 지위는 쇠퇴하기 시작하였다. 프랑스식 신조어를 만들어내며 문화적 자존심을 한껏 세우던 과거와 달리 요즘 이미

많은 프랑스 직장인들은 거부감 없이 e-mail을 '이메일'로 web을 '웹'으로 internet을 '엥테르넷'으로 부르고 있다. 이를 방지하기 위해 프랑스는 강력한 여러 제재로 자국어 보호를 위해 많은 정책들(1967년 프랑스어 국제위원회, 1975년 1월의 단일외국어사용 금지법, 1994년 투봉법[la loi Toubon])을 시행하면서 프랑스어를 강화하고 있으나 세계화의 물결, 신자유주의의 추구라는 우파의 국가정책에 다소 힘겨워하는 모습이다. 국제적으로는 국제연합, 상업, 정치, 문화, 과학 분야에 이르기까지 영어의 점유는 점점 커지고 있는 형편이다. 심지어는 프랑스 기업의 7%는 주(主) 언어로 영어를 사용 중이고, 다국적 기업들은 프랑스인 직원들의 영어 이해도와 상관없이 일상적으로 영문 e-mail을 보내고 있다는 것이다. 특히 통신, 정보처리, 항공술 같은 기술 분야에서의 영어 어휘의 침입은 매우 심각한 상태에 이르고 있다. 그럼에도 불구하고 프랑스는 영어의 범람에서 프랑스어를 수호해야 한다는 절박함 속에서 '프랑스인의 정체성은 프랑스어', 즉 '하나의 국가, 하나의 국민, 하나의 언어'라는 원칙을 위해 많은 정책을 펼쳐나가고 있다. 프랑스어는 프랑스와 프랑스인 개개인의 영혼이자 자존심이지만 영어는 이미 '세계어'로 자리 잡고 있기에 영어의 침투에 대항한 방어는 너무 늦은 감이 있다.

3) 미래 가치의 위기

프랑스인이 누리는 현대적 개인주의, 절대적 자유의 영향으로 타인에 대한 믿음인 권위를 인정하는 법규나 사회규범에 대한 가치의 위기, 부모나 가족의 권위를 부정하는 위기, 쾌락을 쫓는 성적 '금기'에 대한 도덕적 위기, 반혼동거라는 가족형태 등사회전체에 급속도로 늘어났다. 이러한 영향으로 프랑스 사회는 불안과 불확실성에 대한 개인윤리의 한계와 위험을 뛰어 넘어 허무주의의 위험이라는 두려움으로 전개되고 있다. 무엇보다도 프랑스인들은 자신들의 미래에 대한 불안감을 많이 느끼고 있다. 그들은 실업에 대한 걱정(87%), 가난(46%), 교육(43%), 정세불안과 테러(41%), 사회보장제도(40%), 청소년 문제(40%). 가족해체에 대한 두려움(50%) 등에 대한 공포감에 휩싸여 희망보다는 불안감을 더욱 크게 느끼고 있다. 최근 급속도로 일어나고 있는 세대 간의 불균형, 신자유주의 경제정책에 대한 불만 등이 2006년 최초고용계약제CPE 법안[7])으로 완전 표면화되어 프랑스인들의 미래가치에 대한 공포와 불안감은 더욱 가중되고 있다.

참고문헌

1) 김지은, 김형길 외 4인, *프랑스 사회와 문화(1-2권),* 서울대학교출판부, 2004년
2) 박단, *프랑스의 문화전쟁 : 공화국과 이슬람,* 책세상문고, 책세상, 2005년
3) 오제명 외 2인, *68·세계를 바꾼 문화혁명 : 프랑스·독일을 중심으로,* 길, 2006년
4) 유시민, *유시민과 함께 읽는 프랑스 문화이야기,* 푸른나무, 2002년
5) 주철기, *21세기 프랑스를 말한다 : 프랑스 주재대사가 본 프랑스 그리고 한국의 미래,* 삶과꿈 (L&D), 2006년
6) R. Steele, *Civilisation Progressive du Français*, CLE International, 2003
7) A. Monnerie-Goarin, *La France aux cent visages,* Hatier/Didier,1996
8) G. Laforest : Nouveaux Regards sur la France, Larousse, 2002

미 주

1) 프랑스의 행정구역은 크게 26개의 '지방', 100개의 '도', 그리고 36763개의 '읍'으로 이루어져 있으며(1994년), 3개의 특별자치단체로는 파

리, 마르세이유, 리옹이 있다. 프랑스는 유럽대륙의 본토뿐만 아니라, 대서양(구아드로프, 마르티니크. 기아나, 생피에르 에 미클롱), 인도양(레위니옹, 마이오트), 태평양(누벨칼레도니아, 프랑스령 폴리네시아, 왈리스 에 푸투나) 등 대양에도 수 천 개의 섬으로 이루어진 영토(해외도-해외영토[DOM-TOM], 자치령 또는 지역공동체[CT], 그리고 남극과 북극의 프랑스령 무인도[TAAF])를 가지고 있다.

2) 프랑스는 위도의 영향으로 계절에 따른 낮과 밤의 길이가 크게 차이가 난다. 무척 건조한 여름철에는 밤늦게까지도 낮처럼 환하며, 겨울철에는 아침 출근 시간이라 할지라도 이른 새벽같이 느끼며 오후 3-4시만 되면 어둠이 깔리기 시작한다. 프랑스의 4계절은 우리와 거의 비슷하며, 가을에 비가 많이 내리는 편이다. 지역에 따라 기온의 차가 크고, 다양한 기후를 지닌다. 남부는 지중해성 기후로서 겨울에는 온난습윤, 여름에는 고온건조의 기후를 나타낸다. 따라서 남부지역의 여름은 아침저녁으로는 쌀쌀하고, 낮에는 무척 더운 고온을 가리킨다. 그렇지만 습도가 우리보다 현저히 낮아서 비교적 땀이 적게 나며 한여름에도 그늘 아래서는 매우 시원한 날씨를 만끽할 수 있다. 이 지역은 산간지방을 제외하고는 거의 눈이 내리지 않는다. 동부는 알프스 산맥의 영향으로 여름에는 서늘하며, 겨울에는 몹시 추운 산악기후이다. 북서부는 대서양기후의 영향을 받아 습도가 높고 바람이 많이 불며 비도 불규칙하게 자주 내린다.

3) '68운동은 1968년 5월 프랑스 파리 근교의 작은 대학인 낭테르 분교 학생들의 시위에서 촉발되어 노동자계급의 다양한 부문이 참여한 전국적 운동이다. 모든 기성 체제에 대한 저항운동으로 미국과 서유럽뿐 아니라 체코나 유고 등의 동유럽과 남미, 파키스탄과 일본 등 아시아까지 퍼져나갔다.

4) 프랑스의 패러독스적 이미지로는 격식과 예의를 중시하면서도 약속시간에는 제시간에 나타나지 않는 프랑스인. 민족주의, 고용보호주의 사회를 외치면서도 신자유주의 무한경쟁 사회로 들어서려는 프랑스인. 고유의 요리의 우월성과 자부심을 가지고 있으면서도 영, 미식 요리와 햄버거를 즐겨 먹는 프랑스인. 합리주의자 데카르트의 후예임을 자랑스럽게 여기면서도 로또나 무속신앙에 깊이 빠져드는 프랑스인. TV시청률이 유럽에서 가장 높으면서도 TV를 바보상자라고 주장하는 프랑스인. 좌-우의 이념적 정치를 해야 한다고 하면서도 좌우동거 정부를 선택하는 프랑스인 등이 있다.

5) 동거부부들이 체결하는 시민연대협약[PACS](1999년 가결된 이성이나 동성의 성인이 공동생활을 영위하기 위해 맺는 계약법)은 매년 증가 추세에 있다. 이 시민연대협약서에 서명하면 재산권도 공유하고, 등록 후 3년이 지나면 결혼부부와 같이 세제혜택도 받을 수 있다. 반면, 어느 한 쪽이라도 헤어져달라고 요구하면 3개월이 지난 후 둘의 관계가 청산된다. 사실 동거부부의 권익과 보호를 위한 이 협약은 원래 동성부부의 권익을 보호하기 위한 것이었으나, 일반 동거부부에게도 확대되어 적용되고 있다.

6) 파리지앵의 신체언어에 관한 정보는 www.cestsoparis.com을 참조.

-'글쎄, 잘 모르겠다', '당신 말에 동의하지 않는다' : 아랫입술을 삐죽 내밀며 눈썹과 어깨를 동시에 으쓱 추켜올리면 된다.

-'뭐라고? 다시 말해줄래?' : 한 쪽 손으로 귀를 동그랗게 감싸면 된다. 말소리가 들리지 않을 정도로 주변이 시끄러운 상황이라면 얼굴까지 약간 찡그리면 된다.

-'입 다물라' : 한 쪽 손을 들어 L자 모양으로 만든 뒤 네 손가락과 엄지손가락을 모아 새 주둥이처럼 삐죽 내민다.

-'전화해줘' : 한 손의 엄지와 새끼손가락으로 수화기 모양을 만든 다음 귀에 올려 전화 거는 모습을 보이며 상대방을 주시한다.

-'가자' : 한 손을 다른 한 손 위에 수직방향으로 올려놓고 위아래로 흔들면서 꼬아 합쳐져 있는 다른 한 손의 윗부분을 가볍게 두드린다.

-'정말 운이 안 좋네' : 테니스공을 쥔듯한 형태의 양손을 목의 앞부분에 올려놓고 목의 림프선을 잡는듯한 표정을 짓는다.

-'나 토라졌어' : 지겨운 표정을 만든 후 입을 오므린다. 더 큰 효과를 내기 위해서는 가볍게 머리를 흔든다.

-'지겨워' '싫증나' : 한 손을 이마 근처에 올려놓은 다음 손을 팔의 뒤쪽으로 끌어당긴다.

7) 최초고용계약법(2006)은 20인 이상 사업장에서 26세 미만의 노동자를 고용하는 사용자는 최초 고용 2년간 특별한 사유나 설명 없이도 노동자를 자유로이 해고할 수 있는 법이다. 청년 실업을 희생양으로 삼은 기성세대들의 자본 논리라는 위 법안에 반대하여 프랑스 전국 200여 도시에서는 300여 만 명이 거리로 쏟아져 나와 철회를 촉구하며 연일 시위를 벌였다. '우리는 기계가 아니다' '우리는 크리넥스가 아니다'라고 외치며 거리로 뛰쳐나온 프랑스 민중들의 분노와 외침은 프랑스가 믿고 있는 평등과 보편적인 가치가 사람들을 움직이게 한 것이며 앞으로 신자유주의와 그 안에서 살고 있는 대중 투쟁의 시작을 의미한다.

인간주의적인 이탈리아인의 에티켓

1. 찬란한 역사의 문화대국 이탈리아

2. 이탈리아, 이탈리아인

3. 이탈리아 문화의 특성

4. 이탈리아인의 행동양식

5. 전통의 단절과 계승

인간주의적인 이탈리아인의 에티켓

김 시 홍

1. 찬란한 역사의 문화대국 이탈리아

1) 로마제국과 이탈리아

이탈리아는 찬란한 로마제국의 역사를 갖고 있는 국가이다. 서구중심의 세계사를 고려할 때 유럽문명에 미친 로마의 유산은 말 그대로 알파요 오메가이다. 공화국의 성립과 제국의 발전은 팍스 로마나(Pax Romana)로 대변되며 오늘날 유럽문명의 근간을 이루고 있다.

서기 476년 로마제국이 멸망하면서 이탈리아 반도는 오랜 분열의 역사를 경험하게 된다. 그러나 암흑의 시대라 불리어온 중세관은 오늘날 극복되고 있다. 다시 말해 중세 시기에도 사람들이 나름대로 삶을 영위했으며, 문화를 보존할 수 있었다는 주장이 나오고 있는 것이다. 중세 후반기에는 상인과 장인 중심의 중세도시가 설립되면서 이탈리아식 자본주의가 시작되기도 하였다. 이러한 상업 활동을 통해 부를 축적하고 이를 활용하여 학문과 예술이 발달한 르네상스가 이탈리아의 피렌체에서 꽃피게 되었다.

인문주의의 부활이라고 일컬어지는 르네상스는 신중심의 중세를 극복하는 것이라기보다는 신과 인간 사이의 새로운 균형을 세우는 계기를 만들었다. 이탈리아 중북부의 도시국가들이 지중해를 무대로 하여 번영을 구가하였으나 지리상의 발견으로 인한 아메리카 대륙으로의 진출에서 이탈리아는 소외되었고 근대 이후 발전이 저조한 상태로 남게 되었으며 심지어는 오스트리아, 스페인, 프랑스의 지배를 받게 되었다.

2) 뒤 늦은 통일과 통합의 과제

19세기 말 이탈리아의 통일(Risorgimento)은 로마제국 이후 1400년이나 분열된 반도의 역사에서 새로운 전환기를 맞는 계기가 되었다. 영국과 프랑스에 비해 뒤늦은 산업화로 국가중심의 중상주의가 채택되었으며, 아프리카 대륙의 동부지역을 경영하는 등 제국주의적 활동도 보여주었다.

그러나 제1차 세계대전의 결과 승전국에 포함되었으나, 전후 처리에 불만을 갖게 되었고, 극도의 사회적 혼란기를 틈타 1922년 로마로의 행진을 통해 무솔리니가 정권을 잡게 되어 파시즘(Fascism)체제가 성립하게 된다. 그는 독일의 히틀러와 손잡고 주축국 동맹을 맺었으며, 제2차 세계대전에 참가하였지만 패전국의 멍에를 쓰게 되었다.

전후 이탈리아의 상황은 극단적으로 물자와 일자리가 부족해 참혹하였으며, 이는 <무방비도시 로마>나 <자전거 도둑>과 같은 신사실주의(Neorealismo) 영화들로 잘 표현된 바 있다. 그러나 한국전쟁을 위해 이탈리아 용품들이 수출되고 마샬플랜(Marshall Plan)을 통한 미국의 원조로 이탈리아 경제는 빠른 회복을 경험하였고 1950년대 후반 경제 기적기(Economic Miracle)를 맞이하면서 급기야 1960년에는 로마 올림픽을 유치하게 되었다. 이후 이탈리아 경제는 선진국으로 변모하였고 Made in Italy의 명성은 오늘날까지 이어지고 있다.

3) 인간, 가족 그리고 지역

이러한 오랜 역사를 통해 형성된 이탈리아 문화의 주요 특징은 인간, 가족 그리고 지역으로 대변될 수 있다. 인간주의는 르네상스가 이탈리아의 피렌체에서 출범하였다는 사실에서 잘 드러나며 신사실주의 영화에서도 이탈리아인들의 정서는 기계화된 문명과 극명하게 대조되며 산업사회의 본격적인 등장 이후에도 소외되는 인간들의 문제를 인간중심으로 극복하려는 의지가 자주 발견된다. 이탈리아의 전반적 분위기는 인공적이고 마천루가 즐비한 거대도시와는 상반되는 따스함을 간직하고 있다. 이러한 인간주의는 때로 시민사회의 발전에 걸림돌이 된다는 지적이 있으나 계약위주의 시민사회가 부정적 의미에서의 개인주의와 합리주의를 가져왔다는 비판적 시각에서 새로운 공동체이론과의 접목이 기대된다. 지방화 시대를 맞이하여 이탈리아 중북부 지역에서 나타나는 자치단체, 지역기업, 주민과의 삼위일체적 관계는 1980년대 후반 이후 세계적인 주목을 받은 바 있다.

가족주의는 이탈리아 사회의 알파요 오메가다. 영·미 위주의 근대 시민사회가 계약에 기초한 개인주의로 운영되어왔다는 점은 주지의 사실이다. 국가와 개인을 연결하는 모든 사회제도는 정당이나 기타의 사회단체들에 의해 대표되며 이러한 다원주의사회가 가족주의에 기반을 둔 전통형 사회보다 우월하다는 시각이 오랫동안 주류적 입장으로 견지되어 왔다. 즉 공동사회로부터 이익사회로의 이행이라는 주장은 전통적인 공동체가 근대화에 걸림돌이 되므로 전통의 파괴가 발전의 척도라고 이해되어 왔다. 그러나 오늘의 시점에서 보자면 이러한 근대 시민사회는 성장의 한계 그리고 환경 파괴라는 본질적인 문제에 직면하고 있으며 21세기에 들어와 근본적인 대안을 마련하도록 종용하고 있다. 이탈리아의 가족주의는 그동안 긍정적인 측면보다는 부정적 내지는 후진적인 시각으로 간주되어 왔으나 사회의 기본단위로서 가족공동체의 중요성이 새롭게 제기되고 있는 것이 오늘날의 경향이다

지역주의는 이탈리아가 오랜 기간 동안 통일된 국가를 형성하지 못하여 19세기 후반에 통일된 이후에도 국가적 차원의 정체성보다는 지역적인 정체감을 강하게 소유하고 있다는 비판에서 제기된 것이다. 그러나 지역주의 역시 지방자치제도의 정립과 비효율적인 중앙정부의 권한이양이라는 점에서 새로운 접근법이 도입되어야 한다. 환경론자들이 말하는 가장 지방적인 것이 가장 지구적이라는 구호도 지역주의 부활을 위해 긍정적으로 작용하고 있다. 또한, 유럽차원에서 제기되는 '지역들로 구성된 유럽론(Europe of the Regions)'도 중앙정부보다는 도시와 지역들이 중심이 되는 미래사회를 그리고 있다. 즉, 유럽연합운동이 거시적으로는 하나의 거대한 유럽을 추구하는 것이지만 미시적으로 보면 소규모의 수많은 지역이 자율성을 발휘하는 역동적인 유럽상을 구축한다는 점에서 시사하는 바가 크다. 이탈리아의 지역주의는 이러한 새로운 시각에서 발전적 재구성이 필요할 것이다.

2. 이탈리아, 이탈리아인

주지하다시피 이탈리아는 로마제국의 영광을 보유하고 있는 나라이다. 유네스코가 선정한 세계문화유산의 상당수가 이탈리아 반도에 위치하고 있기도 하다. 사실 로마는 희랍의 인문주의적 전통과 기독교를 받아들여 독특한 실용주의적 문화를 창출하였고 법과

제도, 건축과 행정, 예술과 문학에서 서구문화의 뿌리를 형성하고 있다. 또한 가톨릭의 본산으로서 바티칸의 존재는 사회생활의 근간이 되는 종교로서 기독교를 전파시킨 장본인이기도 하며 종교와 관련된 이념과 사상, 건축문화 및 예술작품은 이탈리아 문화의 중요한 부분을 차지하고 있다. 이탈리아 어디를 가나 만날 수 있는 성당에는 벽화와 조각 그리고 다양한 양식의 건축물이 있으므로 반도 전체가 하나의 박물관이라 해도 무리가 없을 것이다.

1) 이탈리아의 국민성

이러한 찬란한 문화와 문화재를 가진 이탈리아 국민의 성격은 어떠한가? 모든 나라에 귀감이 되는 선진적이면서도 질서정연한 사회의 모습을 보여주고 있는가? 유감스럽게도 그 대답은 부정적이다. 이천 년 전의 위대한 문명의 모습이 유적들로 현시되고 있지만, 이탈리아인의 국민성이나 민족성에 대해서는 여러 스케이프고츠가 존재한다. 이탈리아인들이 친절하고 밝으며 노래 부르기를 좋아하고 인생을 즐기는 낙천적인 성격을 지니고 있다는 측면이 있는 반면에 가족이나 친지의 범위를 벗어나는 광의의 사회에 대해서는 무책임하고 질서의식이 부족하여 선진 시민 사회적 모범을 보여주지 못한다는 비판이 존재한다.

이탈리아 문화는 인간적이고 가족 중심적이며 자신의 고장에 대한 강한 애향심을 갖고 있지만 반면 시민 사회적 전통이 부족하고 국제적인 감각이 떨어지며 보편적인 성향이 부족하다는 지적들이 제기되고 있다. 앞서 말한 바와 같이 최근에는 이탈리아의 지방주의적 전통이 새롭게 조명되어야 한다는 시각도 나왔지만 전체적으로 보면 알프스 이북의 유럽에 비해 예측 가능하지 않고 신뢰할 수 없으며 안전성이 낮다는 비판이 자주 표출된다.

2) 반도와 문화적 전통

그렇다면, 이상과 같은 결과를 낳은 역사적·문화적 이유는 어떻게 설명될 수 있겠는가? 우선 지정학적(geopolitical) 그리고 지문화적(geocultural) 요소를 들 수 있다. 이탈리아는 삼면이 바다로 둘러싸인 반도국가다. 바다는 지중해와 만나며 남쪽으로는 아프리카 대륙의 북부와 인접하고 북부는 알프스 산맥을 경계로 유럽 대륙의 남단을 차지하고 있다. 이러한 지리적 위치는 이탈리아의 역사에 지대한 영향을 미쳐왔다.

로마문명은 같은 지중해 문화인 그리스로부터 영향을 받아 로마를 위시하여 남부이탈리아 지역에서 꽃을 피웠으나 서기 476년 서로마제국이 멸망하면서 그 무게 중심이 알프스 이북의 유럽으로 이전하게 된다. 중세에도 가톨릭교회의 중심으로 자리매김하였으며 근세 여명기에 르네상스의 발생지로서 역할을 다하고 15~16세기에는 이탈리아의 베네치아, 피렌체, 제노바 등의 도시국가들이 아라비아 반도와의 원거리 상업을 통해 부를 축적하여 지중해 무역의 강자로 군림하였다. 그러나 신대륙의 발견에서 주도권을 잡지 못하여 17세기 이후에는 유럽의 주변으로 전락하게 되고 급기야 프랑스, 오스트리아 및 스페인의 지배를 받게 되는 운명에 처하게 되었다.

3) 교량(Bridge)의 역사

이러한 역사는 이탈리아 반도가 유럽과 아프리카를 이어주는 교량의 역할을 해왔다는 점을 보여주고 있다. 또한 인종적 측면에서 이탈리아 남부인들이 북아프리카나 중동지역인들과 뒤섞이어 전형적인 유럽인으로 보기 어렵다는 주장이 나오기도 하였다. 또한, 제국의 멸망 이후 정치적 통일체가 부재한 상태에서 분열의 역사를 오랜 기간 동안 경험하다보니 통일된 이탈리아의 단합과 민족적 정체성의 형성이 만만치 않은 국가적 과제였던 것이다.

사실 오랜 분열의 역사는 극단적인 지방분권을 의미하는 것이고, 인구 10만 규모의 소규모 자치도시들이 수십 년간 서로 전쟁을 하는 모습도 역사 속에서 관찰되고 있다. 이는 오늘날의 민족국가적 통일성이나 시민사회의 형성에 부정적 영향을 미친 것으로 이해될 수 있다. 19세기말 통일을 달성한 주도세력은 '이탈리아인 만들기(Fare gli italiani)'를 지상과제로 삼아 조속한 기간 내에 민족적 정체성을 형성하려는 노력을 기울였다. 그러나 1400년이나 분열된 상태로 존재하였던 반도의 소규모 도시국가들이 하루아침에 이탈리아인이 되기를 바라는 것은 무리였으며 적지 않은 저항이 표출되었다. 가령 통일 정부에서 남부에 파견된 관리에 대해 스페인 지배세력에서 사르데냐 왕국으로 교체된 것에 불과하며 남부의 발전에는 도움이 되지 않는다는 통일에 대해 부정적·회의적 시각이 오랜 기간 지속되었다. 이러한 전통은 이탈리아인들이 지역주의에 심취하고 중앙정부의 정책에 순응하지 않게 되는 부정적 유산을 낳았다. 오늘날까지 해소되지 못하고 있는 남부와 북부의 사회경제적 격차는 오랜 숙원으로 남아있는 형편이다.

그러나 이탈리아인들이 보여주는 창의성과 독특한 예술적 감각 또한 역사를 통해 만들어진 유산이다. 지중해를 사이에 두고 유럽과 아프리카를 연결하는 반도국이라는 위치로 인해 이탈리아인은 유럽 북동부의 독일·슬라브계, 북서부의 프랑스계, 서부의 카탈로니아계, 동남부의 그리스·알바니아계, 남쪽의 아랍계가 혼합된 인종적 특성을 보이고 있는데 이러한 특성이 다름 또는 다양성이 근간을 이루는 민족성을 형성하게 되었다.

4) 다름에 대한 존경과 창의성

실제로 이탈리아인들은 다름을 소중히 여기고 존중하며 통합된 획일성을 선호하지 않는다. 다른 내용이 무엇이건 간에 그것은 대체될 수 없는 값진 자산이라고 믿는다. 언어적으로도 표준어로 삼고 있는 피렌체의 방언이 있지만 각 지방마다 자신들만의 고유언어를 유지하고 있으며 사람마다 생긴 모습도 다양하고 풍습, 음식문화, 도시의 건축양식 등에서도 다양한 모습을 보인다.

흔히 이탈리아 사람들의 창의성은 태어날 때부터 타고난 것이라고 한다. 이탈리아인들이 지금까지 인류 문명에 기여한 무수한 발명품과 예술작품을 만들어 내고 창의적 산업에서 두각을 나타내고 있는 것은 이들이 차이성이 공존하고 존중하는 사회적 전통에서 즉, 다름이라는 훌륭한 상상력을 자극하는 사회·문화공간에서 성장했기 때문이라는 해석이 가능하다. 또한 이탈리아인들은 태어나서 어린 시기부터 자연스럽게 반도에 산재한 무수한 예술작품들을 접하면서 몸에 밴 뛰어난 감각으로 이탈리아가 자랑하는 패션제품들을 만들어내는 것으로 이해된다.

3. 이탈리아 문화의 특성

1) 종탑주의

종탑주의(Campanilismo)는 이탈리아의 모든 공동체 중심에 성당(Duomo)이 있고 성당에는 종탑이 있어 종소리를 들을 수 있는 경계 안의 공동체가 하나의 자치시를 형성한다는 의미이다. 은유적으로는 남다른 애향심과 함께 먼 지역에 대한 관심이 상대적으로 적으며 근린집단으로서 집단적 운명공동체로 존재한다는 것이다. 종탑주의는 19세기 말 통일된 이탈리아가 백 년이 넘은 시점에서도 국민통합이 원활하게 이루어지지 못하였다는 지적에 대한 원인으로 설명되기도 한다. 또한 이탈리아의 문화코드에서 소규모 공동체에 대한 귀속본능과 충성심이 강하다 보니 더욱 큰 사회인 대도시나 국가에 대한 존경과 관심이 줄어들게 되어 보편적 시민질서보다는 특수주의적 지방주의만 활성화되었다는 지적도 있다. 그러나 이탈리아의 종탑주의를 영미식의 시민사회론으로 재단하는 것은 또 다른 타자(Other)의 설정일 수 있다. 이탈리아가 자랑하는 중소기업의 다수는 소도시에 집중되어 있으며, 이들은 가족중심의 경영을 통해 세계적인 경쟁력을 유지하고 있으므로 소공동체와 소기업이 근대화되지 못했다거나 발전적이지 못하다는 해석은 수정되어야 한다.

2) 광장(Piazza) 문화

이탈리아에서 광장(Piazza)은 모든 공공영역의 생활이 이루어지는 공간이다. 광장생활은 가족과 더불어 사회생활의 핵심을 이룬다. 이탈리아인들은 식사시간 전에 가족구성원들과 가벼운 산책(Passeggiata)을 통해 하루 동안에 일어난 일들에 대한 담소를 즐기는 것으로 유명하다. 점심시간 전 그리고 오후 6시경에 이러한 모습을 소도시 광장주변의 중심가(Centro)에서 자주 발견하게 된다. 이 시간은 한 공동체의 사람들이 하루의 일과를 되돌아보고 자신을 위한 내일을 모색하는 느림의 미학이 실현되는 삶의 질적 시간이다. 또한 서서 마시는 바(Bar)에서의 에스프레소, 커피문화는 바텐더 그리고 주변의 손님들과 일요일에 열렸던 축구경기에 대한 의견을 교환하거나 자주 붕괴하는 연립정부에 대한 비판 등으로 점철되어 이탈리아인들이 공동체 구성원들과 스스럼없이 의사소통을 즐기는 민족임을 알 수 있다.

3) 느린 문화와 슬로푸드운동

느린 문화(Slow Culture)는 근대 산업혁명 이후 가속화된 산업사회의 발전에 따라 인간의 정신적 삶이 그 속도를 따라가지 못하는 문화지체 및 소외현상에 대한 대안적 성격을 가지고 있다. 이탈리아 영화에서는 아무 것도 하지 않은 채 빈둥거리며 쉬는 시간이 주는 달콤함은 그 어느 것에도 비유할 수 없다는 표현이 자주 등장하는데, 이는 이탈리아인들의 삶의 미학과 정신세계를 단적으로 보여주는 사례이다. 음식문화에서도 패스트푸드에 대한 저항운동이 이탈리아에서 시작된 슬로푸드운동(The Slow Food Movement)이라는 사실을 기억할 필요가 있다. 사실 이탈리아 식당은 하루 종일 문을 여는 곳이 없으며 대체적으로 점심은 12시에서 2시 반경까지 그리고 저녁식사는 7시가 지나서 오픈이 되므로 그 이전에는 식사를 제공하지 않는다. 또한 음식의 주문에 있어서도 코스별로 하나씩 요구하므로 한국식으로 빨리 되는 것을 달라고 요구하는 행위는 매우 이질적인 것으로 받아들여진다. 식당에서의 식사시간은 한 시간에서 두 시간까지 걸리며 한 접시를 먹고 나서 다음 접시를 기다리는 동안 이탈리아인들은 담소를 즐기는 전통을 갖고 있다.

4) 느긋한 시간관념

이탈리아인들은 시간관념에 대해서도 약속시간에 정시에 도착하는 것을 철칙으로 삼지 않는다. 그런 점에서 스위스나 독일과 차별적이다. 오히려 차가 막혀서 또는 비가 와서 등의 이유를 대면서 어느 정도의 지각에 대해 관용적인 태도를 보이는 민족이 이탈리아인이다. 그러나 세계화의 영향은 이탈리아에도 영향을 미쳐 최근에는 서점의 개점 시간이 아침부터 밤늦게까지 이어지는 사례(Orario Continuato)가 흔하며, 점심시간도 과거에는 3시간 정도였으나 1시간 정도로 줄어드는 경향을 보이고 있다. 우리의 입장에서 보면 편리해졌다고 볼 수 있겠으나 다른 한편으로는 이탈리아인들의 전통적 생활방식이 훼손되어간다는 느낌도 받게 된다.

5) 보디랭귀지의 나라

이탈리아인들의 의사소통방식의 특징은 한 마디로 다변이며 보디랭귀지가 매우 발달하였다는 점이다. 말로써 전달되는 것보다 몸동작에서 더 많은 의미를 파악할 수 있다는 것이다. 이탈리아 사람들은 모든 인간관계에서 결코 직접적이거나 곧바로 결론에 도달하는 방식을 선호하지 않는다. 심지어는 몇 마디로 간략하게 설명할 수 있는 내용도 주변을 맴도는 수많은 전제를 나열한 후에, 그것도 언제 숨을 쉬어야 할지 모르는 장황한 말로 친절을 베푼다. 결코 곧바로 핵심에 도달하는 법이 없다. 어쩌면 이들은 이러한 패턴의 대화를 즐기고 있는지도 모른다.

때로 이탈리아인들이 대화하는 모습을 보면 마치 무언가에 대해서 열띤 논쟁을 벌이거나, 한쪽이 지쳐 물끄러미 바라보거나 다른 곳으로 시선을 옮기는 상대방에게 무언가를 느긋한 표정으로 확신시키고 있는 것처럼 보인다. 그래서 이들의 대화문화는 종종 논쟁문화에 비유되곤 한다. 이러한 대화 방식은 많은 말을 하지만 별 내용이 없어 보이는 경우가 있거나 상대방에게 의사전달을 하면서 동시에 다른 곳을 응시하는 모습에서 이탈리아인들의 독특한 면모를 발견하게 된다. 신문의 기사들도 육하원칙에 의해 간결하게 표현되는 것이 영미의 전통이지만 이탈리아의 언론은 문학적 수사와 비유 그리고 상상력을 동원하는 표현을 즐기는 것으로 유명하다.

6) 상거래와 의사소통

상거래에서도 의사소통은 독특하게 이루어진다. 우선 물건을 사고파는 현장이 중요하다. 이탈리아인들은 신선한 음식재료를 선호하며, 매일매일 필요한 양만큼만 구입하여 소비하는 특성을 보인다. 살고 있는 아파트 주변의 각종 전문 상점(정육점, 생선가게, 채소가게, 잡화점 등)이나 조금 떨어진 새벽시장에서 신선한 재료를 구입하는데, 구매자와 판매자가 대부분 안면이 있는 경우이므로 서로 간에 인사를 나누고 가족의 근황을 묻기도 하고 이러한 과정을 통해 물건 값을 흥정하기도 한다. 이탈리아어로 할인은 스콘토(sconto)라고 하고 자주 쓰이는 말이며 흥정을 통해 서로간의 정을 나누는 방식을 선호한다. 심지어 전자제품의 경우 옆집보다 더 높은 가격으로 전시하는 경우도 자주 발견되는데 판매자는 개의치 않으며 흥정을 통해 얼마든지 조정될 수 있다는 사고방식을 보이고, 구매자도 마찬가지다.

무역 등을 통한 회사 간의 거래에서도 공식적인 문서와 상담이 중요하지만 식사시간을 통해 주고받는 대화를 통해 거래의 상당부분이 결정될 수 있다. 독일식의 엄격한 문화에서는 상상하기 어려운 현실이다. 그러나 통일성과 획일성을 거부하는 이탈리아인에게 모든 소통을 문서만으로 주고받는 것은 너무나도 부자연스러운 일임에 틀림이 없다. 따라서 이탈리아와의 무역거래에서 문서를 통한 계약만을 전적으로 신뢰하는 것은 위험부담이 있으며,

오히려 현지방문을 통한 개별기업과의 상담과 거래성사가 더욱 중요하다. 그만큼 지방의 기업들에 대한 구체적인 정보를 수도인 로마에서 정확하게 파악하고 있지 못하다는 사실을 반영한다. 그러나 소량주문에 응할 수 있다는 것은 이탈리아 중소기업의 커다란 장점으로 평가받고 있다. 기업의 규모가 영세하다보니 대규모의 선적이 아니더라도 손익을 맞출 수 있다는 유연성이 돋보인다.

4. 이탈리아인의 행동양식

1) 인사법의 특징

단기간의 방문자가 아니라면 이탈리아에서의 생활을 통해 친구를 사귀게 되고 안정적인 관계를 유지하게 된다. 이탈리아인들은 연인관계가 아닌 남녀 간의 인사법에서 우리를 당황하게 만드는 경향이 있다. 즉 서로 포옹하면서 가볍게 양 볼에 키스하는 것이 친구 간의 에티켓이기 때문이다. 물론 연인처럼 진한 터치는 금기시되지만, 처음 접하는 한국인에게는 당혹스런 현실임이 틀림없다. 지금은 우리 사회도 많이 개방되어 젊은 연인들끼리 공공장소에서 서로 손을 잡거나, 포옹하는 모습을 심심치 않게 보게 되지만, 필자가 로마로 유학을 떠난 1983년만 하더라도 이러한 것은 상상하기 어려웠다. 그런데 도착하던 날 로마시내의 가장 큰 공원인 보르게제의 잔디밭에서 수백 쌍의 젊은 남녀들이 서로 진한 포옹과 키스세례를 퍼붓는 광경을 보면서 놀랐던 기억이 지금도 새롭다. 사실 이탈리아인들은 이러한 감정의 표현을 서슴지 않으며, 비교적 기성세대들도 폭넓게 수용하고 있다는 인상을 받게 된다.

2) 공중시설의 미비

이탈리아 방문자가 경험하게 되는 또 다른 당혹스런 상황은 공중화장실이 한국에 비해 매우 적다는 사실이다. 물론 관광지 주변에는 대부분 이러한 시설을 완비하고 있지만, 일반 대도시에서는 공중화장실을 발견하는 것이 대단히 어렵다. 주로 커피를 판매하는 바나 식당의 화장실을 이용해야 하는데, 바의 음료를 소비하는 경우가 아니라면 반드시 요금을 지불해야 한다. 만일 동전을 구비하고 있지 못하다면 영락없이 황당한 상황을 맞이하게 될 것이다. 한국의 경우 대다수의 건물에 있는 시설을 이용할 수 있지만 이탈리아에서는 그러한 것이 가능하지 않다.

3) 좀도둑을 조심하세요

흔히들 이탈리아를 방문하는 관광객들이 자주 물건을 잃어버리거나 지갑을 도난당한다는 말을 듣게 된다. 실제로 관광객들로 붐비는 로마나 피렌체 그리고 베네치아 같은 도시에서는 여권까지 분실하여 대사관을 찾는 방문자들이 상당수에 이른다. 필자의 경험에 의하면 기차역이나 사람이 붐비는 지하철 및 버스 그리고 전차에서는 상당한 긴장이 요구된다. 대부분이 초행길인 사람들이므로 두리번거리게 되고 전체적인 상황파악이 잘 안되기 때문에 소매치기나 좀도둑들의 타깃이 된다. 타 유럽인들처럼 지갑을 몸 깊숙이 감추는 방법도 있지만 여의치 않으며 가장 좋은 방법은 혼자 다니는 것을 피하고 집단으로 행동하며 신체적 접촉에 대해 민감하게 정신을 차리면 큰 화는 면할 수 있다. 지금은 많이 사라졌지만 집시들이 떼를 지어 관광객의 주머니를 뒤지기도 하는데 당황하지 말고 큰소리를 외치면서 자리를 이동하는 것이 최선이다.

식당에서 음식을 먹고 현금으로 지불할 경우 약간의 팁을 주는 것이 상례인데 통상적으로 잔돈인 동전 약간의 양을 남기면 된다. 프랑스에 비해 의무적인 팁 문화는 발달하지 않았다. 문제는 잔돈을 정확하게 세어 보아야한다는 것이다. 그리고 명세서도 제대로 적혀있는지 소비하지 않은 내용이 포함되어 있지는 않은지 확인하는 것이 좋다. 신용카드도 최근에는 대부분의 가게에서 사용된다. 일부 유럽국가에서 카드복제의 사례가 보고되고 있으므로 떠나기 전에 카드회사에 신고하여 부당한 매출 피해를 방지할 필요가 있다. 우리나라처럼 고객이 식당 문을 나서면서 카운터에서 결제하는 방식이 아니라 음식을 소비한 자리에서 카드를 종업원에게 건네는 것이 유럽의 패턴이므로 신뢰감이 떨어지는 식당에서는 특별한 주의가 요구된다.

4) 축제(Festa) 문화

이탈리아에서 장기간 체류하게 되면 현지인들과의 교류를 경험하게 된다. 이탈리아인들은 식당으로 친구를 초대하는 경우는 거의 없으며 대부분 자신의 집에 식사초대를 하거나 주말에는 집에서 파티(Festa)를 개최한다. 식사초대를 받으면 와인이나 꽃을 선물하는 것이 상례이다. 이탈리아인들은 파티문화를 즐기는 편이다. 대부분 방식은 여러 다양한 친구들을 초대하여 서로 알게 하고 음악에 맞추어 춤을 추거나, 게임을 하기도 하고, 또 출출하면 파스타를 만들어 먹기도 한다. 이러한 종류의 파티는 종종 새벽까지 이어지는데, 대부분 삼삼오오 모여 대화를 즐기는 문화를 보인다. 따라서 처음 접하는 한국인에게는 단조로워 보일 수도 있으며, 장시간이 소요되는 파티문화에 적응하기 어렵기도 하다. 그러나 파티를 통해 사귀는 친구들은 말 그대로 친한 사이가 되기 때문에 현지 생활에서 다양한 도움을 받을 수 있다. 기회가 된다면, 대도시가 아닌 농촌지역에서 치러지는 세례나 첫영성체 또는 결혼식에 가보기를 권하고 싶다. 이런 이벤트를 통해 이탈리아 문화의 정수를 접할 수 있기 때문이다.

5) 이탈리아 친구사귀기

이탈리아인들은 첫 대면 시 대부분 열린 자세로 다가오는 편이다. 그러나 상황에 따라 균일하면서도 일관된 행동을 보이지는 않는데, 당황할 필요는 없다고 본다. 지속적인 관계를 유지할 경우 대부분 평생친구로 남을 수 있기 때문이다. 이탈리아인들이 가족중심적 행동양식을 보이기 때문에, 개인별로 다가가는 것보다는 아이가 딸린 상태에서 가족과 함께 사귀게 되면, 정말 다양한 경험과 흥미로움을 느낄 수 있다. 이러한 행태는 우리 집단(we group)과 그들 집단(they group)을 강하게 구분하는 심성에서 비롯되는 것으로 판단된다. 그리고 이탈리아 사람들이 아기들에게 보이는 정성과 관심은 가히 세계적인 수준인데, 동양 사람들에 대한 애정도 각별하다고 본다.

5. 전통의 단절과 계승

1) 역사는 시작이요 끝이다

이탈리아는 지구상에 있는 어느 나라보다도 역사와 전통을 중시한다. 대학의 교과목에도 000역사가 가장 많은 비중을 차지하고 있으며, 이는 자연과학이나 공과계통에서도 마찬가지지다. 과거를 통해 현재를 발견하며 과거에서 미래를 향한 영감을 얻는다는 것이다. 일례로 세계적인 남성복 회사인 에르메네질도 제냐(Ermenegildo Zegna) 사의 경우, 백 년 전부터 만들어온 옷감의 샘플을 보관하는 박물관이 있는데 디자이너들은 자주 이곳을 이용하면서 새로운 영감과 아이디어를 얻는다고 고백하고 있다. 따라서 이탈리아에서 시간 개념은 과거와 현재 그리고 미래가 통시적으로 파악된다고 볼 수 있다. 즉 과거가 미래에 영향을 미치고, 역으로 미래에 대한 비전이 과거를 새롭게 재조명하게 만드는 작업이야말로 이탈리아 문화가 시간과 장소를 초월하여 보편적 성격을 지닐 수 있는 비결이라 생각된다.

2) 과거의 재해석을 통한 미래가치 창조

과거를 중시하는 이탈리아 문화는 찬란한 로마문명의 유산을 현재에도 생생하게 보존하고 있는 오늘의 현실에서 잘 드러나고 있다. 끊이지 않는 전세계로부터의 방문객들이 이를 잘 증명해주고 있다. 그리고 옛것으로부터 힌트를 얻어 새로운 기술을 접목시키는 실용주의적 정신이야말로 이탈리아가 자랑하는 명품들을 통해 실현되고 있다.

그러나 이러한 낭만주의적이고 예술 감각이 뛰어난 이탈리아의 문화가 앞으로도 지속될 수 있는가에 대해서는 우려의 목소리도 나오고 있다. 이탈리아의 장인정신은 천 년 전의 중세 자치도시로 그 역사가 소급된다. 봉건영주와 귀족들에게 납품을 통해 부를 축적하고 그 기술을 자식세대에 전수시킴으로써 천 년의 전통을 이어왔다. 최근에는 이탈리아가 자랑하는 중소기업의 장기적인 지속가능성에 대해 의문이 제기되고 있다. 더는 자식세대가 부모의 가업을 계승하지 않고 대도시에서의 현대적 삶을 구가하는 경향이 높아지고 있다는 우려이다. 또한 많은 섬유기업과 공장에서 중국인 노동자들이 일하고 있는 오늘의 이탈리아 현실은 상당한 불안감을 노정하고 있다.

3) 이탈리아식 경영

그렇지만 '그래도 지구는 돈다(Eppur si muove)'라는 말이 있듯이 '이 모든 어려움에도 불구하고 이탈리아는 전진할 것이다(Comungue va avanti)'라는 표현이 존재한다. 사실 1970년대에 이탈리아 경제가 심각한 위기에 봉착하였을 때 많은 관찰자가 더 이상의 성장이 불가능하며, 깊은 나락에 빠질 것이라고 예견한 바 있지만 이탈리아 사회는 1980년대에 높은 성장률과 함께 세계를 놀라게 한 '중소기업집단(Industrial Districts)'의 발전상을 보인 바 있다. 그 결과 이탈리아식 경영방법에 대한 학문적 연구도 많이 이루어진 바 있다.

4) 이탈리아 문화의 전망

1992년에 발생한 부패수사운동으로 인해 잃어버린 10년을 경험한 이탈리아가 저성장의 패턴을 뒤로하고 다시금 도약할 수 있는가가 작금에 최대 관심사이다. 비슷한 제조업의 위기를 맞이하였던 독일과 일본이 회복세를 보이고 있는 이때에 이탈리아만이 주춤거리고 있는 것에 대해 적지 않은 우려들이 있다. 문화적 차원에서 이탈리아가 보여준 지혜는 전통의 재창조 정신이다. 낡아 보이는 것에서 새로움을 찾아내는 이탈리아인들의 재주는 하루아침에 만들어진 것이 아니다. 그러므로 현재의 위기도 슬기롭게 헤쳐 나갈 것으로 전망된다. 그 답은 가족중심의 중소기업에서 찾아야 할 것이다. 즉 지방주의와 토착성에 근거한 이탈리아식 생산 방식이 세계화를 맞이하여 글로벌 생산과 소비라는 논리를 접목시킬 수 있는가가 핵심 관건이 되리라 본다.

참고문헌

김시홍, “의사소통과 이문화관리: 사회학적 관점과 이탈리아, 스페인, 포르투갈 비교연구”, <EU연구> 2006(16): 181-207.

김시홍, <유럽여행·유럽이야기> 책과 여행 1997.

R. Flower, <Culture Shock! Italy> Marshall Cavendish Corp 2008.

C. Abbott, <Culture Smart: a quick guide to customs and etiquette> Kuperard 2006.

C. Killinger, <Culture and Customs of Italy> Greenwood Press 2005.

D. Forgacs, <Italian Cultual Studies> Oxford Univ. Press 1996.

멕시코인의 의사소통방식과 에티켓

멕시코인의 의사소통방식과 에티켓

문 남 권

1. 고대와 현대가 공존하는 나라

북아메리카 남단에 위치한 멕시코는 한국에서 선인장, 축구, 피라미드, 살사, 테킬라 등의 수식어로 많이 각인되어 있다. 중남미 최대의 공업국이며 한국의 뒤를 이어 GDP규모 세계 14위(2007년 기준)의 경제대국이지만 이것을 알고 있는 한국 사람은 상대적으로 많지 않다. 이것은 멕시코가 미국과 3200km의 국경을 맞대고 있어 경제적 위상이 상대적으로 미약해 보이는 것도 한 가지 원인이 될 수 있다. 이와 함께 중요한 요인은 아마도 멕시코가 갖는 문화적 이미지가 더 강하기 때문일 것이다.

멕시코가 갖는 문화 아이콘은 다양하다. 축구로 대변되는 스포츠가 대표적이지만 무엇보다 고대로부터 현대에 걸쳐 형성된 라틴문화가 멕시코의 강렬한 이미지를 형성한다. 한국에도 널리 보급된 살사와 메렝게 등의 라틴리듬과 댄스, 화이타와 타코 등의 음식, 디에고 리베라와 프리다 칼로로 대변되는 미술 등의 많은 요소들이 라틴문화를 구성한다.

멕시코 하면 떠오르는 강렬한 태양과 라틴문화는 그 근원이 다양하다. 단일한 뿌리로부터 파생된 것이 아니라 역사적으로 여러 요소들이 합류하면서 매번 새롭게 형성된 문화라는 점이다. 멕시코는 초현대적 이미지보다는 중세적이며 근대적 이미지가 오히려 강하다. 이는 멕시코의 고대문명이 현대에 뿌려놓은 도시문명, 고고학적 유적지, 멕시코인들의 사고방식, 행동양식 등에 기인한 것이다. 결국 문화적으로 21세기의 멕시코는 과거와 현재가 공존하는 국가이다.

오늘날의 멕시코를 형성한 고대문명은 다양하다. 대표적인 것은, 16세기 초 스페인 정복자들이 도착했을 때 남아있던 마지막 문명인 아즈텍과 마야 문명이다. "멕시코"라는 현 국명도 아즈텍 부족의 다른 이름이던 "멕시카" 이름에서 유래한 것이다. 또한, 멕시코의 국기를 보면 선인장 위에 독수리 한 마리가 서 있는데 독수리는 입에 뱀을 물고 있다. 아마 전세계 국가의 국기 중에서 가장 그리기가 어려운 국기가 멕시코 국기일 것이다. 이 국기의 모습은 아즈텍 부족의 제국 건설 신화를 형상화한 것이다.

현대의 멕시코는 지금의 멕시코 시티에 아즈텍 부족이 정착하면서 본격적으로 형성되었다. 아즈텍 부족은 원래 멕시코 북서쪽에 위치했던 부족이었다. 이 부족이 태양과 전쟁의 신의 계시를 받아 AD 1100년경 민족 대이동을 시작한 것이다. 이 계시에 의하면, 그들은 돌과 선인장 위에서 독수리가 뱀을 잡아 먹고 있는 곳을 찾아서 도시를 건설해야 했다. 긴 여정 끝에 아즈텍족은 1325년 멕시코 계곡의 테스코코(Texcoco) 호숫가 섬에서 신의 계시와 일치하는 장소를 발견하였다. 그리고 멕시코-테노치틀란이라는 도시를 건설하였는데 전설에 의하면 독수리가 아즈텍 족을 보고서 머리를 숙여 경의를 표했다고 한다. 이후 중국의 춘추전국시대처럼 멕시코 각 지역에 위치해 있던 여러 문명을 정복하고 아즈텍 제국을 건설한 것이다. 아즈텍 제국의 중심지 테스코코 호수가 바로 오늘날 멕시코시티 중심부이다.

아즈텍 제국 설립 이후 멕시코는 스페인의 정복과 식민지 그리고 독립 등 역사적으로 많은 정치경제적 변화를 겪었다. 이 과정에서 문화적으로 새로운 요소를 받아들이며 질적 변화를 경험하였다. 또한, 멕시코 사회는 이전과 전혀 다른 성격을 갖게 되었다.

현대의 멕시코는 과거의 연속선상에 있지만 과거와는 질적으로 다른 새로운 사회이다. 1519년 스페인 정복자 에르난 코르테스가 도착하였을 때 멕시코시티의 인구 10만 명이 현재 2000만 명으로 증가했지만 중요한 것은 수보다도 사람들의 사고방식과 사회구조의 변화이다.

현대 멕시코 사회의 에티켓과 의사소통 방식은 매우 복잡한 양상을 띠고 있다. 이질적인 여러 요소를 받아들여 형성된 문화는 일반화하기 어려운 여러 측면을 보여주고 있다. 그럼에도 불구하고 멕시코 사회를 특징짓는 보편적 몇 가지 문화코드와 에티켓 및 의사소통 방식을 추려내는 것이 아주 불가능한 것만은 아니다. 중요한 것은 멕시코 사회의 의사소통 방식이 형성된 배경과 의미를 이해하는 것이다.

고대와 현대가 공존하면서 새로운 문화를 만들어낸 멕시코 사회는 "혼혈의 문화"로 특징지어진다. 혼혈이란 이질적인 두 가지가 섞여 새로운 것을 만들어낸다는 의미이다. 물이 고여 있으면 썩듯이 문화도 변화하고 진보해야 한다. 멕시코 혼혈의 문화는 다른 새로운 요소를 받아들여 보다 창조적인 새 문화를 만들어내는 혼혈의 문화이다. 그리고 이러한 문화 형성 방식은 멕시코 고유의 역사에서 비롯되었다.

2. 혼혈의 문화

1) 혼혈의 역사

멕시코의 혼혈은 역사적 요인에 기인한다. 아즈텍 제국이 한창 번성하던 15세기 말 멕시코는 역사적 전환점을 맞이하게 된다. 물론 당시 멕시코 국민, 즉 원주민들이 의도한 변화는 아니었다. 외부세계에서 강제로 유입된 이 변화가 오늘의 멕시코 형성에 중요한 역할을 담당하였다.

1519년 멕시코의 동쪽 베라크루스 항구에 에르난 코르테스라고 하는 스페인 정복자가 약 500명의 부하를 이끌고 도착하였다. 이들은 쿠바에 본거지를 두고 있던 스페인 탐험대에 속한 자들이었다. 당시는 1492년 콜럼버스가 카리브해에 도착한 이후 세계사에서 처음으로 아메리카 대륙과 유럽대륙이 조우한 상황이었다. 물론 이 만남이 의도된 것은 아니었으며 결과는 전혀 예상치 못한 방향으로 진행되고 있었다.

스페인 정복대는 이내 도착한 곳이 인도가 아니라 새로운 땅이라는 것을 알아차렸다. 그리고 이곳을 서인도라고 부르면서 쿠바에 총독부를 차리고 주변을 탐험하던 중이었다. 이때 서쪽에 대륙이 존재한다는 소식을 들은 코르테스가 스페인 황제의 허가를 받아 직접 부하들을 이끌고 배를 출항하여 도착한 곳이 바로 멕시코였던 것이다.

이로부터 우여곡절 끝에 2년 만에 당시 세계 최대 도시이자 문명권 중 하나였던 아즈텍 제국은 무너지고 멕시코 전역은 스페인의 식민지가 되었다. 당시의 스페인 정복자들은 지금의 멕시코시티인 테스코코 호수의 신전도시에 도착했을 때 눈을 의심할 수밖에 없었다고 한다. “아니 세상에 이런 거대한 도시가 존재하였던 가?” 이런 생각을 갖게 만들었던 테노치틀란은 거대한 피라미드들과 원주민 주거지역으로 구성된 신전도시였다. 이 거대한 신전도시와 광대한 제국이 수백 명의 스페인 병사들에게 정복당한 것은 지금도 역사상 미스터리로 남아있다.

이때부터 멕시코 사회는 근본적인 변화를 맞이하게 된다. 고대 문명의 주인이었던 원주민들은 피지배자의 위치로 전락하고 이베리아 반도의 백인들이 지배계층이 된 것이다. 문화적으로도 유럽의 도시문명과 가톨릭이 전파되어 물질과 영혼의 양 측면에서 정복이 계속되었다. 멕시코의 식민사회는 1821년 독립 때까지 300년간 지속되었다.

1821년 스페인으로부터 공식적으로 독립한 이후 멕시코는 극도의 정치경제적 혼란을 겪게 된다. 그리고 19세기 동안 또 다른 외세의 침입을 받고 사회구조와 문화 측면에서 영향을 받게 된다. 멕시코 역사에서 멕시코 정체성을 형성하는데 중요한 계기가 된 또 하나의 사건이 1848년 미국-멕시코 전쟁 패배와 멕시코 영토 절반의 상실이다.

독립 이후 멕시코가 혼란에 빠져있을 때 국토 북부의 텍사스 지역에서 먼저 독립의 움직임이 일어났다. 미 동부의 앵글로 색슨 미국인들이 이주해서 살고 있던 멕시코 영토에서 이제는 분리 독립하여 미국으로 편입되기를 원하는 독립운동이 발생한 것이다. 1835년에 시작된 이 운동은 결국 텍사스의 분리 독립 후 미국-멕시코 전쟁을 유발했고 멕시코는 영토의 절반을 빼앗김으로써 국가와 국민의 자존심에 큰 상처를 안게 되었다.

멕시코가 스페인 및 미국과 함께 영향을 받은 또 하나의 외부 세력은 프랑스이다. 프랑스는 멕시코에 독특한 영향을 미친 국가이다. 스페인과 같은 라틴 문화권에 속한 프랑스는 일찍부터 멕시코에 많은 문화적 영향을 미쳤다. 프랑스의 영향력은 결정적으로 19세기 중반 강화되는데 중대한 계기는 프랑스의 멕시코 점령과 일시 통치였다.

독립전쟁 당시 멕시코가 프랑스에 진 빚을 제때 갚지 못하자 프랑스는 이를 핑계로 멕시코에 군사를 보내 무력침공을 시도하게 된다. 1862년경 멕시코는 미국과의 전쟁 이후 국력이 더욱 쇠약해진 상태에서 프랑스군에 5년간 멕시코시티를 내어주고 전투 상태에 접어들게 된다. 5년 후 프랑스군은 패배하여 돌아갔지만 이때 형성된 복식, 음식, 풍속이 멕시코의 현재를 구성하는데 많은 영향을 주었다.

이상에서 살펴본 멕시코의 근대를 특징짓는 외국의 끊임없는 침략과 전쟁 그리고 식민화 과정 및 미국과의 지리적 인접성은 멕시코의 혼혈문화 형성에 큰 요인으로 작용한 것이 사실이다.

2) 문화적 혼혈

오랜 기간 이민족에 의해 식민 지배를 받고 독립한 19세기와 20세기 멕시코는 더 이상 과거의 멕시코가 아니었다. 결과는 멕시코 사회와 국민들의 새로운 정체성 형성이었다. 종교, 인종, 문화 등 사회의 모든 면에서 혼혈의 문화가 형성되었다. 새로운 국민성과 민족성이 자리 잡았다.

15세기까지 멕시코에는 원주민들만 존재했지만 현대 멕시코는 혼혈인들이 주요 구성원으로 자리 잡았다. 1억 명이 조금 넘는 멕시코 인구 중 원주민의 구성 비율은 갈수록 하락하여 현재 10%를 밑돌고 있으며 혼혈인이 80% 이상을 차지한다. 그리고 10% 미만의 백인들과 극소수의 흑인들이 멕시코 사회를 구성하고 있다. 원주민 주도의 멕시코 사회는 식민시대 초기 백인 중심에서 현재는

"메스티소"라고 불리는 혼혈인 중심의 사회가 되었다.

종교적으로도 멕시코의 가톨릭은 현지화 되어 있다. 멕시코에 가톨릭이 본격적으로 전파되고 국민종교가 될 수 있었던 계기는 1531년 "과달루페 성모"의 발현이었다. 과달루페 성모는 원주민과 같은 갈색 피부에 검은색 머리를 한 성모였다. 이 성모가 후안 디에고라는 원주민에게 나타나 자신을 기리는 성당을 지을 것을 주교에게 전하라고 명하기 위해 나타난 사건을 계기로 가톨릭은 멕시코의 국민종교가 되었다. 이제 원주민들은 성모가 금발머리에 파란 눈의 외국의 신이 아니라 자신들과 똑같은 모습의 성모로서 자신들을 보호한다고 믿게 된 것이다. 현지화 된 가톨릭은 멕시코인들의 정신세계를 관장하며 혼혈문화의 대표적 예로 자리 잡고 있다.

멕시코의 혼혈문화 중 한국에 가장 널리 알려진 것은 라틴음악과 댄스이다. 이 음악이 발전한 과정을 살펴보면 라틴 문화 혼혈의 과정을 알 수 있다. 라틴음악은 세계 여러 지역의 음악적 요소들이 결합되어 탄생한 음악이다. 유럽 고전음악의 요소에 아메리카 원주민들의 음악이 결합되고 이후 아프리카 흑인 음악 요소들이 합해져 탄생한 것이 라틴음악이다.

멕시코와 카리브해 지역이 아메리카, 유럽, 아프리카 세계 3대 문명권의 교차점 역할을 할 역사적 이유로 인해 문화적 교류가 활발했고 그 결과 라틴음악과 댄스가 탄생할 수 있었다는 설명이다.

결국, 혼혈문화는 멕시코의 현 정체성을 설명하는 키워드다. 멕시코는 자신의 정체성을 정의하기 위해 과거의 원주민으로 돌아갈 수도 없고 유럽과 자신을 동일시할 수도 없는 상황이다. 300년의 식민생활은 인종, 사회, 종교 등 제반 문화에서 새로운 것을 창조해 내고 이것이 오늘의 멕시코를 창조하였다. 이러한 혼혈의 문화로부터 멕시코 사회를 이해하고 멕시코 사람들과 상호작용하는데 필요한 에티켓과 의사소통 방식이 나온다.

3. 멕시코인의 의사소통방식

1) 신체언어의 의미

멕시코 사람들을 만날 때 가장 눈에 띄는 점이 친밀감을 쉽게 표현하며 제스쳐가 크다는 점이다. 다소 정적이고 조용한 의사표현에 익숙한 한국 사람들이 보기에는 과장되어 보일 정도로 멕시코 사람들의 신체언어는 강렬하다. 처음 만나는 사람도 늘 '아미고(친구)'라고 부르며 개방적인 태도로 사람을 대한다.

이런 모습이 한국인에게는 생소하기 때문에 이게 멕시코 사람들의 특성이려니 생각하게 된다. 그러나 이러한 특성들의 숨은 의미를 이해하면 의사소통이 더 원활해지고 훨씬 더 적절한 신체언어 소통을 하게 된다.

멕시코 사람들은 신체 언어에서 접촉을 많이 갖는다. 남녀 간 뿐만 아니라 동성 간에도 접촉이 잦은데 멕시코 사람들에게 신체 접촉은 신뢰의 표현이다. 친하고 믿을 수 있는 사람일수록 더 적극적인 인사법을 사용한다.

처음 만나는 사람은 악수하는 것이 보통 인사법이다. 그러나 구면에는 남녀 사이는 물론 여자끼리도 볼을 맞대고 인사를 하게 된다. 남자 사이에서는 삼 단계 인사법의 긴 과정을 거친다. 먼저 손을 흔들며 악수하고 크게 포옹을 한다. 그리고 다시 악수를 하게 된다. 마치 한국에서 친밀감을 표시하기 위해 맞잡은 손을 크게 흔들며 오래도록 악수하는 것과 마찬가지이다. 이런 인사법에서 공통적인 사항은 신체 접촉을 중시하고 관심을 표한다는 점이다.

멕시코 사람들은 인사법에서 드러나듯이 굉장히 감성적이다. 감정을 솔직하고 많이 드러내는 것이 진실하다고 생각한다. 그리고 이는 행동으로 나타난다. 말할 때 큰 손짓과 몸짓의 행동이 동반된다. 감성적인 동시에 개방적인 면모를 갖고 있다. 대화 시 눈을 똑바로 보고 대화하며 상대방과의 거리간격이 좁다. 대략 40-55cm의 거리를 두고 대화하기를 선호한다. 이는 다른 서구 국가들보다도 짧은 거리이다.

전화를 할 때도 개인 안부 및 가족의 안부를 먼저 묻는다. 편지를 쓸 때도 공적인 용건보다 개인 안부 인사를 먼저 전하는 것이 일반적이다. 손님을 초대할 때는 집안에 손님이 들어서면 집주인은 먼저 Estás en tu casa(여기가 너의 집이야)라고 항상 얘기한다.

대화 시에도 지나치지 않을 정도의 범위에서 개인의 감정에 대해 개방적이고 솔직하다. 감성주의로 표현할 수 있는 멕시코 사람들의 신체언어 커뮤니케이션 방식은 원주민 고대문명의 영향보다는 스페인의 영향이 더 큰 것으로 해석된다. 아즈텍 문화는 원래 무표정하고 무뚝뚝한 의사소통으로 대변된다. 하지만 이후 유입된 이베리아 반도의 문화는 보다 적극적이고 개방적 문화를 만들었다.

2) 멕시코 문화에서 시간의 개념

멕시코의 시간개념을 흔히 '마냐냐(mañana: 내일)' 문화로 묘사한다. 멕시코에서 흔히 듣는 표현 중 하나가 "아스타 마냐냐(hasta mañana: 내일 보자)"라는 표현인데 이것을 지칭하는 표현이다.

마냐냐 사고방식은 잘못 이해하면 게으름의 표현으로 들린다. 웬만한 일은 지금 처리하지 않고 내일로 미루는 것으로 이해하기 쉽다. 따라서 낙천적이다 못해 게으르고 나태한 사람들의 문화라고 이해할 수 있는 것이다.

그러나 이 문화가 나오게 된 배경은 내일보다 오늘을 중시하는 사고방식 때문이다. 멕시코와 같이 계층화된 사회에서는 신분상승의 기회를 잡기 어렵다. 따라서 내일에 대한 꿈과 희망을 갖기 어려운 사회구조 속에서 대부분의 사람들이 살고 있다. 그리고 역사적으로 멕시코 사회는 오랜 기간 외세의 침략과 식민 지배로 고통을 받아왔다. 인종 간, 계층 간 그리고 지역 간 갈등이 상존해왔다.

그리고 국가는 정치경제적 혼란과 갈등을 항상 겪어왔다. 최근 20세기 후반에도 경제 위기가 6년마다 빈발하여 국민들은 고통을 감내해야 했다. 결국, 스스로 통제가 불가능한 외부환경 하에서 살아온 셈이다. 때로는 숙명론적 가치관을 가질 수밖에 없었고 현실을 항상 불확실성의 연속이었다.

따라서 많은 멕시코 사람들에게 중요한 것은 꿈꾸는 미래가 아니라 오늘의 현실이었다. 계획대로 이루어지지 않는 미래보다 내가 현재 살아가고 있는 오늘이 더 중요한 것이다. 지금 이 순간을 즐기고 보람 있게 활용하는 것이 중요한 일이다. 나의 미래를 내 의지대로 창조해 갈 수 없다면 의무나 책임감은 나중으로 미루고 현재를 즐기는 게 더욱 중요한 일이 되는 것이다.

"아스타 마냐나(Hasta mañana)"의 내일은 단순한 내일이 아니라 현재가 아닌 미래를 지칭한다. 따라서 상대가 이 말을 할 때는 내일 해주겠다는 의미가 아니라 그 일을 지금 처리할 이유가 없으며 하기 어렵다는 의미로 해석하는 것이 맞다. 굳이 지금 처리할 정도로 시급한 일이 아니라는 의미가 될 수도 있고 때로는 할 수 없다는 의미일 수도 있다.

이와 함께 멕시코 사람들은 일반적으로 매우 느슨한 시간관념을 갖고 있다. 서구 사람들은 시간의 정확성에 가치를 두지만 멕시코 사람들은 정확한 시간관념을 강요하지 않는다. 오늘과 내일이 변화가 없고 다르지 않기 때문에 굳이 시간에 정확성을 기해야 한다든지 서둘러야 한다는 생각을 하지 않는 것이다.

멕시코 친구들과 약속 시간을 잡으면 보통 20-30분씩 늦게 도착한다. 집에서 파티를 하는 경우에는 보통 한 시간 정도씩 늦는다. 이런 경우 한국의 경우처럼 5분 일찍 도착하게 되면 집주인이 매우 당황하는 모습을 볼 수 있을 것이다. 이 친구들의 생각에 한 시간 늦는 것은 양자가 충분히 양해할 수 있을 정도의 지각인 것이다.

물론 모든 멕시코 사람들이 그렇진 않다. 글로벌라이제이션 시대에 미국 사람들처럼 시간을 정확하게 지키려는 사람의 수도 점차 증가하고 있다. 그럼에도 불구하고 일반적으로 시간의 정확성에 대해 조급증을 갖고 있지 않으므로 어떤 중요한 일을 처리하거나 비즈니스를 진행시킬 때는 여유 있게 처리하는 것이 필요하다.

4. 멕시코인의 문화코드와 에티켓

1) 연고주의와 집단주의 사회

멕시코에서 흔히 듣게 되는 자조적인 말 중의 하나가 '되는 일도 없고 안 되는 일도 없다'라는 것이다. 이것은 굉장히 관료적이고 형식적인 멕시코 사회에서 어떤 일의 추진이 굉장히 어렵지만 관련된 사람과 개인적 친분이 있거나 누구를 소개받게 되면 모든 일이 쉽게 풀릴 수도 있는 현상을 가리킨다.

여기에서 볼 수 있듯이 멕시코 사회는 연고주의가 뿌리내린 사회이다. 연고주의는 또한 멕시코 사회의 강한 집단주의 특성으로부터 기인한다. 멕시코에서 모든 사회 활동의 시작은 인간관계 형성이다. 그리고 모든 사회 관계망의 출발점은 가족이 된다.

멕시코에서 가족의 중요성은 특별하다. 가족을 중시하지 않는 사회는 없지만 멕시코에서 가족의 의미는 험악한 사회로부터 심적 안정뿐 아니라 물질과 복지를 제공하고 사회 관계망을 확대하는 공간이기 때문이다. 멕시코에서 흔히 볼 수 있는 풍경 중 하나가 주말 가족 모임이다. 장성하여 출가한 자녀들이 새로운 가족을 꾸리고 분가해서 살아도 주말이 되면 할머니 할아버지 집에 모여서 함께 주말을 보내는 풍경이 일반적이다. 성년이 되어도 결혼할 때까지는 함께 살고 분가해서도 형제들이 다시 주말에 모이는 것이다.

한국의 재벌이 다른 국가에서 족벌경영이라는 특이한 기업 경영체계로서 언급되지만 멕시코에서는 가족들끼리 운영하는 가계 기업을 흔히 볼 수 있다. 세대를 이어 가업을 물려받는 것에 그치지 않고 형제자매끼리 작게는 가게, 크게는 기업을 공동 운영한다.

가족들의 감정적 유대관계는 현실적 문제로 발전한다. 멕시코 사회에서 가족이 중요한 것은 폭력이 만연한 사회에서 가장 신뢰할 만한 집단이기 때문이다. 또한, 경제적으로 도움을 받을 수 있는 가장 확실한 원천이기도 하다.

멕시코 사회의 주요 특징은 이 가족의 개념과 역할이 사회 속에서 확장되어 개인의 안녕을 도모한다는 점이다. 가족이 확대되는 과정에서 파벌주의와 연고주의가 파생된다. 개인은 사회에서 한 그룹과 조직에 속할 때 안도감을 느끼고 파벌 이외의 사람에게는 배타적 모습을 보이게 된다. 따라서 서로 앞다투어 파벌을 조성하고 이 파벌문화는 정계, 경제계, 학계 등 사회 구석구석에 침투하여 멕시코 사회를 집단주의 사회로 만들었다.

이 집단에 속하는 개인들은 정서적 안정을 뛰어넘어 실질적 도움을 주고받게 된다. 따라서 힘이 강력한 집단에 속하면 여러모로 사회생활이 용이하게 된다. 그리고 혼자 있으면 외롭고 힘든 삶을 살게 된다.

따라서 멕시코 사람들은 여러 형태로 가족과 파벌을 확대하려 한다. 대부제를 두어 가족망을 확대한다. 가톨릭 영세에서 도움을 주는 대부는 이후 사회생활에서도 실질적 가족으로서 역할을 한다. 서로 도움을 받는 것이다.

파벌주의가 확대된 공직사회나 기업에서도 흔히 볼 수 있는 모습으로 특정 고위 공직자나 기업 임원이 바뀌게 되면 그 사람 휘하의 아랫사람들도 모두 조직을 떠나게 되는 것이다. 연고주의와 집단주의가 만들어낸 멕시코의 모습이다.

따라서 멕시코에서 활동하기 위해서는 경력과 업적도 중요하지만 인간적으로 신뢰를 얻고 인맥을 구축하는 것이 우선적인 일이다.

2) 계급사회 멕시코

멕시코에서 새로운 사람을 소개받을 때 학력과 지위의 수식어가 이름 앞에 붙어서 특정인을 소개한다는 것을 알게 된다. 변호사, 의사 등의 특정 직업이 있는 경우 그 직업의 수식어를 붙여주지만 그렇지 않은 경우, 즉 임대업자나 심지어 동네 주민의 경우에도 존칭을 붙여주는 게 중요하다.

보통 가장 보편적으로 한국의 '~씨'라는 표현처럼 남성에게 세뇨르(señor) 여성에게는 세뇨라(señora)를 영어의 미스터, 미스처럼 붙이게 된다. 그러나 많은 경우 이런 존칭을 붙이면 실례를 범하게 된다. 왜냐면 듣는 당사자가 모욕감을 느낄 수 있기 때문이다.

멕시코에서 존칭은 그 사람의 사회적 지위를 상징하는 표현이기도 하다. 따라서 최대한 좋은 표현을 갖다 붙여주는 것이 좋다. 일반적으로 세뇨르 대신 대학을 졸업한 사람에게 리센시아도

(licenciado)나 인헤니에로(ingeniero)라는 표현을 붙여준다. 이는 한국어로 직역하면 문학사(文學士) 또는 이학사(理學士)가 된다. 즉 대학을 졸업했다는 의미이다. 저자도 처음에는 멕시코 사회는 대학을 졸업한 사람이 많지 않아서 기분 좋게 높여서 불러주는 의미인 것으로만 생각했었다.

그러나 이런 존칭에는 보다 깊은 의미가 있다. 시골에 농사를 짓는 농부와 이웃 할머니의 경우에도 마을 사람들은 성직자에게나 붙일법한 극존칭인 돈(don)과 도냐(doña) 호칭을 이름 앞에 붙여 불러준다. 이런 호칭을 인격적으로 존경할 만한 사람의 경우 붙일 수도 있겠지만 흔히 붙여준다는 것은 신분사회임을 나타내는 역설적 방증이기도 하다.

역사적 이유로 멕시코 사회는 정치 경제 권력의 소유여부에 따라 계층화된 사회가 형성되었다. 정치 체제는 민주화 되었지만 하위 계층에서 상위 계층으로 신분상승의 채널이 극도로 제한되어 있어 계층 간 이동이 어렵다. 따라서 태어날 때의 신분이 고정되어 평생 그리고 자식으로 이전되는 사회이다.

계층 간 거리가 크고 확고한 이런 사회에서는 사회적 신분과 성에 따라 생활의 공간과 의사소통 방식이 달라진다. 상류층은 자신에게 합당하다고 생각하는 대접을 받길 원하고 늘 그런 환경에 둘러싸여 생활한다.

멕시코의 고급 주택을 방문해 보면 한국과 다른 몇 가지를 보게 된다. 고급 주택들은 모두 가정부나 집사가 거주하는 생활공간이 분명하게 분리되어 있다. 아파트인 경우에는 집안일을 하는 사람들이 사용하는 엘리베이터와 집주인과 가족들이 사용하는 엘리베이터가 구분되어 있어 가정부는 다른 엘리베이터를 사용 하는 것이 암묵적으로 금지되어 있다.

물론 식사도 한 테이블에서 같이 하지 않는다. 이것은 기업에서도 마찬가지이다. 한국 사람이 멕시코 현지에서 멕시코 사람을 식사 초대할 때 한국적 생각으로 함께 식사 자리를 마련하면 이것은 큰 실례가 된다. 또한 현지 공장을 건설하여 사업을 하는 경우에도 종업원들은 함께 식사하고자 하는 사장을 매우 의아한 눈초리로 바라볼 것이다.

눈에 보이지 않는 계급이 형성되어 있는 멕시코 사회에서 존중받고자 하는 사람을 존중하고 적절한 행동양식을 갖추는 것은 여러모로 필요하다.

3) 권위주의 사회

멕시코 사회는 전체적으로 권위를 강조하는 조직문화를 보여준다. 권위란 암묵적 혹은 명시적으로 다른 사람에게 자신의 힘을 인정받고 상대를 복종시킬 수 있는 위엄을 가리킨다. 권위를 강조한다는 것은 조직의 리더나 보스가 구성원들로부터 심적 존경과 지배적 위치를 누리고 싶어 한다는 것이다.

멕시코의 가족, 기업과 정당 같은 사회조직, 그리고 국가로서 멕시코 사회 전체는 권위적인 성격을 지니고 있다. 가정에서 아버지는 가족으로부터 절대적 권위를 누리고 싶어 한다. 부인과 자식들로부터 존중받고 싶어 하고 위압적 태도를 유지하는 것을 멕시코 남성들의 남성우월주의 마치스모(machismo)라고 부른다.

그런데 이 마치스모가 사실은 멕시코 사회 전반적인 특징이라는 것이다. 마치스모는 지나칠 정도로 과도하게 남성다움을 강조하는 것을 지칭한다. 이는 남성으로서의 권위를 세우고 가정에서 지배적 위치에 서고 나아가 존경을 받고자 하는 마음을 역설적으로 대변한다. 또한 자식들에게도 아버지는 응당한 권위를 인정받고자 한다.

이러한 권위의식은 조직운영에서 권위주의를 가져온다. 권위주의란 구성원의 의견을 수렴하고 수용하는 것 대신 본인의 생각대로 집단을 움직이고 지배적 위치를 지속하려는 체제를 의미한다.

이 권위주의적 태도가 가정에서 뿐만 아니라 멕시코 사회 전반에서 나타난다는 것이다. 기업에서 사장은 종업원들에게 권위적 상사로서 군림하는 것이 일반적이다. 또한 국가적 차원에서도 멕시코는 이웃국가들에게 자주국으로서 위치를 끊임없이 확인받으려 하며 주권과 타국에 대한 내정 불간섭을 매우 중시하는 외교정책을 펼쳐왔다.

이와 같은 멕시코 사회의 권위주의는 크게 볼 때 세 가지 원인에 기인한다. 첫째는 구성원의 존경을 받고자 하는 마음, 두 번째는 원활한 조직운영을 위한 방편 그리고 세 번째로 열등감의 반영일 수도 있다.

권위주의란 뒤집어 보면 자존심을 가장 중시하는 태도이다. 이는 멕시코 사회가 역사적으로 많은 불행을 겪어왔기 때문이다. 멕시코 인구 대부분을 차지하는 혼혈인들은 스페인 정복자와 원주민 어머니 사이에서 태어난 후손들이다. 강간당한 어머니에 대한 상처, 트라우마(trauma)는 아버지의 자존심을 짓밟았다. 그리고 스페인과 미국에 당한 정복과 영토상실의 상처는 자신을 지킬 수 없었다는 사실에서 자신감과 존재감의 상실을 가져왔다. 따라서 자존심을 되찾기 위해서는 강한 모습을 보여줘야 했고 권위적인 태도는 자연스런 결과였다고 보인다.

결국, 권위적 성격의 사회는 역사의 기억과 상처들이 만들어낸 부산물일 것이다. 따라서 멕시코 사람들과의 커뮤니케이션에서 권위를 흔들거나 자존심을 건드리는 언행은 삼가야 한다.

5. 세계화 속의 변화하는 멕시코

스페인 정복 이래 거의 500년 동안 형성된 멕시코의 문화는 멕시코의 정체성을 형성하고 의사소통 방식을 형성했다. 지금까지 언급된 문화코드와 에티켓은 멕시코 사람들과 커뮤니케이션 하는데 있어서 이해하고 있어야 할 기본 사항들이다. 그러나 세계화 시대에 멕시코 사람들의 전통과 행동양식도 일부 변화도 있다. 이것은 국제적 교류의 활성화가 가져온 일부 결과일 것이다.

19세기 말 멕시코에 오랜 기간 집권했던 독재자 포르피리오 디아스(Porfirio Díaz) 대통령은 "불쌍한 멕시코여! 신(神)으로부터는 멀리 떨어져 있고 미국과는 가까이 있구나" 라는 한탄서린 문구를 남긴 바 있다.

멕시코 사람들의 대부분은 미국을 지칭할 때 그링고(Gringo)라는 단어를 사용한다. 이 용어는 미국-멕시코 전쟁 때 멕시코시티를 점령한 미국 해병대의 전투복 색깔 그린(Green)에서 유래한 단어이다. 미국 사람들을 경멸하는 어조의 단어를 일상적으로 사용할 정도로 민족적 감정이 있지만 시대는 변하고 있다.

지구촌 시대에도 지리적 요인으로 미국과의 교류가 가장 큰 비중을 차지하고 있는 현대 멕시코도 미국을 비롯한 해외와의 교류증가로 서양식 표준화 행동양식을 일부 보여주고 있다. 멕시코식 시간 개념이 비즈니스에서는 서양식으로 많이 변하고 있는 것이 그 예이다.

그럼에도 모든 멕시코적 정체성이 변하지는 않을 것이다. 세계화 시대에도 지역적 문화 특성이 오히려 강화되는 세방화(glocalization) 현상이 동시에 진행되기 때문이다. 멕시코 사람들은 혼혈의 정체성을 강조한다. 이 정체성은 역사적으로 정치적 필요에 의해서 주창된 측면이 있다. 하지만 멕시코 사람들이 자랑스러워하는 혼혈의 정체성과 문화는 그 자체 메커니즘을 통해 계속 발전해 나갈 것이다.

세계화 시대에도 토르티야와 타코가 햄버거로 대체되지는 않기 때문이다.

참고문헌

김기현(2004), "멕시코의 문화코드와 커뮤니케이션 방식", 「국제지역연구」 제7권 제4호, 한국라틴아메리카 학회. pp.235-266.

송영복 외(2006), 멕시코의 인디오, 상지사.

우덕룡 외(2000), 라틴아메리카, 송산출판사.

Cosío Villegas, Daniel(coordinador)(1997), Historia General de México I, El Colegio de México.

Cosío Villegas, Daniel(coordinador)(1997), Historia General de México II, El Colegio de México.

미국인의 에티켓

1. 미국 문화의 다양성
2. 미국 문화의 배경과 원칙
3. 미국인의 에티켓의 기본 원칙
4. 미국인의 에티켓
5. 미국 문화의 변화와 지속

미국인의 에티켓

이 현 송

1. 미국 문화의 다양성

미국 문화는 영국계를 중심으로 한 유럽 문화에 뿌리를 두고 있다. 미국 인구에서 차지하는 영국계의 비중은 전체의 4분의 1에도 미치지 못하지만, 유럽인이 북미 대륙에 정착한 초기부터 이들은 정치 경제적으로 지배적인 위치를 차지하면서 문화 전반에 큰 영향을 미치고 있다. 영국계의 문화적 헤게모니는 문화의 중심축인 언어에서부터 일상의 사소한 관습과 예절에 이르기까지 전반적으로 행사되고 있다. 미국은 세계의 각국에서 이민 온 사람들로 이루어진 국가이지만, 영국계를 중심으로 하여 초기에 형성된 문화적인 주류는 후에 이민 온 사람에게 미국화를 강요하였고, 미국적인 기준에 따라 행동하도록 하였다.

문화적인 종주권은 한 집단의 절대적인 규모에 의해 결정되는 것이 아니라, 그들의 정치경제적인 지배력에 의해서 좌우된다. 사실 미국에서 가장 큰 점유율을 차지하는 민족 집단은 앵글로 색슨의 영국계가 아니라 독일계 유럽인이다. 그러나 미국 문화에서 독일 문화의 자취는 거의 찾아보기 어렵다. 이는 미국 역사에서 영국계를 중심으로 한 주류 문화의 압력이 얼마나 거셌는가를 짐작하게 한다. 미국 역사에서 외래의 문화를 배척하는 사회 운동이 수시로 일어났으며, 이 와중에 많은 비영국계 유럽인 및 유색인들은 박해를 받고 그들의 고유문화를 포기하였다.

미국은 1607년 북미 대륙의 동해안에 첫 발을 디딘 영국계 이민자에서부터 출발한다. 그들은 1776년 영국으로부터 독립을 선언하기까지 영국의 식민지였다. 그러나 세계의 여타 식민지 지역과는 달리 미국의 식민지는 영국인이 이주하여 모국의 사회제도와 문화관습을 그대로 이어온 영국의 일부 지역이라는 의미가 강하다. 19세기에 들어 서유럽은 물론, 남유럽, 동유럽의 여러 나라에서 미국으로의 이민이 급속히 증가하였으며, 20세기에는 아시아와 남미 지역으로부터 이민자가 급증하고 있다. 그 결과 미국은 현재 열 사람 중에 한 사람은 외국에서 출생한 사람이며, 조부모대까지 거슬러 올라가면 외국에서 출생한 인구는 전체의 3분의 1을 넘어선다. 그들은 미국에 머무는 시간이 길어지면서 미국의 주류 문화에 흡수 동화되기는 하지만, 끊임없이 새로운 이민자들이 유입되었기 때문에 전 세계의 다양한 문화가 미국으로 흘러 들어오는 것을 피할 수는 없다.

미국 문화의 가장 큰 특징은 다양성이다. 인종과 민족의 다양성은 세계에 유례가 없다. 미국에 이민자를 보내지 않은 나라는 없으며, 세계의 거의 모든 언어가 미국에서 사람들에 의해 실제 사용되고 있다. 위계적인 상하 관계를 의미하지 않는 수평적인 다양성도 있지만, 그보다는 우월한 위치와 열등한 위치로 구분되는 수직적인 다양성이 보다 일반적이다. 특히 인종과 민족의 다양성은 수직적으로 전개되기 때문에 사회문화적으로 큰 문제를 낳는다.

우리나라는 매우 동질적인 사회인데 비해, 미국은 사람들 간에 이질적인 측면이 매우 큰 사회이다. 사람들 간에 공유된 혹은 합의된 문화적 공통점이 적은 사회는 갈등의 소지가 크다. 미국 사회에서 백인과 유색인 간의 인종적 갈등과 반목은 세계에서 가장 심하다. 백인과 유색인은 서로 다른 지역에서 살며, 다른 학교에 자녀를 보내며, 서로 결혼하지 않으며, 서로 어울리지 않는다. 서로 다른 음악을 듣고 다른 프로그램을 시청하며, 직업이 다르고, 정치적 의견이나 사회경제적인 지위에 차이가 있다. 이러한 다양성의 부작용으로 미국은 세계에서 가장 불평등한 사회이다. 부자와 가난한 사람 간의 격차는 서구 산업사회와는 비교할 수 없을 정도로 크다.

한편으로는 영국계 문화를 주류로 하는 미국화의 압력이 높으며, 다른 한편으로는 오랜 이민의 역사를 통해 축적된 인종, 민족 및 문화의 다양성 혹은 이질성이 크다는 점이 미국 문화의 특징이다. 미국 문화는 영국계 중상류층의 주류 집단을 중심으로 하는 모범적인 문화 유형이 존재하기는 하지만, 이에 대한 사회 구성원의 합의와 동조성향이 크지 않으며 집단별로 서로 상이한 문화 유형들이 공존하고 있다. 백인과 유색인의 문화가 다르며, 백인 중에서도 민족 간의 차이가 있고, 유색인 중에서도 흑인과 남미사람, 그리고 아시아인의 문화 유형이 각각 다르다. 또한, 규범적으로 바람직하게 여기는 것과, 실제 많은 사람이 실행하는 것 사이에는 큰 차이가 있다. 문화적 다양성이 매우 큰 미국에서는 어떤 특정한 행위 양식이나 관습이 옳은 것이라고 주장하기 어려운 경우가 많다. 따라서 늘 다양한 다른 행위 유형이 존재하며, 실제로 많은 사람이 서로 상이한 행위 유형을 사용하고 있기 때문이다.

2. 미국 문화의 배경과 원칙

미국 문화가 다양하고 복잡하지만, 다른 문화와 구별되는 특징이 없는 것은 아니다. 다음에서는 사회 예절과 관련하여 미국 문화를 특징짓는 몇 가지 원칙과 그것이 나오게 된 배경 및 현재 어떻게 표현되고 있는지를 간단히 논의한다.

1) 권위와 전통에 대한 저항

미국 문화의 밑바닥에는 권위와 전통을 부정하는 태도가 깔려 있다. 이는 국가를 형성한 정치 과정 및 이민자의 경험에서 나온 것이다. 먼저 미국의 정치사에 반영된 권위를 부정하는 태도를 살펴보자. 미국은 영국의 식민지 지배로부터 전쟁을 통해 독립을 획득하였다. 18세기 중·후반 매사추세츠 주의 상공인을 중심으로 한 일군의 반역 집단이 모국의 지배에 저항하여 독립을 선언하였다. 그 당시 모국을 반역하는 데 소극적이거나 반대한 사람은 독립 전쟁 이후 건국과정에서 제외되었다. 이들은 이웃 캐나다나 혹은 영국으로 쫓겨가야 했다. 미국에 남은 사람은 기존 권위 질서에 저항하는 반골만 남게 되었다. 권위를 부정하는 이들의 태도는 서구 유럽 전통에서는 최초로 왕정을 폐하고 국민에게 주권이 있는 공화정을 만든 데서 단적으로 드러난다. 미국의 민주 공화정 헌법에는 개인의 불가침 권리가 명문화된 반면 국가의 권력 행사는 최소한으로 제한되어 있다.

미국은 지방자치가 매우 발달된 나라이다. 국방과 외교를 제외한 연방정부의 역할은 미미한 반면, 대부분 국가의 사무는 지방정부에 의해 수행된다. 정치, 경제, 교육, 복지 등 정부의 중요한 역할은 대부분이 주정부 및 그보다 하위의 지방 정부에 의해 수행된다. 미국의 정당 구조에서 중앙당 조직은 유명무실한 반면, 지역의 정당과 개별 정치인은 선거와 의사결정 과정에서 중심적인 위치를 차지한다. 미국의 시민은 다른 어느 나라보다 더 많은 수의 정치인을 더 자주 선출하며, 시민이 법안을 발의 및 의결하기도 하고, 불신임 투표를 통하여 정치인을 직위에서 해제할 수도 있다. 미국의 정치인은 능력이 많고 권위적인 지도자이기보다는, 보통 사람과 다르지 않고 권력을 좋아하지 않는 이웃집 아저씨라는 인상을 심기 위해 노력한다. 요컨대 미국인은 기본적으로 정치권력에 대해 뿌리 깊은 불신을 품고 있으며, 개인으로부터 멀리 있는 권력기구에 의해 권력이 행사되는 것을 극도로 싫어한다.

미국인의 권위와 전통을 부정하는 태도는 그들이 이민자라는 특성과 연관이 있다. 이민자는 기본적으로 자신이 익숙하게 살아온 지역과 사람을 버리고 새로운 곳으로 이주한 사람들이다. 이들은 기존의 익숙한 질서나 권력에 대해 반역의 경험을 이주 과정에서 의식 깊숙이 뿌리내린 사람들이다. 미국으로 이민 온 사람들은 대체로 오랫동안 정들었던 농촌 공동체에서 살기 어렵게 되자, 일차적으로 이웃 도시로 이주하였다가, 새로운 기회를 찾아 또다시 바다 건너 멀리 떨어진 북미 대륙으로 건너온 사람들이다. 한 지역에서 조상 대대로 살아온 사람들의 머릿속에 박혀 있는 전통과 기존 질서에 대한 존경심은 미국으로 이주한 사람에게는 찾아보기 어렵다. 이들은 자신이 떠나온 곳과 새로운 환경을 비교하면서, 어느 것에도 절대적인 가치를 두지 않고, 상대적인 입장에서 자신에게 유리한 쪽으로 적응하는 의식의 유연성을 가지고 있다.

2) 인간 평등의 원칙

기존의 권위에 대한 저항 경향은 인간은 근본적으로 모두 평등하다는 원칙과 연결된다. 미국인은 근본적으로 자신보다 우월한 사람을 인정하지 않는다. 태어나면서부터 지위가 높은 사람과 지위가 낮은 사람이 구분되어 있는 신분제도를 극도로 혐오한다. 부자와 가난한 사람, 미인과 평범한 사람의 구별은 현실적으로 엄연하나, 이는 부분적으로 개인의 노력으로 얻을 수 있는 것이며, 인간의 기본적인 가치의 우월함을 나타내는 것은 아니라고 생각한다. 인간은 기본적으로 모두 평등하다고 생각하는 미국인의 태도는 그들의 법질서와 대인관계에 반영되어 있다.

물론 현실적으로 인종 및 직업 간에 사회적 지위의 차이가 있으나, 미국인은 애써 이러한 구별을 외면하려 한다. 한 지역에서 조상대대로 이어온 권위와 전통의식이 결여한 미국인에게, 오랜 전통이 만들어낸 사회적 지위의 차이를 거부하는 것은 당연한 귀결이다. 모두가 이민자로 시작한 미국 사회의 특성은 대인관계에서 가급적 지위의 우열을 자극하지 않는 평등주의적 태도를 발전시켰다.

3) 개인주의

미국인은 서구 유럽에서도 가장 개인주의적인 사람이다. 개인주의란 삶의 중심을 개인 자신에게 놓고, 주위 세계를 자신의 입장에서 평가하고 받아들이는 태도를 말한다. 이는 집단주의, 혹은 전통 중심주의 혹은 신중심주의와 구별되는 입장이다. 전통 사회에서 사람들은 개인보다는 집단의 권위와 질서를 중시했고, 개인의 의사와 창의보다는 전통을 우선시하였으며, 개인보다는 신을 삶과 가치관의 중심에 두었다. 반면 개인주의적인 사람은 개인 자신을 모든 일에서 최우선으로 생각하며 가치판단의 기준으로 삼는다. 개인에게 의미가 없는 것이라면 유용하지 않은 것이며, 개인이 선택하고 참여하지 않는 것이라면 무의미하다.

이웃에게 어떤 도움이 되든 혹은 이웃이 뭐라고 하건, 개인의 효용과 개인의 의사가 가장 존중되는 사회가 미국이다. 개인의 사생활은 누구도 침범해서는 안 되는 것이며, 개인의 재산권은 신성불가침으로 소유자 개인이 배타적으로 점유하고 사용하도록 보장된다. 개인 각자는 자신의 영역을 지킬 권리가 있으며, 누구라도 서로의 고유한 영역을 침범해서는 안 된다. 미국의 자본주의 시장제도는 이러한 개인의 의사와 권리를 가장 잘 반영하는 경제제도이며, 미국의 지방자치 전통 또한 이러한 개인의 권리에 충실한 제도이다.

4) 실용주의

미국인은 일상에서 가급적 형식을 배제하고 실질적인 효용을 중시하는 사람이다. 미국인의 생각 속에서 어떤 행위나 계획의 옳고 그름은, 그것이 어떤 효용이나 이익을 가져오는가에 의해 결정된다. 편하고 효율적인 것이라면 그것이 어떤 방식이건 가장 우수한 것이 된다. 기존의 전통과 형식 따위는 효율성 앞에서 언제든지 버려진다. 이는 과거의 전통과 단절한 미국인의 역사와 연관된다. 새로운 이주 지역에서 기존의 전통과 질서의 압력은 상대적으로 약할 수밖에 없다. 반면 사람들은 새로운 환경에서 생존하기 위해 도움이 되는 것이라면 어떤 것이라도 받아들이는, 실제적으로 보다 이익이 되고 효과가 큰 것이라면 언제라도 옛것을 버리고 새것을 수용하는 태도를 보인다. 미국의 전통은 실용성 그 자체이다.

3. 미국인의 에티켓의 기본 원칙

1) 미국인의 에티켓의 특수성

현대 미국 사회에서 통용되는 에티켓을 이야기하기는 쉽지 않다. 이는 한편으로는 현대 사회에서 에티켓의 애매한 위치 때문이며, 다른 한편으로는 미국 문화의 특수성 때문이다. 에티켓이란 일반적으로 중상류층 사람들의 사회 예절을 의미하는데, 특히 서구 문화에서 19세기 엘리자베스 시대에 상류층 사이에서 극단적으로 세밀하게 발달하였다. 그러나 어느 시대에나 사회적으로 바람직하다고 제시되는 행위 양식과 실제로 대부분의 사람들이 생활하는 방식 사이에는 큰 차이가 있다. 또한, 사회적으로 바람직하다고 여겨지는 행위 양식은 시대에 따라 변한다. 현대로 오면서 사회적인 삶의 변화 속도가 빨라지면서, 과거에 바람직했던 방식이 시간이 얼마 흐르지 않아 어색한 것으로 인식되는 예를 흔히 본다.

미국 문화는 형식보다 실질과 실용을 중시한다. 실제로 편리하고 효과적인 방식이라고 생각하면 언제라도 기존의 형식을 버릴 준비가 되어 있는 사람이 미국인이다. 미국인에게 '형식'이나 '기존의 틀' 혹은 '전통적인 유형'이라는 개념은 부정적인 의미를 담고 있다. 미국에서 전통적인 형식을 엄격히 따르는 사람은 '시대에 뒤진 사람' 혹은 '속물'이라고 하여 경멸한다. 어릴 때부터 미국인은 항시 기존의 틀을 깨고 새로운 것을 창조하는 것을 바람직하게 생각하기 때문에, 미국 문화에서 '정형화된 방식'이 뿌리를 내리기는 어렵다. 정형화된 방식이 자리를 잡으려면 많은 사람이 이를 따라야 한다. 그러나 여러 다른 문화의 배경을 가진 사람들이 이주하여 함께 살아가는 미국 사회에서 오랫동안 많은 사람들이 함께 따르는 문화적 형식을 만들어 내기는 쉽지 않다. 사회 문화의 다양성이 극에 달하는 미국 사회에서 한 인종 민족 집단에서 바람직하게 생각하는 '방식'이 다른 집단에게도 당연히 따라야 할 것으로 통용되기는 어렵다.

그렇다고 하여 현대 미국 사회에서 바람직한 행위 양식이 전혀 없는 것은 아니다. 단지 다른 문화에 비해, 특히 유럽사회나 문화적 배경이 동질적인 사회에 비해 적을 뿐이다. 사회적으로 '적절한', '예의 바른', 혹은 '바람직한' 것으로 여겨지는 방식은 미국인에게도 분명히 있다. 반대로 '해서는 안 되는', '부적절한', '무례한' 것으로 치부되는 행위 양식 또한 존재한다. 다음에서는 이러한 것을 간단히 논의해 본다.

2) 미국인의 에티켓의 기본 원칙

미국인의 에티켓의 상세한 사례를 나열하기보다는 사회 예절을 관통하는 기본 원칙을 파악하는 것이 유용하다. 다음에서는 어느 문화에서나 공통적인 에티켓의 속성은 생략하고, 대신 미국 문화에서 독특하게 나타나는 에티켓에 초점을 맞추어 논의한다.

(1) 합리성, 실용 우선

미국인은 기본적으로 형식을 싫어하는 사람들이다. 미국 문화에서 전통적인 형식이 차지하는 권위는 매우 미미하다. 미국인은 같은 값이라면 항시 새로운 방식을 선호한다. 특히 새로운 방식이 과거의 것보다 좀 더 이익이 되고 효율적인 것이라면 쉽게 수용한다. 에티켓이란 과거로부터 사람들 사이에서 존중되는 생활 예절을 의미하므로, 미국 문화에서 에티켓이라고 할만한 것은 매우 제한적일 수밖에 없다. 과거의 전통이 있다고 하여도, 새로운 방식이나 혹은 좀 더 편리한 방식을 실험하는 사람에 대해 매우 관대하다. 따라서 미국에서는 새로운 방식을 시도하는 것을 주저할 필요가 없다. 새로운 방식이 기존의 것보다 편리하지 않거나 효율적이지 못한 경우에는 저급하거나 혹은 일시적인 유행으로 간주되어 사람들에게 쉽게 외면된다. 새롭고 합리적이고 실용적인 것에 전통적인 형식이 항시 굴복하는 것이 미국의 에티켓의 기본원칙이다.

(2) 관계의 평등

미국인의 인간관계는 상호 평등함에 기반을 두고 있다. 사회적인 지위나 재산의 다과에는 차이가 있으나, 인간 간의 관계 자체는 평등하게 설정되어 있다. 이는 상대에 대한 호칭이나, 상대를 대하는 태도에서 잘 나타나 있다. 미국인은 대체로 상대를 부를 때, 성을 빼고 이름을 부르며, 지위나 혹은 다른 위계적인 관계를 상기시키는 호칭을 부가하지 않는다. 미국인의 이름은 Tom, Mary 등으로 정형화되어 있으므로, 상대를 이름으로 부를 때 특별히 상대의 배경이나 지위보다는 가까운 보통사람이라는 느낌을 강하게 풍긴다. 이는 다른 사회에서 성과 이름을 함께 하여 정식으로 부르거나, 혹은 사회적 지위나 신분을 나타내는 호칭을 덧붙여 부르는 것과 뚜렷이 대비된다. 대체로 미국에서는 상대와의 지위 혹은 연령 격차가 매우 큰 경우를 제외하면, 처음 만난 지 얼마 안 된 사이에서도 이름으로 상대를 호칭한다.

상대와의 지위 차이를 내세우는 것은 미국 사회에서는 금기이다. 상사와 부하의 관계도 업무의 내용을 제외하고는 외면상 동등한 관계를 유지한다. 미국에서 상대에 대한 지위의 차이를 나타내는 존칭인 'sir'를 붙이는 경우는 경찰 공무원이나 군대의 상사에게만 찾아볼 수 있다. 상사와 부하가 뒤바뀐다고 해도 외면상으로는 전혀 어색하게 보이지 않는 것이 미국인의 인간관계이다. 미국인의 평등한 인간관계는 관계의 비형식성을 강화시킨다. 일반적으로 형식적인 의례란 서로 관계하는 사람 간의 사회적인 지위 격차를 반영하며 이를 부각시킬 목적으로 사용되는 경우가 많다. 반면 동등한 지위의 관계에는 일반적으로 형식적인 규범이 거의 존재하지 않는다. 미국인은 지위격차가 부각되는 것을 금기시하므로 관계의 형식을 만들고 준수해야 할 이유가 없는 것이다.

(3) 독립성, 개인의 자유, 사생활의 보장

미국인은 개인의 독립성, 자유로운 활동과 사고, 사생활의 보장을 매우 중시한다. 상대를 배려하여 간섭하는 것보다는, 개인이 자신의 책임과 선택에 따라 행위를 하며 그에 따른 책임을 지는 것을 보다 바람직하게 생각한다. 따라서 사회관계에서 가급적이면 서로의 영역을 존중하고, 요청하지 않는 한, 상대의 일에 관심을 기울이지 않는 것을 예의로 생각한다. 웬만큼 가깝지 않는 한, 미국인들은 서로 간에 개인적인 생활에 관계된 것은 묻지 않으며 말하지도 않는다. 심지어 상대가 어려움에 처해 있더라도 상대의 요청이 없는데도 도움의 손길을 보내는 것은 그의 사적인 자유에 대한 침해이며 모욕적인 행위로 여긴다. 이는 한편으로는 매우 외로운 원자화된 개인이 모인 사회라는 부정적인 결과를 낳기도 하지만, 반면 집단의 간섭과 규제가 없는 자유로운 개인 생활이라는 긍정적인 측면도 있다.

미국인의 사회 예절 중 가장 중요한 원칙을 꼽으라면, '남의 일에 간섭하지 않는다'(Mind your own business)일 것이다. 미국인의 가장 큰 미덕은 서로 간섭하지 않고 서로 피해를 주지 않으면서 자기가 하고 싶은 방식대로 하면서 사는 것이며, 서로가 이를 존중하는 것을 이상으로 여긴다. 개인의 자유와 인격적 독립을 존중하는 태도는 상대를 위하여 섣불리 선택을 하기보다는 가급적 상대에게 선택의 기회를 최대로 제공하는 것을 바람직하게 여긴다. 상대를 존중할수록 상대에게 더 많은 범위의 선택을 할 수 있도록 배려한다. 설사 상대에게 유리한 방향이라고 하여도, 상대를 위해 미리 결정하여 상대가 선택할 기회를 제한하는 것은 미국인의 예의에 어긋나는 처사이다.

4. 미국인의 에티켓

1) 친절

대인관계에서 친절은 모든 문화에 공통적인 기본예절이다. 그러나 미국인의 친절함은 서구 사회에서도 가장 정도가 심하다. 미국인은 서로 모르는 상대에게도 항시 친절함을 표시한다. 우리나라에서는 스쳐 지나치는 접촉에서는 서로 간에 무관심한 것을 예의로 하나, 미국인은 길이나 혹은 차 안에서 지나치는 상대에게도 눈짓 혹은 말로 친절을 표한다. 미국인의 친절은 미국을 처음 방문한 외국인에게 흔히 오해를 가져온다. 처음 만난 사람에게도 친절하게 말하고 반가운 표정을 짓는 미국인을 접한 외국 사람들은 이들이 자신에게 특별한 감정을 가지고 있다고 오해하기 쉽다. 그러나 미국인의 대인관계에서 보이는 친절은 단순히 사회 예절의 범주를 벗어나지 않는다. 그러한 상황을 떠나 다른 상황에서는 전혀 모르는 듯이 행동하는 것이 미국인의 친절이다.

미국인은 무관심이 드러나는 것보다는 가벼운 친절함으로 포장되는 관계를 편하게 여긴다. 파티에서 자신이 동반한 사람을 상대에게 간단히 소개하는 것을 소개하지 않는 것보다 편하게 느낀다. 물론 이러한 경우는 상대의 이름이나 간단한 한두 마디로 소개로 충분하다. 우리나라 사람은 서로에게 관심이 없는 한, 서로를 간단히 소개하는 것은 무의미하다고 생각하여 무시하는 경향이 있으나, 미국인은 이러한 관계를 더 불편하게 생각한다. 마찬가지로 미국인은 별로 깊은 의미를 담지 않은 이야기를 교환하는 것을 친절함의 연장으로 생각한다. 그들은 파티 장소에서 상대를 바꾸어가면서 가벼운 이야기를 교환하는데, 이는 우리나라 사람의 정서와는 맞지 않는 방식이다. 우리나라 사람이라면 상대를 계속 바꾸어가면서 별 내용도 없는 가벼운 이야기만 하는 사람은 신뢰할 수 없는 사람으로 생각한다. 반면 미국인이라면 한 사람과 이야기를 계속하여 관계를 깊게 하려고 하는 것은 특별한 경우가 아닌 한 상대방의 영역을 침범하는 예의 없는 행동으로 인식된다.

이러한 미국인의 행위 양식을 보고 그들의 인간관계가 피상적이라고 흔히 비판한다. 그들은 만나는 대부분 사람을 얇고 넓게 알고 지내는 경향이 있으며, 모두를 친구 혹은 지인으로 지칭한다. 미국인에게 서로 속을 터놓는 관계는 가족의 범주를 벗어나서는 기대하기 어려운 것이 사실이다. 그러나 다양한 배경의 많은 사람과 제한적이지만 넓게 관계를 맺는 그들의 행위양식은 매우 실용적인 데가 있다. 개인의 자유를 존중하면서 상대로부터 제한적으로 도움을 얻어내는 데에는 다양한 배경의 사람과 얇고 넓게 관계를 맺는 것이 소수의 사람과 좁고 깊게 관계를 맺는 것보다 훨씬 효과가 있다.

2) 형식적인 의례

미국인의 일상생활에서 형식적인 의례라고 할 만한 부분은 매우 적다. 미국에서 형식적인 예절이 엄격한 경우는 아마도 결혼식과 장례식 정도일 것이다. 결혼식과 장례식에서는 참여자 모두 정장을 입을 것이 요구되며 주어진 형식에 따라 진행된다. 이외 대부분의 사회활동에서 형식적인 의례는 사실상 유명무실하다. 에티켓의 지침서에서 흔히 열거하는 것은 사실은 많은 사람이 지키지 않거나 혹은 어겨도 별로 크게 흠이 되지 않는 것이다. 미국인은 형식적인 의례보다는 미국인의 사고방식이나 행위 원칙에 따라 행동하는가 여부를 보다 존중한다. 행위 당사자의 의도가 상황에 적절하다면 외부로 표현된 형식에는 크게 비중을 두지 않는다. 특히 외국인이 미국인의 관습적인 행위양식에서 벗어나게 행동한다고 해도, 그들의 원칙을 존중하는 한 매우 관대한 것이 미국인이다. 미국 내에 다양한 인종, 민족 집단이 공존하고 있으므로 미국인은 항시 다양한 행위 양식에 노출되어 있다. 따라서 미국인은 내국인 외국인을 막론하고 대체로 다양한 행위양식에 관대해질 수밖에 없다.

3) 신체적 청결

남의 일에 간섭하지 않는다는 원칙 다음으로 미국인의 사회 예절에서 중요한 것은 신체적 청결 유지일 것이다. 미국인의 신체적 청결에 대한 강조는 지나칠 정도이다. 이는 청교도 교리에서 인간의 신체는 악의 근원이라는 생각에서 유래한다. 몸에서 냄새가 나지 않도록 매일 샤워를 하고, 수시로 이를 닦거나 구강 청정제를 사용하며, 몸에 방향제를 뿌리는 것은 이러한 염려의 소치이다.

주변에 먼지가 많거나 오염이 되어 있는 경우 미국인은 매우 불편하게 생각한다. 그들은 자주 세탁을 하며, 같은 옷을 며칠 동안 계속 입는 것을 혐오한다.

신체적 청결에 대한 강조는 대인간에 가까운 접촉을 꺼리는 태도와 연결된다. 특별한 관계가 아닌 한 신체적 접촉은 최소한으로 제한된다. 미국인은 애인이나 가족관계가 아닌 한 손을 잡거나 신체 일부를 접촉한다는 것은 불편하게 생각한다. 미국인이 편하게 느끼는 대인간의 거리는 다른 문화보다 멀다. 이러한 대인간의 적정 거리를 상대가 침범할 경우 불편하게 느끼며 피하는 행동을 보인다. 미국인은 대인간에 직접적인 접촉뿐만이 아니라 간접적인 접촉 또한 기피한다. 음식을 같은 그릇에서 함께 떠먹지 않는 것이나, 혹은 상대가 접촉했던 것에 다른 사람이 다시 접촉하는 것을 피하는 다양한 행위에서 그들의 신체 접촉에 대한 극도의 기피 경향을 읽을 수 있다.

4) 영어 구사

영어 구사는 사회적 예절에 속하는 것은 아니지만, 미국의 백인 중류층은 영어를 잘 구사하지 못하는 사람에게 관대하지 않다. 외국인이라는 것을 고려하기는 하지만 영어로 의사소통이 불편할 경우, 그들은 흔히 상대에 대한 관심을 접고 상대를 무시한다. 이는 미국이 다인종 다민족 사회이면서, 동시에 영국계의 주류 문화에 대한 사회적 동화의 압력이 강한 것과 연관이 있다. 이질적인 것에 외면적으로는 관대하면서도, 실제적으로는 동화하지 못하는 집단에 대해서는 매우 가혹하게 제재를 가해왔다. 미국의 중류층은 영어 구사 능력을 자신의 문화 기준을 상대가 존중하고 따르는가 여부를 판단하는 시금석으로 사용한다. 외국인의 경우에도 이러한 기준의 적용이 유보되지는 않는다. 왜냐하면, 미국 내에서도 주류 문화 이외의 다양한 집단이 존재하기 때문에 외국인을 특별 취급해야 할 이유가 없는 것이다.

사소한 행위 예절에 익숙하지 못한 것은 용인되지만, 영어로 의사소통을 익숙하게 하지 못하는 사람에게는 내국인 외국인을 막론하고 차별하고 무시하는 것이 미국의 현실이다. 이는 다른 나라의 경우 외국인에게 자신의 기준을 엄격히 적용하지 않는 것과 뚜렷이 대비된다. 예컨대 독일에서는 그 나라에 온 지 얼마 안 된 사람이 독일 말을 제대로 하지 못하여도 용인되지만, 미국에서는 이러한 대접을 기대하기 어렵다.

5) 사회적인 금기

미국인은 다양한 행위 양식에 매우 관대하므로, 사회적으로 금기시하는 행위의 목록도 매우 짧다. 다음의 금기 사항을 통하여 거꾸로 미국인은 어떤 것을 중요시 여기는지 짐작할 수 있다. 이러한 금기 사항은 대체로 미국인의 행위 원칙을 위반하는 대표적인 예이다.

- 여성 혹은 소수 인종을 낮추어 취급하는 행위
- 정치나 종교에 관해 상대의 의견을 묻거나 자신의 견해를 강하게 말하는 행위
- 자신 혹은 상대의 사회경제적 지위에 관한 언급: 수입, 재산, 직책, 거주지 등
- 상대의 사적인 생활에 관해 묻거나 자신의 사생활을 지나치게 말하는 행위
- 상대가 가진 물건의 가격을 묻는 행위

- 약속 시간이나 공식 회합에 5분 이상 특별한 사유 없이 늦는 행위
- 예고 없이 상대의 집을 방문하는 행위
- 경찰이나 공무원에게 뇌물을 주는 행위
- 판매 창구에서 혹은 운전 중에 줄을 무시하고 끼어드는 행위
- 상대를 무시하거나 혹은 동반자를 소개하지 않는 행위
- 몸 혹은 옷에서 냄새가 나는 것
- 대화 중 침묵의 상태를 오래 유지하는 것
- 영어로 의사소통이 원활하지 않은 것

5. 미국 문화의 변화와 지속

미국은 서구 사회에서 가장 개방성과 변화의 속도가 큰 사회이다. 미국은 과거에서부터 문화적인 전형이라고 할 만한 것이 매우 적으며, 항시 새로운 형식이 출현하고 사라지는 것을 반복해 왔다. 현재 미국 사회에는 매년 200만 명의 이민자가 유입되면서 새로운 문화의 요소를 외부로부터 계속 흡수하고 있다.

한편, 미국은 세계화의 물결에 가장 앞서가는 나라이다. 외부에서 생산된 물건은 물론 외부의 인재들이 대규모로 항시 유입되고 있으며, 미국의 문화와 산물은 전 세계로 퍼져 나가면서 영향을 미치고 있다. 미국의 문화 유형은 세계의 표준이 되고 있다.

본 글에서는 미국인의 에티켓과 관련하여, 미국 문화의 유동성과 비전형성을 강조하였다. 미국인은 과거에서부터 전통이나 형식에 대한 신임이 매우 약했으며, 세계화의 전개와 함께 앞으로 더욱 그러할 것으로 예측된다. 미국인의 사고방식 혹은 행위 원칙을 존중하는 한 구체적으로 어떻게 표현되는가 하는 것은 별로 중요하지 않다. 다만, 이러한 미국인의 사회 예절에 대한 관대함

에 예외가 있다면 영어 구사에 대해 미국의 주류 문화가 보이는 고집이다.

중남미 인구의 유입이 증가하면서 스페인어 사용자가 늘어나자 미국의 여러 지역에서는 1990년대 초반 영어 사용만을 공식적으로 인정하는 법률을 만들기까지 하였다. 미국의 영향력이 압도적인 오늘날 세계적으로 영어가 세계 공용어로 사용되는 경향이 계속되는 한, 미국 사회에서 영어 구사에 대한 사회적 압력은 계속될 것이다. 이는 내국인 외국인을 구분하지 않고 적용되는 압력이므로, 미국을 처음 방문하는 사람에게 어떤 행위 양식보다도 적절한 영어 구사는 가장 중요한 사회적 능력이다. 한편으로 미국은 외부의 이질적인 것에 관대하면서도 매우 엄격한 기준을 적용하는 이중성을 보이는 문화이다.

참고문헌

이현송. 2006. 미국문화의 기초. 한울아카데미.

Luedtke, Luther S. 1992. *Making America: the Society and Culture of the United States*. Washington D.C.: United States Information Agency.

Wanning, Esther. 2005. *Culture Shock, USA.* Portland: Graphic Arts Center Publishing.

세계인의 에티켓문화

초판 1쇄 발행 2008년 5월 30일
초판 2쇄 발행 2018년 4월 16일

지은이 한국외국어대학교 외국학종합연구센터
발행인 김인철
총괄 · 기획 가정준 Director, University Knowledg Press
편집장 신선호 Executive Knowledge Contents Creator
도서편집 박현정 Contents Creator
전자책편집 이리나 e-Contents Creator
재무관리 문수진 Managing Creator
사전 · 출판 정준희 Contents Creator
마케팅 파트장 백승이 Chief Marketing Creator
마케팅 김민수 Marketing Creator
발행처 한국외국어대학교 지식출판원
02450 서울특별시 동대문구 이문로 107
전화 02)2173-2493~7
FAX 02)2173-3363
홈페이지 http://press.hufs.ac.kr
전자우편 press@hufs.ac.kr
출판등록 제6-6호(1969. 4. 30)
디자인 · 편집 (주)이환디앤비 02)2254-4301
인쇄 · 제본 네오프린텍 02)718-3111

ISBN 978-89-7464-499-4 03380 정가 13,000원

* 잘못된 책은 교환하여 드립니다.

HU:iNE 은 한국외국어대학교 지식출판원의 어학도서, 사회과학도서, 지역학 도서 Sub Brand이다. 한국외대의 영문명인 HUFS, 현명한 국제전문가 양성(International+Intelligent)의 의미를 담고 있으며, 휴인(携引)의 뜻인 '이끌다, 끌고 나가다'라는 의미처럼 출판계를 이끄는 리더로서, 혁신의 이미지를 담고 있다.